JN447317

제7판

관광학원론

이 정 학

Principles of Tourism

대 왕 사

제7판

관광학원론

제7판 머리말

먼저 관광학원론 초판에서부터 제6판까지 성원을 보내주신 독자 및 강의교재로 채택해 주신 여러 교수님께 감사의 말씀을 전한다.

세계의 관광산업은 각국마다 소득과 소비수준의 향상과 더불어 발전하고 있다. 세계경제의 발전추세에 비추어 볼 때 미래에도 소득과 소비수준은 지속적으로 향상될 것으로 예상되므로 관광산업의 성장가능성은 크다고 할 것이다.

관광욕구를 충족시키기 위한 재화와 서비스를 제공하는 관광산업은 외화획득 · 고용창출 · 국제수지개선 · 투자자극 등 경제적 파급효과가 지대하다. 이러한 이유로 관광산업은 21세기 미래산업으로 이미 오래 전부터 그 중요성이 강조되어 왔으며, 관광산업을 '고부가가치 청정사업,' '굴뚝 없는 산업,' '스마일산업,' '5차 전략산업'이라고 부르고 있다.

세계관광기구(UNWTO)는 관광산업이 전 세계 GDP의 20%에 육박한다고 밝히고, 관광인구를 11억 명으로 추산하고 있으며, 시장규모는 1조 6만 달러로 전망하고 있다. 특히 가장 큰 폭의 성장이 예상되는 지역으로 한국 · 중국 · 일본이 속해 있는 동아시아 · 태평양 지역을 꼽고 있다. 현재 세계 주요 국가들은 관광산업을 정보통신산업과 더불어 21세기에 고용창출을 주도할 성장사업으로 지목하고, 21세기 전략사업으로 집중 육성하고 있는 실정이다.

이러한 관광산업의 성장 속에 관광산업의 환경은 급변하고 있다. 이에 관광진흥법 등 관련법규도 변화하였는 바, 제6판을 수정・보완하여『관광학원론』제7판을 출간하게 되었으며, 제7판에서는 자료의 업데이트와 내용을 보강하였다.

본서의 구성체계는 관광기초부분으로서 제1장 관광의 이해, 제2장 관광발전사, 관광주체부분으로서 제3장 관광자행동, 관광객체부분으로서 제5장 관광과 문화, 제6장 관광과 환경, 제7장 관광자원과 개발, 관광매체부분으로서 제8장 관광교통, 제9장 관광숙박과 외식산업, 제10장 여행업, 제11장 카지노, 제12장 테마파크와 리조트로 구성하였다. 그리고 관광환경부분으로서 제4장 관광의 경제적・사회적 영향과 제13장 관광정책에 대하여 언급하였다. 제7판의 특징은 다음과 같다.

첫째, 각종 데이터를 업데이트화하였다.

둘째, 현장감 있는 사진을 곁들여 이해를 도왔다.

셋째, 기존 교과서의 이론 및 구성과는 차별화하였다.

넷째, 새롭고 현실적인 내용을 다루었다.

다섯째, 각장 마지막에는 관광관련 자격증시험 대비 연습문제를 출제하여 수록하였다.

아무쪼록 제7판도 독자의 사랑을 기대하며, 본 원고를 소중히 출간해준 대왕사 박성진 사장을 비롯하여 직원 여러분들께 감사의 말씀을 전하고 싶다.

2024년 8월

개인 연구실에서 저자 씀

본서의 구성체계

관광기초

제1장 관광의 이해
제2장 관광발전사

관광주체

제3장 관광자 행동

관광매체

제8장 관광교통
제9장 관광숙박과 외식산업
제10장 여행업
제11장 테마파크와 리조트
제12장 카지노와 국제회의 산업

관광객체

제5장 관광과 문화
제6장 관광과 환경
제7장 관광자원과 개발

관광환경

제4장 관광의 경제적 · 사회적 영향
제13장 관광정책

차례

CHAPTER 04 관광의 경제적 · 사회적 영향 [87]

CHAPTER 05 관광과 문화 [99]

CHAPTER 13 관광정책 [321]

chapter 1

관광의 이해

학습목표

1. 관광이란 무엇인가?
2. 관광자는 누구인가?
3. 관광과 유사한 개념에는 어떤 것들이 있는가?
4. 관광 시스템은 어떻게 이루어지는가?
5. 관광학 연구를 어떻게 전개할 것인가?

관광기초

제1장 관광의 이해

제2장 관광발전사

관광주체

제3장 관광자 행동

관광매체

제8장 관광교통

제9장 관광숙박과 외식산업

제10장 여행업

제11장 테마파크와 리조트

제12장 카지노와 국제회의 산업

관광객체

제5장 관광과 문화

제6장 관광과 환경

제7장 관광자원과 개발

관광환경

제4장 관광의 경제적 · 사회적 영향

제13장 관광정책

01 관광의 개념

1) 관광의 어원

일상용어로 사용하고 있는 관광(觀光)의 사전적 의미는 "다른 지방이나 다른 나라에 가서 그곳의 풍경·풍습·문물 따위를 구경함"으로 되어 있다. 이러한 의미는 중국 주(周)나라 때의 경전인 『역경』(易經)에 "관국지광 이용빈우왕"(觀國之光 利用賓于王)이란 문구에서 그 유래를 찾아볼 수 있다. 즉 왕의 귀빈으로 초청받아 방문하였을 때 왕의 초청에 대한 손님다움을 표하기 위해서는 그 나라의 빛(光)을 보는 것이 이롭다는 의미인데, 여기서 빛(光)은 그 나라의 풍속·관습·문물제도 등을 뜻한다.

관광에 해당하는 영어는 'Tourism'이다. 이 단어는 라틴어 'Tornare'에서 유래되었는데, 중앙 또는 축을 중심으로 이동한다는 의미였다. 'Tornare'는 영어 'Turn'(돌아다닌다, 순회한다)과 'Tour'(여행)라는 용어를 파생시켰으며, 'Tourism'은 'Tour'에 접미어 '-ism'(~한 행위·상태)이 붙은 단어로서, 결국 여행을 한 행위 또는 상태를 의미한다. 또한 관광자를 의미하는 'Tourist'도 'Tour'에 접미어 '-ist'를 붙인 것이다. 'Tourist'는 1800년대 '여행자'(traveller)를 대신하여 새로운 단어로 등장하였고, 'Tourism'은 1911년 영국의 『스포츠 매거진』(*Sports Magazine*)이라는 잡지에 소개되면서 사용되기 시작하였다.

이와 같이 관광의 동양적 어원은 관광의 대상에 초점을 두고 감상하는 정적인 의미가 강한 반면에, 서양적 어원은 돌아다니는 행위에 중점을 둔 동적인 의미가 강하다고 할 수 있다.

2) 관광의 정의

관광에 대한 정의는 학자나 기관에 따라 다양하게 나타나고 있다. 관광에 대한 초기 정의는 주로 독일학자들이 주도하였는데, 슐레른(Schulern, 1911)은 "일정한 지역 또는 타국에 여행하여 체재하고 다시 돌아오는 외래객의 유입 및 유출의 형태를 취하면서 이와 같은 모든 현상은 경제적인 사상과 결부되어 있다"고 주장하여 경제적 측면을 강조하였다. 그리고 보오만(Bormann, 1931)은 "견문・유람・휴양・상용 등의 목적 또는 그 밖의 특수한 사정에 의하여 거주지를 일시적으로 떠나는 여행의 모든 것"이라고 하였고, 글뤽스만(Glücksmann, 1935)은 "거주지를 떠나서 일시적으로 체재하는 관광자와 그 지역주민들과의 사이에서 파생되는 모든 관계의 총체"라고 하였다. 이와 같이 초기 관광의 정의는 '정주지를 떠나 일시적 체재'라는 기간을 강조하였다.

영국의 오길비(Ogilvie, 1933)는 관광이란 "1년을 초과하지 않은 기간 동안 거주지를 떠나고, 그 기간 중에 관광지에서 금전을 소비해야 하며, 소비하는 돈은 그 관광지에서 취득한 것이 아닌 것"이라고 하여 1년이라는 기간의 한정성과 소비를 수반해야 한다는 점을 주장하였고, 메드상(Mdecin, 1966)은 관광이란 "사람이 기분전환을 하고, 휴식을 취하는 것이며, 또한 새로운 분야나 미지의 자연풍광을 접함으로써 그 경험과 교양을 넓히기 위하여 여행을 한다든가, 거주지를 떠나 체재하면서 즐기려는 여가활동의 일종"이라고 정의하여 관광을 사회문화적 측면에서 고찰하였다.

일본 학자 쯔다노보루(津田昇, 1966)는 관광을 보다 쉬운 개념으로 정의하였는데, 관광이란 "사람이 일상생활권을 떠나 다시 돌아올 예정으로 타국이나 타 지역으로 문물・제도 등을 시찰하거나 풍경 등을 감상할 목적으로 여행하는 것이"라고 하였다.

앞에서 언급한 관광의 정의를 살펴보면 관광에는 다음과 같은 다섯 가지의 전제조건이 있음을 알 수 있다.

일탈성 관광은 거주지나 일상생활권을 벗어난 일탈적 이동이 있어야 한다. 즉 타 지역으로 출퇴근 및 가사 등을 위한 이동은 일상 생활권이므로 관광으로 볼 수 없는 것이다.

목적성 견문・위락・휴양・상용・종교・치료 등 여행의 목적이 뚜렷해야 한다. 예를 들어 식량을 구하기 위한 이동이나 단순한 떠돌이는 관광으로 볼 수 없는 것이다.

체재성 관광은 타 지역 또는 타국에서 체재를 해야 한다. 만약 타 지역 또는 타국에서 체재를 하지 아니하고 교통수단에 의하여 단지 스쳐지나 간다면 그것은 관광이 아니라는 것이다.

소비성 관광은 소비가 수반되어야 하며, 그 소비는 관광지에서 취득한 돈이 아니어야 한다. 즉 무전여행 등은 관광으로 볼 수 없으며, 타 지역이나 타국에서 돈을 버는 행위는 취업이지 관광이 아니라는 것이다.

한시성 관광은 일정기간 또는 1년 이내와 같이 기간이 한시적이어야 한다. 즉 장기간 또는 돌아올 예정이 아니라면 이주로 간주된다.

따라서 관광이란 "일상생활권을 벗어나 견문・위락・휴양・상용・친지방문・종교・치료 등 여행의 목적이 뚜렷해야 하고, 여행지에서 체재를 해야 하면서 그 기간 동안에는 숙박・음식・교통・관람・체험・쇼핑 등 소비를 하고, 다시 거주지로 돌아오는 현상"이라고 정의할 수 있다.

3) 관광의 분류

관광은 여러 기준에서 분류할 수 있는데 국내외 관광의 관점에서 분류하면 〈표 1-1〉과 같다.

표 1-1 관광의 분류

구분	내용
내부관광 (internal tourism)	내국인이 자국 내를 관광하는 경우를 말한다.
국내관광 (domestic tourism)	내・외국인이 자국 내를 방문하여 관광하는 경우를 말한다.

외국인 국내관광 (inbound tourism)	외국인이 국내를 방문하여 관광하는 경우를 말한다.
내국인 국외관광 (outbound tourism)	내국인이 자국의 국경을 떠나 외국을 방문하여 관광하는 경우를 말한다.
국제관광 (international tourism)	국내의 국경을 넘나드는 외국인 및 내국인의 관광, 즉 외국인 국내관광(inbound tourism)+내국인 국외관광(outbound tourism)을 말한다.
국민관광 (national tourism)	자국민이 국내외를 관광하는 것, 즉 내부관광(internal tourism)+국외관광(outbound tourism)을 말한다.

4) 관광자의 분류

포괄적으로 관광자(tourist)란 관광을 목적으로 여행하는 자를 말한다. 관광자(觀光者)는 관광객(觀光客)과 혼용되기도 하는데, 관광자는 관광의 주체를 말하는 것이고, 객(客)은 비즈니스의 대상을 지칭하는 것이다. 따라서 순수하게 관광하는 사람을 지칭할 때는 관광자가 옳고, 관광사업체 등에서 고객을 지칭할 때는 관광객으로 표현하는 것이 적합하다.

관광자의 분류체계는 관광행동의 범위가 애매모호하고, 관점에 따라서 다양하게 나타날 수 있는데, 관광자의 개념적 분류는 국제관광자의 통계적 목적을 위해서 세계관광기구(UNWTO)의 분류체계를 가장 보편적으로 사용되고 있다.

관광자(관광통계에 포함) 관광통계에 포함되는 관광자는 1박 이상 체재자와 당일 방문자로 구분하고 있는데, 당일 방문자(same-day visitor: excursionist)는 지상에서 숙박을 하지 않는 것으로 규정하였으며 크루즈 여객, 국경지대를 넘나드는 상인, 그 지역에 비거주하는 항공사 및 크루즈의 승무원 등을 들고 있다. 관광자로서 1박 이상 체재자와 당일방문자는 다음과 같은 여행의 목적이 뚜렷해야 한다.

① 상용(business and professional)

② 휴양·레저·레크리에이션(holiday, leisure, and recreation)

③ 친구 및 친척 방문(visiting friends and relatives)

그림 1-1 입국여행자의 분류

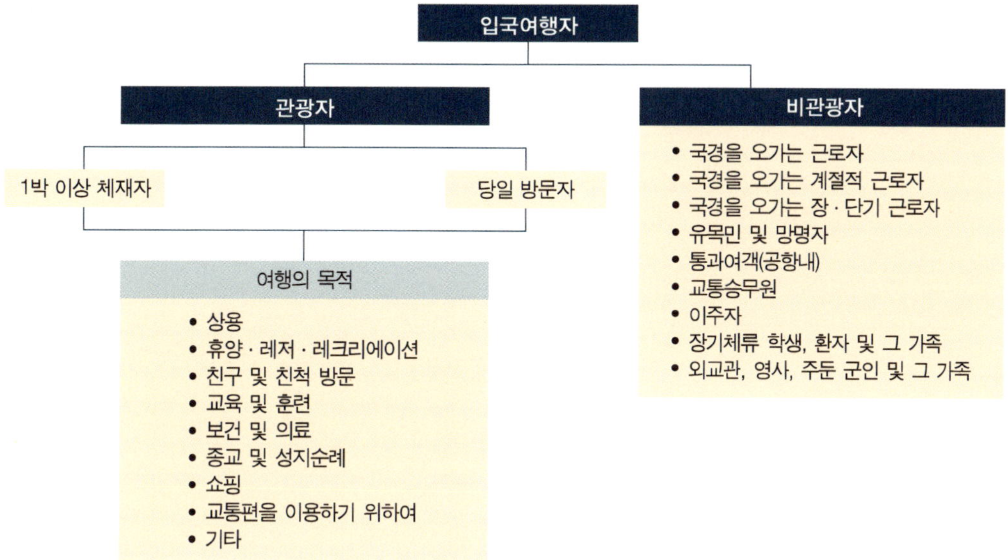

자료: UNWTO(2008). International Recommendations for Tourism Statistics 2008.

④ 교육 및 훈련(education and training)

⑤ 보건 및 의료(health and medical care)

⑥ 종교 및 성지순례(religion / pilgrimages)

⑦ 쇼핑(shopping)

⑧ 교통편을 이용하기 위하여(transit)

⑨ 기타(other)

비관광자 관광통계에 포함되지 않는 비관광자는 다음과 같다.

① 국경을 오가는 근로자(border workers)

② 국경을 오가는 계절적 근로자(seasonal workers)

③ 국경을 오가는 단기 근로자(other short-term workers)

④ 국경을 오가는 장기 근로자(long term workers)

⑤ 유목민 및 망명자(nomads and refugees)

⑥ 통과여객(transit passenger not entering the economic and legal territory)

⑦ 교통승무원(crews on public modes of transport)

⑧ 이주자(migrants)

⑨ 장기체류 학생, 환자 및 그 가족(long term students and patients and their family joining them)

⑩ 외교관, 영사, 주둔 군인 및 그 가족(diplomats, consular staff, military personnel and their dependants)

02 관광과 유사개념

관광과 유사한 개념으로는 레저(leisure), 레크리에이션(recreation), 놀이(play), 여행(tour) 등이 있다.

1) 레저

레저(leisure)에 해당되는 한자어로서 여가(餘暇)는 "일이 없어 한가로운 시간"으로 정의되고, 순수 우리말로는 '겨를' 또는 '틈'이라 할 수 있다. 반대로 여가에 해당하는 영어의 레저(leisure)는 자유롭게 되다(to be free) 혹은 허락되다(to be permitted)라는 의미의 라틴어 '리께레'(licere)에서 유래되었다. 즉 레저는 구속적인 일(working)로부터 자유로워지거나 일 외에 어떠한 활동을 해도 좋다는 의미로 해석된다. 『옥스퍼드사전』에서도 레저를 두 가지 의미로 정의하고 있다. 첫째, "일 또는 공부를 하지 않는 모든 시간에 대한 용어"(These are all words for time when you are not working or studying)라고 정의하면서 동의어로서 '여유시간'(spare time)과 '자유시간'(free time)을 들고 있다. 두 번째는 "일 또는 공부를 하지 않을 때 즐기는 것을 하면서 사용된 시간"(time that is spent doing what you enjoy when you are not working or studying)이라고 정의하면서 예문에서는 레저활동(leisure activities)에 초점을 두고 있다.

이와 같이 우리나라를 비롯한 동양에서의 여가(餘暇)는 일을 제외한 나머지 시간, 즉 겨를 또는 틈과 같이 시간적 개념으로 보고 있으며, 서양에서의 레저(leisure)는 시간적 개념 외에 활동적 개념을 포함하여 정의하고 있음을 알 수 있다. 따라서 레저는 일을 제외한 나머지 자유시간이라는 단순 시간적 속성과 그 시간에 어떠한 활동을 한다는 의미의 활동적 속성으로 구분하여 고찰해 볼 수 있다.

레저의 시간적 정의 인간의 하루 24시간은 크게 일·공부·가사 등을 하는 의무생활시간과 그 나머지 자유의 시간으로 구성되어 있고, 주말은 대부분 자유의 시간으로 구성되어 있다. 레저의 시간적 정의는 일·공부·가사 등을 제외한 나머지 시간으로서, 생리적 필수시간을 포함하여 개인이 가처분할 수 있는 모든 자유의 시간을 말한다. 이러한 개념은 레저의 시간적 속성을 강조한 것으로서 '레저시간'(leisure time) 국어로는 '여가시간'이라고 표현한다.

그러나 이 정의는 레저를 단순히 구속적인 일과 상반되는 개념으로서 자유의 시간에 생리적 필수시간도 포함할 뿐만 아니라 단지 일을 하지 않고 쉰다는 의미가 강하여 오늘날 활동 측면에서의 레저개념과는 거리가 있다. 따라서 레저의 시간적 정의는 레저의 필요한 조건이지 충분조건은 아니라고 할 수 있다.

레저의 활동적 정의 프랑스의 여가사회학자인 듀마즈디에르(Dumazedier)는 레저를 "개인의 노동, 가족 및 사회의 의무로부터 벗어나 휴식, 기분전환, 지식의 확대, 자발적 사회참여, 자유로운 창조력 함양을 위한 활동으로 정의하였다. 이러한 정의는 레저를 보다 활동적인 측면에서 접근한 것으로, 사회적 구속시간(일과 공부)과 생리적 필수시간(수면·식사 등)을 제외한 나머지 자유시간에 어떠한 활동을 하는 것에 초점을 두고 있는 것이다. 이를 '레저활동'(leisure activity) 국어로는 '여가활동'이라고 하며, 본서에서도 레저를 활동적 정의에 의하여 내용을 전개하고자 한다.

특히 현대의 고도산업사회에서 노동시간이 감소하게 되자 개인은 더 많은 자유시간을 누리게 되었다. 따라서 레저는 얼마나 많은 자유시간을 누리는가의 문제가 아

그림 1-2 레저의 개념

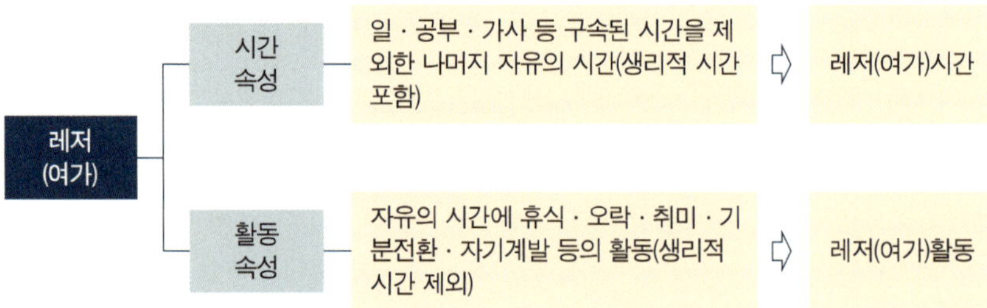

니라 얼마나 알차게 자유시간을 보내는가의 문제로 새롭게 해석해야 한다는 점에서 레저의 활동적 정의가 힘을 얻고 있다.

2) 레크리에이션

레크리에이션(recreation)은 레저의 일종이다. ‘Recreation’을 영어사전에서 찾아보면 발음에 따라 두 가지의 뜻이 있는데, 레크리에이션으로 발음할 경우 휴양 · 보양 · 기분전환 · 오락이라는 의미를 뜻하고, 레크리에이션으로 발음할 경우 개조 · 재건 · 재창조란 뜻을 가지고 있다. 즉 레크리에이션을 통하여 육체적으로는 심신을 회복하고, 정신적으로는 기분전환을 하여 자신을 재창조하는 의미를 내포하고 있다. 레크리에이션의 구체적인 수단으로는 놀이 · 스포츠 · 오락 · 여흥 · 여행 및 기타 취미활동 등을 들 수 있다.

3) 놀이

놀이는 인간의 유희본능(遊戱本能)과 모방본능(模倣本能)에서 기원을 찾을 수 있다. 유희본능은 심신을 발달시키거나 환경에 적응하기 위하여 스스로를 즐겁게 하는 동작이나 언어로 표현되는 인간의 기본적인 본능을 말하고, 모방본능은 다른 사람이나 동물의 행동에 자극받아 그와 유사한 행동을 하려는 인간의 본능을 말한다. 즉 인간이 지구상에 등장하면서 자연에서 먹이를 구하기 위해 수렵을 하였고, 수렵을 하지 않는 시간에는 심신을 단련시켰거나 돌던지기 · 창던지기 등의 놀이로 한가한 시간을 보냈을 것이다. 또한 아이들은 그것을 모방하여 흉내를 내면서 놀이를 하였을 것으로 추측된다. 이와 같이 놀이는 인류 초기사회부터 본능적으로 등장한 것이다.

놀이(play)는 레크리에이션의 한 형태이다. 호이징가(Huizinga)는 인간의 본질을 놀이인(homo ludens)으로 규정하면서 놀이의 특징을 ① 자유롭고 자발적인 활동, ② 그 자체에 몰두하는 것, ③ 일상적이 아닌 것, ④ 시간과 공간의 경계가 없음, ⑤ 창조적인 것, ⑥ 질서와 규율이 있음, ⑦ 불확실성, ⑧ 사회성을 내포하는 것 등으로 제시하였다. 인간은 역사적으로 놀이를 통하여 인간관계를 형성하고, 문화와 사회를 익히며, 자기계발을 하였다. 이와 같이 놀이는 여가 및 레크리에이션의 수단으로서 윷놀이 등의 민속놀이를 비롯한 소꿉놀이, 바둑 · 장기 · 카드놀이, 단풍놀이, 벚꽃놀이, 여행 등을 들 수 있다.

일반적으로 '단풍여행'이나 '단풍관광'가자고 하지 않고 '단풍놀이'가자고 하는 것은 놀이 속에 여행과 관광의 의미가 포함되어 있기 때문이다.

4) 여행

여행(tour)은 놀이의 한 형태이다. 여행을 표현하는 영어는 Journey, Trip, Travel, Tour 등이 있는데, 'Journey'는 한 지점에서 다른 지점으로의 단순 이동을 뜻하고, 'Trip'은 통근 및 통학을 포함한 단기간의 짧은 여행을 말하며, 'Travel'은 통근 및 통학 등의 이동을 제외하고 상용 또는 위락 목적으로 거주지 밖으로 이동하는 행위를 의미한다. 'Tour'는 관광형태의 여행, 즉 관광여행을 뜻하는 것으로 관광(tourism)과 가장 유사한 개념이라고 할 수 있다. 그리고 바다나 우주로 여행하는 것을 보이지(voyage)라고 하고, 그런 여행자를 보이저(voyager)라고 한다.

여행과 관광의 차이

여행은 이동 그 자체로서 관광을 포함하는 개념이며, 숙박이나 소비지출을 반드시 수반하지 않아도 된다. 그러나 관광은 1박 이상 체재를 하고, 반드시 소비지출이 수반되어야 하며, 방문목적도 관광활동은 물론, 레저 및 레크리에이션, 친구 및 친지방문, 비즈니스 및 전문적인 일, 건강 및 치료, 종교순례 등과 같이 뚜렷해야 한다.

단, 크루즈 여객, 국경지대를 넘나드는 상인, 그 지역에 비거주하는 항공사 및 크루즈의 승무원 등과 같이 당일방문자들은 숙박을 하지 않아도 현지에서 관광활동은 물론, 소비지출을 한다는 점에서 UNWTO에서는 관광자로 분류하고 있다.

그림 1-3 관광과 유사개념의 관계

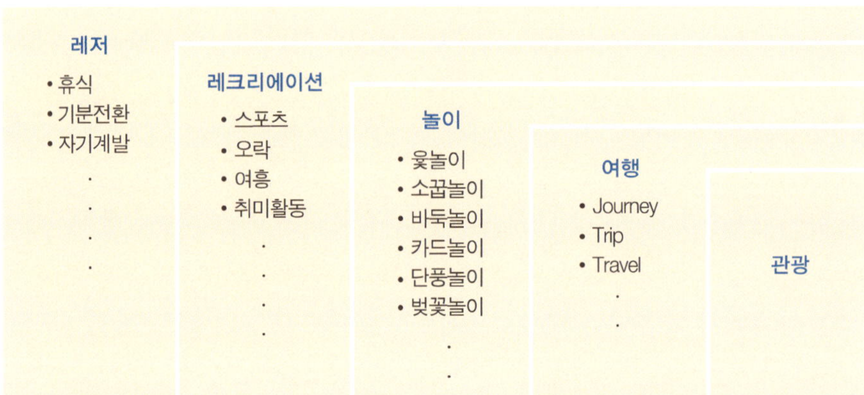

단풍과 벚꽃을 보러 가는 것을 단풍여행(관광), 벚꽃여행(관광)이라 하지 아니하고 '단풍놀이,' '벚꽃놀이'라고 한다. 따라서 놀이에는 여행과 관광의 요소가 포함되어 있다고 할 수 있다.

03 관광 시스템과 관광학 연구

1) 관광 시스템

관광 시스템(tourism system)이란 관광현상을 발생시키는 총체적인 구조를 말하는 것으로, 관광주체・관광객체・관광매체의 기본 3요소에 관광환경이 더해져 4요소로 구성되어 있다. 즉 관광현상이 발생하려면 관광의 주체인 관광자가 있어야 하고, 관광대상으로서 관광자원이 있어야 하며, 관광자와 관광자원을 연결시켜 주는 관광매체로서 각종 관광사업체가 있어야 한다. 그리고 관광주체・관광객체・관광매체는 정치・경제・사회문화・기술・보건 등의 여러 요인에 의하여 많은 영향을 받게 되는데 이를 관광환경이라고 하며, 관광 시스템의 제4요소로서 의미가 있다고 할 수 있다.

그림 1-4 관광 시스템

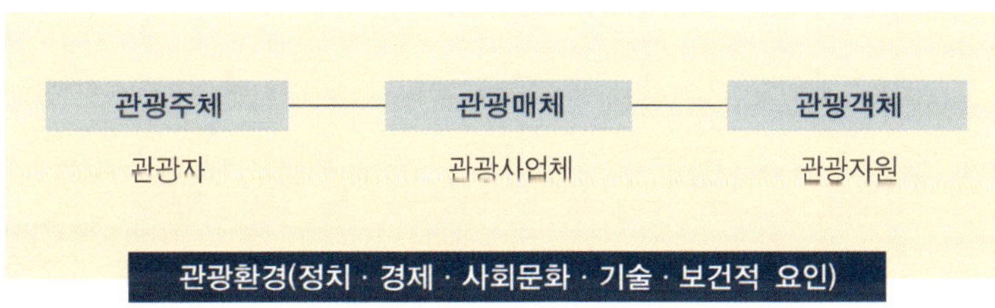

자료: Leiper, 1979의 관광 시스템이론을 저자가 도식화함.

관광주체 관광행위자로서 관광자(觀光者)를 말한다. 관광주체로서 관광자는 결국 관광에 대한 구매욕구에 의하여 관광활동이 구체화된다는 점에서 관광수요 또는 관광시장이라고 할 수 있다.

관광객체 관광대상으로서 유・무형의 관광자원을 말한다. 관광자원은 결국 관광자에게 욕구를 충족시켜 줄 관광공급이라고 할 수 있다. 이와 같은 관광자원은 관광자의 관광동기나 욕구를 충족시켜 줄 매력성을 지녀야 하고, 때로는 개발을 통하여 부가가치를 높일 필요성이 있다.

관광매체 관광주체와 관광객체를 원활하게 연결시켜 주는 것을 말한다. 구체적으로 교통시설(항공사 · 철도 · 선박 · 버스 등), 숙박시설, 식음료시설, 유흥 및 오락시설, 여행사와 같이 관광에 대하여 알선 및 대행을 해주는 시설과 기타 편의시설 등을 들 수 있는데 이와 같은 시설로서 관광객을 대상으로 사업하는 것을 관광사업이라고 한다. 단, 관광매체로서 관광사업의 시설물이 관광의 대상이 된다면 관광객체가 될 수도 있다. 즉 매력적인 교통수단 · 숙박시설 · 레스토랑 등을 관광자가 특정하여 이용하고자 할 때는 그것은 매체가 아니라 객체가 되는 것이다.

관광환경 국내외 정치 · 경제 · 사회 · 문화 · 기술 · 보건적 등의 요인에 의하여 관광현상에 영향을 주는 것을 말한다. 예를 들어 정치적 요인으로는 테러 · 전쟁 · 관광정책 등, 경제적 요인으로는 소득의 증감과 유가폭등 · 환율문제 등, 사회문화적 요인인 도시화의 진전, 인구구조의 변화, 여가시간의 증감, 삶의 질 추구 등, 기술적 요인인 교통수단의 발달, 컴퓨터예약시스템, 인터넷 등, 보건적 요인인 SARS · 조류독감 · 광우병과 같은 각종 질병 등은 관광활동에 영향을 주는 요인이라고 할 수 있다.

관광환경: 유엔 "코로나로 관광산업 붕괴. 세계 경제 손실 4천 500조원 이상"

유엔은 신종 코로나바이러스감염증(코로나19) 팬데믹(세계적 대유행)에 따른 국제 관광산업의 붕괴로, 지난해와 올해 세계 경제가 입은 손실이 4조달러(약 4천 500조원)를 넘어설 수 있다고 전망했다. 유엔무역개발회의(UNCTAD)는 보고서에서 지난해 국제 관광객 급감으로 관련 산업이 입은 손실이 약 2조 4천억달러(약 2천 704조원)에 달하는 것으로 추산했다. 한국은 관광객 감소로 올해 국내총생산(GDP)이 2.7~3.8% 감소할 수도 있다고 UNCTAD는 분석했다.

자료: 연합뉴스(2021. 6. 30.)

2) 관광학 연구

관광에 관한 최초의 연구는 1899년 이탈리아 보디오(L. Boidio)가 "이탈리아에 있어서 외국인의 이동과 소비액"이라는 연구논문인데, 관광객수 · 체재기간 · 소비액 등의 관광통계에 초점을 두고 단순히 나열한 연구에 지나지 않았다. 로마대학의 마리오티(A. Mariotti) 교수는 1927년 『관광경제강의』라는 저서에서 관광의 본질을 경제현상으로 이해하고 경제학적 분석방법을 사용하여 개별과학으로 연구하였다. 1935년 베를린대학의 글뤽스만(R. Glücksmann)은 『일반관광론』이라는 저서를 통하여 관광을 경제학뿐만 아니라 사회학적으로도 접근하였으며, 또한 관광정책에 있어서도 문화정책 · 사회정책 · 상업정책 · 교통정책 등 복합적으로 다루는 등 종합사회과학으로서 접근을 처음으로 시도하였다.

관광이 경제외적인 성격이 많아 20세기 중반부터 개별학문에 기초한 관광학의 접근 한계가 있음을 인식하기 시작하였는데, 특히 오스트리아의 베르네커(P. Berenecker)는 1962년 『관광연구』에서 개별과학에 기초를 두지 않고 종합사회과학으로서 체계화를 시도하였다. 이후 관광학은 종합사회과학의 관점에서 접근하는 것이 보편화되었다.

이와 같이 관광학연구란 관광의 총체적인 현상을 사회과학적인 측면에서 고찰하는 것으로서 경제학 · 경영학 · 사회학 · 지리학 · 인류학 · 심리학 등 단일학문의 틀을 기초로 하여 교차 또는 다학문적 접근방법이 요구된다. 즉 문화관광을 이해하기 위해서는 인류학, 관광자의 관광동기를 이해하려면 심리학, 관광의 경제적 현상을 이해하려면 경제학, 관광기업의 경영을 이해하기 위해서는 경영학과 마케팅 등과 같이 타 학문의 기초가 필요하며, 이들 학문 간에 교차 또는 다학문적 접근에 의한 사회과학적인 연구방법이 요구된다.

초기 관광에 대한 연구는 대부분 관광자와 관광자원을 중심으로 이루어져 왔으나, 근래에 와서는 관광산업체를 중심으로, 최근에는 관광환경 및 관광개발 등을 비롯한 다양한 관광현상체계에 대하여 연구가 활발히 진행되고 있다.

그림 1-5 관광학의 접근체계

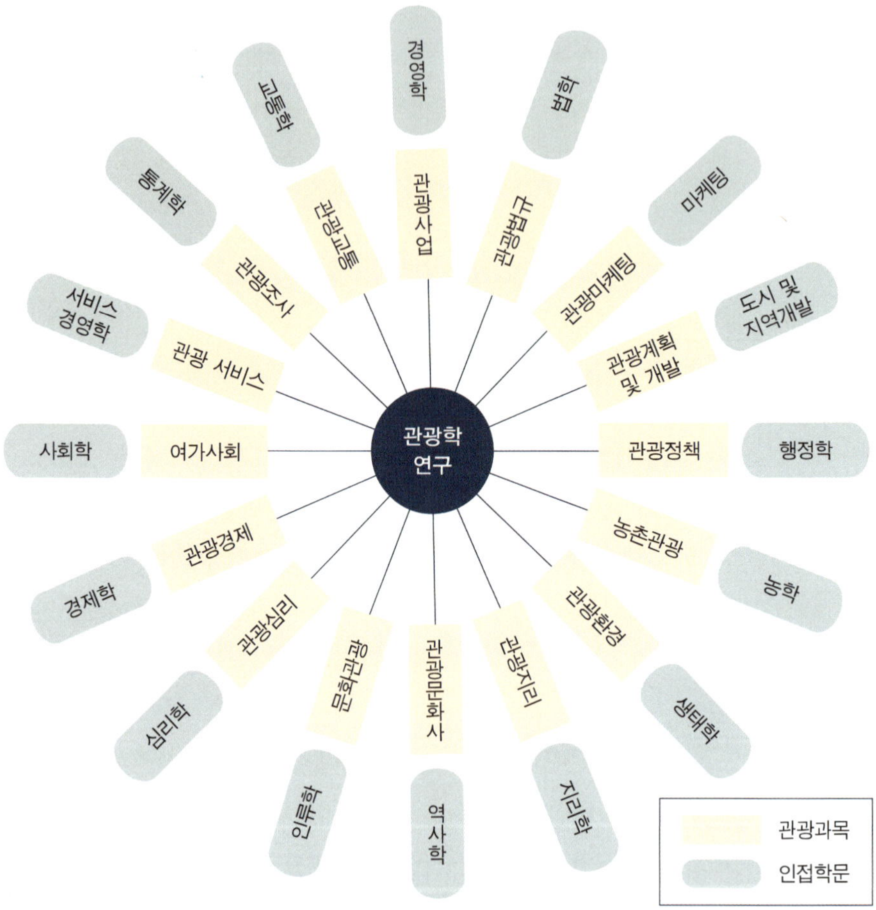

주: Goeldner, Ritchie & Mcintosh, 2001의 모델을 참고하여 저자 작성.

관광관련 자격시험 대비 연습문제 •

1. 다음 중 관광의 전제조건이 아닌 것은?

① 일탈성 ② 소비성
③ 경유성 ④ 한시성

2. 내국인의 국외관광을 무엇이라고 하는가?

① Inbound Tourism ② International Tourism
③ Outbound Tourism ④ Internal Tourism

3. 다음 중 UNWTO 기준에 의한 관광자가 아닌 것은?

① 통과여객 ② 비거주 승무원
③ 국경지대 상인 ④ 크루즈 여객

4. 레저의 시간적 정의에 포함되는 것은?

① 낮잠 ② 일
③ 공부 ④ 가사

5. 다음 중 가장 광의의 개념은?

① 관광 ② 여행
③ 레크리에이션 ④ 레저

6. 바다나 우주로 여행하는 사람을 무엇이라고 하는가?

① Tourist ② Traveller
③ Voyager ④ Excursionist

7. 숙박을 하지 않는 당일방문자를 무엇이라고 하는가?

① Tourist ② Traveller
③ Migrants ④ Excursionist

8. 다음 중 관광자원은 어디에 해당하는가?

① 관광주체 ② 관광매체
③ 관광객체 ④ 관광환경

9. 다음 중 관광매체에 해당되지 않는 것은?

① 교통시설 ② 관광지
③ 숙박시설 ④ 여행사

10. 2017년 전후 중국이 우리나라의 사드(THAAD: 고고도미사일방어체계) 배치를 문제 삼아 한한령(限韓令: 중국 정부가 내린 한류 금지령)을 실시하여 국내의 중국 관광객이 대폭 감소하였다. 이는 관광 시스템 중 어디에 해당하는가?

① 관광주체 ② 관광매체
③ 관광객체 ④ 관광환경

11. 다음 설명 중 틀린 것은?

① 여행은 반드시 숙박과 소비를 전제로 한다.
② 여행은 놀이의 한 부분이다.
③ 관광은 여행의 한 부분이다.
④ 관광(觀光)에서 빛(光)은 그 나라의 풍속 · 관습 · 문물제도 등을 뜻한다.

참고문헌

도미경(2003), "관광과 여행의 의미에 관한 연구: 주역의 괘를 중심으로," 관광학연구, 27(2).

이정학(2012), 레저의 이해, 대왕사.

장혜숙(2000), "문화관광상품의 관광시스템과의 적합성에 관한 연구," 관광품질시스템연구, 6(2): 119~134.

Cook, Roy A., Laura J. Yale & Joseph J. Marqua(2002), *Tourism*, Prentice-Hall.

Leiper, Neil(1979), "The Framework of Tourism: Towards a Definition of Tourism, Tourist, and the Tourist Industry," *Annals of Tourism Research*, 6(4): 390~407.

Leitner, Michael J.(1996), *Leisure Enhancement*, The Howorth Press.

Mill, Robert Christie & Alastair M. Morrison(1985), *The Tourism System: An Introductory Text*, Englewood Cliffs, N.J.: Prentice-Hall, Inc.

Morrison, A.M.(2002), *Hospitality and Travel Marketing*, Delmar.

Smith, Stephen L.J.(1989), *Tourism Analysis: A Handbook*, London: Longman Scientific & Technical.

Theobald, William F.(1998), "The Meaning, Scope and Measurement of Travel and Tourism," *Global Tourism*, 2nd ed., Butterworth-Heinemann, 3~21.

UNWTO(2008), International Recommendations for Tourism Statistics 2008.

memo

chapter 2

관광 발전사

학습목표

1 관광은 역사적으로 어떻게 발전하였는가?

2 한국의 관광은 어떻게 발전하였는가?

관광기초

제1장 관광의 이해

제2장 관광발전사

관광주체

제3장 관광자 행동

관광매체

제8장 관광교통

제9장 관광숙박과 외식산업

제10장 여행업

제11장 테마파크와 리조트

제12장 카지노와 국제회의 산업

관광객체

제5장 관광과 문화

제6장 관광과 환경

제7장 관광자원과 개발

관광환경

제4장 관광의 경제적 · 사회적 영향

제13장 관광정책

01 세계의 관광발전사

초기 인류는 계절의 변화에 대응하고, 동물들의 이주에 따라 생존차원에서 이동하였고, 제한적이나마 부족 간의 방문도 있었을 것이다. 이들은 이동과정에서 산을 오르고, 강을 건너면서 미지의 세계를 발견하고는 놀라움도 느꼈을 것이다. 약 5천년에서 1만년 전 신석기시대에는 인간이 해안을 중심으로 정착생활을 하게 되고 목재를 이용하여 가옥과 배를 만들었는데, 특히 뗏목 등의 배는 바다·강·호수 등에서 유용한 교통수단이 되어 원시적이나마 여행이 가능하게 되었다. 이후 인간은 물물교환 등 원시적인 경제활동을 위하여 이동을 본격화하였고, 또한 토속신앙에 따른 종교차원의 이동도 있었을 것으로 추측된다.

이와 같이 여행은 인류사회 초기부터 시작되었지만 거주지확보·식량획득·호기심 등에서 유발되었으며, 상용과 종교적 목적의 여행도 있었지만 생존과 일상생활의 일환으로 이루어졌다는 점, 위험이 수반되었다는 점에서 오늘날의 관광개념과는 다소 거리가 있다고 할 수 있다.

1) 고대사회의 관광

고대 이집트 최초의 관광여행자는 고대 이집트(기원전 4850년~715년) 파라오에 의하여 나일강 주변으로 파견된 정부의 관리였다. 그들은 새로운 지역의 방문에 대한 감흥을 기념비에 새겼는데, 훗날 그 기념비의 발견은 이를 뒷받침하고 있다. 또한 파라오의 가신들은 나일강 일대뿐만 아니라 동쪽의 사막을 넘어 시나이 반도까지 여행했으며, 특히 피라미드에는 당시 이곳을 방문한 자의 목적과 의미를 담은 여러 명의 낙서 등이 기록되어 있는데, 주내용은 대부분 신에 대한 종교적 목적과 단체교육 차원의 방문 등이었다. 이와 같이 피라미드와 스핑크스는 세계 최초의 관광매력물(tourist attraction)이라고 할 수 있다.

피라미드와 스핑크스는 세계 최초의 관광매력물(tourist attraction)이었다.

고대 페니키아와 중국 기원전 1100~800년경 페니키아(Phoenician)인들은 그들의 제국 밖으로 교역을 하기 위하여 큰 함선을 개발하였는데, 당시 해상교통은 가장 신속한 교통수단이었고, 이때부터 해상을 통한 상용목적의 관광이 시작되었다. 기원전 8~9세기경에는 고대 중국과 서역 사이에 비단무역을 계기로 중국 장안(지금의 서안)에서 시작하여 중앙아시아를 거쳐 지중해에 이르는 6,400km의 비단길(silk road)이 열려 육상을 통한 상용관광이 활발하였다. 실크로드에는 캐러밴서리(caravansary)라는 상인들의 숙소가 있었는데, 중앙의 광장을 중심으로 숙박시설이 들어서 있는 형태였다. 이때부터 상업적 숙박시설이 본격화 되었다고 할 수 있다.

고대 그리스제국 고대 그리스제국시대(기원전 900년~200년경)에는 통용 언어와 화폐가 개발되었고, 도시국가마다 관리들을 위한 숙박과 음식 등 서비스시설이 등장하여 관광을 촉진시키는 계기가 되었다. 고대 이집트나 그리스시대에는 도시 사이를 연결하는 교통의 요지에 포장마차 형식의 이동식 숙박시설 형태인 캐러밴(caravan)이 등장하였다. 특히 그리스 각지에 신전이 건축되어 많은 참배객들이 종교적 목적의 관광을 하였고, 기원전 776년 아테네에서 개최된 고대 올림픽 때는 참가선수는 물론, 많은 관광객이 몰려들어 스포츠관광을 즐겼다.

고대 로마제국 고대 로마제국시대(기원전 500년~서기 300년)의 사람들은 귀족과 부유층을 중심으로 자유로운 여행이 활발하였는데, 관광의 동기는 주로 종교 · 요양 · 식도락 등이었다. 즉 로마인들은 신화에 등장하는 각종 신전을 참배하였고, 그들은 게스트로노움(gastronome: 미식가)이었으므로 각지로 여행을 다니면서 포도주와 함께 맛있는 식사를 즐겼다. 그러나 많은 로마인들은 식도락을 통하여 비만해졌고, 그에 따라 온천 등지에서 요양이 필요하게 되어 요양목적의 관광을 하게 되었다.

또한 고대 로마 폼페이유적 중 아치형 숙박시설로 추정되는 건물의 형태가 발견된 점으로 보아 상업적인 숙박시설이 있었음을 알 수 있고, 장거리 여행자를 위하여 당시에는 우체국(post house)으로 불렸던 숙박시설이 있었으며, 맨션(mansion)이라는 숙박시설은 상류층과 공용으로 출장을 다니는 관리 등이 이용하였다.

특히 로마제국시대에 관광이 발전할 수 있었던 이유는 잘 정비된 도로와 각종 마차 등의 육상교통 및 해상교통의 발달, 치안유지를 위한 법률 시스템, 숙박 등의 서비스 시설 확대 등을 들 수 있다.

이와 같이 고대사회의 관광은 고대 이집트 · 그리스 · 로마제국을 중심으로 발전하였고, 관광여행의 계층은 왕족 · 정부관리 및 일부 상인 부유층이었지만, 관광의 목적은 출장 · 종교 · 교육 · 상용 · 스포츠관람 · 위락 · 요양 등 다양하였음을 알 수 있다.

고대 로마제국의 목욕문화

고대 로마에는 목욕문화가 발달하였다. 처음으로 공중목욕탕이 건립된 것은 기원전 2세기 무렵이며, 공중목욕탕은 대중을 위해 할 수 있는 것은 모두 책임지고 해준다는 황제들의 통치이념이자 상징이었다. 여러 황제를 거치면서 로마의 목욕탕은 수천 개가 넘

카라카스 황제의 목욕탕 유적과 복원도

었고, 목욕탕의 기능은 단순히 몸을 씻는 장소가 아니라 최고의 복지공간이자 레저공간으로 변모하였다. 로마인들은 목욕을 하고 나서 자신의 몸을 관리하기 위해 올리브기름을 바르거나, 올리브기름에 여러 가지 꽃향기를 섞어 만든 향수를 사용하기도 했다.

황제들도 목욕을 즐겼으며, 그들의 목욕탕은 화려하고 대규모로 건립되었다. 특히 카라칼라 황제는 갖은 사치를 부려 목욕탕을 궁전처럼 꾸몄다. 신전을 세웠고 분수와 샘물이 흐르는 석굴과 산책로, 심지어 음악당과 철학자들이 담소할 수 있는 정원까지 만들었다. 디오클레티아누스 황제 역시 이에 질세라 6,000명을 수용하는 대형 욕장에 바닥에는 모자이크를 깔고, 벽은 이집트산 대리석과 화려한 프레스코화로 치장하였으며, 도서관 · 체육관 · 화랑까지 갖추는 등 목욕탕이 아니라 궁전화하였다. 로마의 멸망이 사치와 퇴폐적인 목욕문화라고 할 정도로 고대 로마의 목욕문화는 과도하였다.

2) 중세사회의 관광

세계사에서 중세는 시기적으로 로마제국 붕괴 이후 4세기 말에서 14세기 르네상스 운동이 일어나기 전까지의 약 1000년간을 말한다. 로마제국의 붕괴는 다양한 관광활동의 위축을 초래하였고, 중세사회는 교회를 중심으로 크리스트교 문화가 주류를 이루면서 정치 · 경제 · 사회 전반에 종교적 영향을 받게 되고, 봉건제도가 자리를 잡게 되었다. 따라서 관광활동은 예루살렘 및 로마 교황청 등지로 성지순례와 같은 종교여행이 주류를 이루었다.

특히 '알베르게'(Albergue)라는 순례자를 위한 숙소가 있었는데, 대피소 및 간이병원 역할도 하였다. 오늘날에도 알베르게는 스페인 등지에서 여행객들을 위한 호스텔(hostel), 게스트 하우스(guest house)와 같은 숙소의 명칭으로 사용되고 있다.

그러나 중세 말기에 있었던 200년에 걸친 십자군전쟁은 종교적 · 군사적인 면에서 원래의 목적을 달성하지 못했지만 정치 · 경제 · 사회 전반에 지대한 영향을 미쳤는데, 특히 동방과의 교통이 열리면서 동서양의 통상무역 및 문화교류를 확대할 수 있었으며, 또한 이들을 수용할 수 있는 인(inn)이라는 숙박시설이 등장하여 근대사회에서 관광이 활발할 수 있는 계기를 마련하였다.

13세기 말 마르코 폴로(Marco Polo)는 아시아의 페르시아·티베트·고비사막·버마·인도네시아·인도·실론섬 등지를 여행하였는데, 이 여행기는 14세기 초『동방견문록』으로 출간되어 유럽 사람들에게 아시아에 대한 여행의 욕구와 호기심을 자극하는 계기가 되었다.

3) 근대사회의 관광

르네상스 시대 중세 로마의 몰락 이후 14세기에 고대 그리스·로마시대의 문예를 부흥하는 의미의 르네상스 운동이 이탈리아를 중심으로 일어났는데, 이는 교회와 봉건사회 조직의 몰락을 가져왔고, 인문주의, 즉 인간의 개성과 능력 및 존엄성을 강조하는 휴머니즘(humanism)사상으로 발전하였으며, 인간과 현실에 대하여 새로운 인식을 하게 되었다. 따라서 르네상스의 이러한 사상은 중세의 관광암흑기를 해빙하는데 촉매역할을 하였으며, 고대사회 이후 관광이 다시 활기를 되찾는 계기가 되었다.

르네상스(문예부흥기)를 계기로 괴테를 비롯한 당시의 저명한 작가와 사상가들이 유럽대륙을 여행하면서 집필한 그들의 작품이 여행의 자극제가 되어 1613~1785년 사이에는 유럽의 귀족 및 문예가들을 중심으로 지식과 견문을 넓히고자 유럽의 여러 나라를 여행하는 것이 유행이었는데, 이를 교양관광(Grand Tour)이라고 하며, 이 시기를 '여행의 황금시대'(The Golden Age Travel)라고 일컫는다.

유럽제국의 식민지정책 14세기 초에 출간된 마르코 폴로의『동방견문록』은 동방에 대한 호기심을 자극하였고, 이후 인도 항로의 발견, 아메리카 대륙의 발견, 마젤란의 세계일주와 포르투갈과 에스파냐를 비롯한 유럽제국들의 해상을 통한 식민지를 건설하기 위하여 신항로개척 및 중상주의 정책을 펴게 되었는데, 무역을 독점하기 위한 동인도회사 등의 출현은 상업여행을 활발하게 한 계기가 되었다.

산업혁명 18세기 중반에 시작된 산업혁명은 증기선·기차 등 교통수단의 발달로 인하여 육상 및 해상 관광여행을 보다 용이하게 만들었으며, 대량관광의 발판을 마련한 계기가 되었다.

여행알선업의 등장 1841년에 영국의 토마스 쿡(Tomas Cook)은 금주동맹회의에 참가하는 회원을 모아 단체열차관광을 시도하여 성공을 거두었는데, 이 여행은 영리를 목적으로 단체할인에 의한 최초의 여행이었고, 여행알선이라는 개념을 도입했다는 점에서 그를 여행업의 창시자라고 부른다.

특히 여행업인 아메리칸 익스프레스(American Express)사는 1891년에 여행자 수표(traveler check)를 발매하였는데, 이는 오늘날에도 사용하고 있으며, 안전여행에 지대한 공헌을 하였다.

근대 호텔의 출현 근대 초기의 숙박시설로는 중세기에 태동된 인(Inn: 여인숙 또는 작은 여관)이 보편화되었는데, 수면·음식·생명·재산보호에 관계되는 최저 필요조건만 갖추어 놓은 형태였다. 그 외 숙박시설인 터번(Tavern: 선술집에 숙박시설을 갖춘 형태) 등이 있었다.

이후 오늘날과 같은 기업의 형태로 호텔이 등장하게 된 것은 18세기 중엽 이후부터인데, 세계 최초의 호텔은 1794년에 건립된 미국의 시티호텔(City Hotel)이며, 오늘날 개념의 호텔의 시초는 19세기 초 독일의 바덴바덴에 건립된 바디쉬호프(Badisch Hof) 호텔이다. 1829년에는 170개의 객실을 갖춘 트레몬트 하우스(Tremont House)가 미국의 보스톤에서 개관되었는데, 오늘날의 호텔건축과 호텔경영의 모델을 제시하였다.

호화 호텔(Grand Hotel)의 시대 19세기 중반 유럽에서는 왕정이 공화정으로 바뀌고 귀족세력이 점진적으로 붕괴되어 사교모임이 궁전에서 밖으로 옮겨지게 되었는데, 새롭게 사교장으로 등장한 곳이 호텔이었다. 호텔은 이러한 감각을 맞추기 위하여 사회성과 호화성을 강조하여 건물의 외관이나 내장, 가구, 인테리어, 기물, 직원의 복장, 서비스 방법 등이 궁전의 것을 흉내 내었으므로 호화로울 수밖에 없었다. 이 시대의 대표적인 호텔은 1850년 파리에 건립된 그랜드호텔(Grand Hotel)이다. 호화 호텔의 시대를 영어로 'Grand Hotel'이라고 명명하는 것도 바로 이 그랜드호텔이 호화성의 성격을 잘 반영해주기 때문이다.

호화 호텔의 시대에 대표적인 호텔 경영자(Hotelier)는 리츠(Cesar Ritz: 1850~1918)였다. 15세부터 호텔업계에 투신한 리츠가 호텔경영에 성공을 거두게 된 계기는 당대 최고의 요리사 에스코피에르(Escoffier)를 만남이었다. 이들은 사보이 호텔에서 함께 일하면서 전성기를 맞이하였고, 1897년 호텔 리츠를 개업하면서 대성공을 거두게 되었고, 1899년에는 영국에 칼튼호텔(Carlton Hotel)을 건립하였다. 이후 1902년에는 Ritz Development Company를 설립하여 파리, 런던, 마드리드 그리고 리스본에 리츠호텔 경영체인화를 추구하였는데 다소 원시적인 형태이지만 최초의 호텔체인사업의 장을 열었다.

상용호텔(Commercial Hotel)**의 시대** 20세기에 들어와서는 상용여행이 더욱 늘어났고, 자연히 그들을 수용할 수 있는 저렴하고 쾌적한 숙박시설이 요구되었다. 특히 유럽보다 실용적이고, 합리적이며, 진취적인 사고를 가지고 있던 미국에서 상용호텔이 번성할 수 있었다.

이러한 상용호텔의 시대를 열게 한 장본인은 '호텔의 황제 또는 왕'이라고 불리는 스타틀러(Ellsworth Milton Statler, 1863~1928)였다. 스타틀러는 13세 때 호텔 벨보이(bell boy)부터 시작하여 1908년 미국의 버팔로에 300개의 객실과 욕실을 가진, 당시로는 거대한 스타틀러호텔을 탄생시켜 미국 호텔산업의 새로운 역사를 전개하였다.

호화여객선 및 정기항공기의 등장 1900년대 초에는 대서양을 왕복하는 호화여객선이 경쟁적으로 등장하여 유럽과 미국 간의 여행이 활발하게 되었으며, 그리고 1919년에는 최초로 정기항공기에 의하여 승객들이 런던과 파리를 여행하여 훗날 대량관광시대를 맞이할 수 있는 기틀을 마련하였다.

이와 같이 근대사회의 관광은 철도와 선박을 중심으로 하는 교통수단의 발달에 힘입어 보다 쉽게 발전할 수 있었고, 1800년대 중반부터는 여행사와 호텔을 중심으로 관광사업이 본격화되는 등 관광의 인프라가 구축되기 시작하였지만, 관광여행의 계층은 특권층과 일부 부유층 및 상인들로 한정되었다.

4) 현대사회의 관광

현대사회의 관광은 관광형태의 패러다임을 고려해 볼 때 제2차 세계대전 이후부터 1980년대까지를 제1기, 1990년 이후를 제2기로 시대적 구분을 할 수 있다.

현대사회 제1기 관광 제2차 세계대전 이후 제1기 기간에는 제트 여객기의 출현 및 관광버스와 자가용 등 교통수단의 대량보급과 함께 대형 호텔에서부터 모텔에 이르기까지 다양한 숙박시설이 등장하여 보다 빠르고, 보다 안락하며, 보다 저렴한 형태의 국내외 관광을 할 수 있게 되었다. 특히 제2차 세계대전 이후 현재까지 미국 호텔산업의 가장 큰 특징은 ① 인수·합병과 프랜차이즈를 통한 대규모 체인화, ② 자동차의 보급으로 모텔급 수준의 호텔이 발전한 것을 들 수 있다. 또한 매스컴의 발달은 미지의 세계에 대한 관광동기를 자극하였을 뿐만 아니라 다양한 관광정보도 획득할 수 있게 하였으며, 가처분소득 및 여가시간이 증대하는 등 관광환경이 크게 변화하여 관광의 대량 또는 대중관광(mass tourism)시대를 맞이하게 되었다.

1950년에는 최초의 신용카드 회사인 다이너스 클럽(Diners Club) 카드회사가 등장하여 여행시 현금소지에 대한 위험과 환전에 대한 불편을 해소해 주었다. 1954년은 제트여객기가 처음으로 출현하였고, 1958년에는 보잉사가 B-707을 생산하여 유럽과 미국 간을 제트여객기로 운항하였다. 이와 같은 항공산업의 발전에 힘입어 국제 간의 교류는 더욱 확대되고, 각국마다 외화획득의 수단으로 관광산업을 육성하면서 국제관광이 활성화되었으며, 관광객을 수용하기 위한 관광개발이 활발하여 대량관광의 시대를 열었다.

그러나 소외계층에게는 관광이 여전히 부담스러웠고, 무분별한 관광개발 및 대량관광은 환경파괴를 초래하여 세계 각국은 사회복지관광(social tourism)과 친환경적 관광개발에 관심을 가지게 되었다.

따라서 세계관광기구(UNWTO)는 1972년 비엔나헌장을 통하여 관광은 일부 특권층

표 2-1 세계관광의 주요 연대기

시대	연도	사건	특징
고대 사회	4850 BC~ 715 BC	고대 이집트 관리들의 나일강 일대 파견 및 피라미드 방문	최초의 관광여행자
	1751 BC~ 1111 BC	중국 상왕조 동서양을 잇는 교역의 길 개척	육상을 통한 상용여행의 시작
	1100 BC~ 800 BC	페니키아인 해상교역을 위한 함선 개발	해상을 통한 상용여행의 시작
	900 BC~ 200 BC	그리스신전 건축	신전참배를 위한 종교적 목적의 관광본격화
	776 BC	고대 올림픽	스포츠관람 목적의 대규모 관광자 발생
	500 BC~ AD 300	고대 로마인들의 풍류생활	식도락 · 요양 등 위락목적의 관광형태 발생
중세 사회	300년대 말	고대 로마제국의 붕괴	교회를 중심으로 성지순례 등 종교적 관광의 성행
	1096~1270	십자군전쟁	동방과 교역의 확대계기
	1200년대 말	숙박시설 인(inn)의 등장	교역상들의 숙박해결
	1271~1295	마로코폴로의 동방여행	유럽인들의 동방에 대한 여행욕구 자극
근대 사회	1613~1785년	교양관광(grand tour)의 시대	유럽 각지로 지식과 견문확대를 위한 여행의 유행
	1700~1800년대	산업혁명	선박 · 기차 등 교통수단을 이용한 관광의 기틀마련
	1841년	토마스 쿡에 의한 단체관광 실시	여행업의 창시
	1850년	파리의 그랜드호텔 오픈	호화 호텔의 시대를 맞이함
	1891년	여행자수표 등장	안전여행에 공헌
	1908년	버팔로 스타틀러호텔을 창시	호텔의 대중화시도, 상용 호텔의 시대를 맞이함
	1919년	정기항공기(런던-파리)의 등장	최초로 정기항공기에 의한 여행 시작
현대 사회	1950년	다이너스 클럽 카드 등장	여행시 현금소지에 따른 위험과 환전불편 해소
	1952년	제트여객기의 출현	대량관광시대 맞이함
	1982년	아카풀코선언	유급휴가제 등 사회복지관광에 대한 관심 증대
	1997년	몰디브 말레선언	지속가능한 관광에 대한 관심고조
	1997년 이후	신관광의 출현	소규모 및 SIT여행 급증

만의 것이 아니라 모든 사람이 공유해야 한다고 하였고, 1980년 마닐라선언에서는 노동에 대한 휴가권 및 관광의 자유권을 인정하였으며, 1982년 아카풀코선언에서는 유급휴가제의 실시 등 관광의 기본권을 주장하였다.

현대사회 제2기 관광 1990년대 이후 제2기에서는 관광이 사회와 환경에 미치는 부정적인 영향을 최소화하기 위하여 다양한 논의를 하였는데, 1989년 자연과 관광의 상호 의존관계를 강조하고, 관광발전은 자연보존이 전제가 되어야 한다는 취지의 헤이그선언을 발표한 이후, 1997년 몰디브 말레선언에서는 관광과 환경의 조화를 위한 지속가능한 관광(sustainable tourism)을 강조하였다. 이때부터 관광형태가 자연을 파괴하는 단체 패키지 대량관광 중심에서 벗어나 가족이나 개인 및 동호인 중심의 소규모 관광을 선호하는 경향이 나타났다. 여행의 목적도 개성이나 취미를 살리고, 체험과 모험을 지향하며, 특별 관심분야 위주로 여행을 하는 특별관심여행(SIT: Special Interest Tour)의 형태로 변하고 있다. 이러한 관광의 형태를 신관광(new tourism)이라고 부른다. 신관광의 구체적인 형태로는 문화관광, 생태관광, 자연관광, 녹색관광, 지속가능한 관광, 유연한 관광, 개별화된 관광, 전문화된 관광 등을 들 수 있다(최석호 외, 2008).

이와 같이 현대사회의 제1기 관광은 대중화에 의한 대량관광이 실현되었고, 중후

표 2-2 세계 관광발전사의 특징

구분		시기	관광계층	관광목적 및 유형
고대사회		기원전 4850년 전(고대 이집트)~4세기(고대 로마제국 붕괴)	왕족, 정부관리, 일부 상인 및 부유층	출장, 종교, 교육, 상용, 체육, 위락, 요양
중세사회		4세기(로마제국 붕괴 이후)~14세기 르네상스 운동 전	종교인	성지순례
근대사회		르네상스 운동~제2차 세계대전 이전	특권층, 일부 부유층 및 상인	교양관광, 철도 및 선박관광
현대사회	1기	제2차 세계대전 이후~1980년대	대중	대량관광
	2기	1990년대 이후~	대중	소규모 관광, 친환경적 관광, 체험과 모험 등 SIT관광

반에 와서는 소외계층을 위한 사회복지관광과 친환경적 관광에 대하여 관심을 가졌으며, 제2기 관광은 대량관광에서 벗어나 소규모 위주의 신관광 형태가 나타나는 것이 특징이라고 할 수 있다.

02 한국의 관광발전사

우리나라는 고조선시대부터 조선시대에 이르기까지 특권층과 종교인을 중심으로 외교・종교・학문연구・수양 및 부분적 교역활동 등 관광여행이 부분적으로 있어 왔지만, 왕권중심의 전제주의 및 폐쇄적인 사회문화로 인하여 관광은 자유로울 수 없었고, 발전에도 한계가 있었다. 우리나라가 본격적으로 관광에 눈을 뜨게 된 것은 1876년 일본이 운양호 사건을 발발시켜 강화도조약을 체결한 것을 계기로 부산항에 이어 원산항・인천항이 개방되면서부터이다. 따라서 본서에서는 한국의 관광발전사를 개항 이후와 해방 이후로 나누어 전개하고자 한다.

1) 개항 이후~해방 전의 관광

일제강점기 이전(1876~1910) 개항 인천은 우리나라의 관문으로서 외국인의 입국을 담당하였으며, 상인들이 오가는 무역항 역할을 하였을 뿐만 아니라 일본과 중국인의 집단거류지가 형성된 곳이었다. 따라서 자연스럽게 인천에 호텔이 들어서기 시작하였다. 1884년 일본인 다이부츠(Dai Butzu)는 외국 선교사와 상인을 대상으로 장사를 하기 위해 2층 규모의 일본식 목조건물로 숙박시설을 만들었는데, 일본식 야도야(宿屋), 즉 여인숙 형태로서 시설이 좋은 편은 아니었지만 외국인들 사이에는 '다이부츠'(Dai Butzu; 대불의 일본식 발음) 호텔로 명칭되었다. 이후 1887년 건물을 새로 짓기 시작하여 1888년 3층 규모의 서양식 양관(객실 11실)으로 신축하여 개관하였다.

이와 같이 1884년에 개관한 대불호텔은 이용자들이 호텔이라는 명칭을 사용하였지만 시설 측면에서 호텔이라고 하기에는 무리가 있으며, 1888년에 개관한 대불호텔은 최초의 서양식 호텔이라고 할 수 있다(이정학, 2013). 따라서 우리나라 최초의 호텔은 대불호텔임에 틀림없으나 그 개관시기는 논란이 있을 수 있다.

대불호텔이 성업을 이루자 인근에서 상점을 운영하던 청나라 사람 이태(怡泰)는 같은 해 자신의 건물 2층에 8실 규모의 스튜어드(Steward)호텔을 개관하였다. 이후 1890년경 헝가리인 소유의 호텔 드 꼬레(Hotel de Coree: 4실 규모)를 비롯하여 오리엔탈호텔(Oriental Hotel), 터미나스 호텔(Terminas Hotel) 등이 개관하여 인천은 우리나라 초기 호텔을 주도하였다(이정학, 2013).

이후 1899년 경인선이 개통되면서 외국인들이 서울에 있는 공관에서 숙식을 하자 인천지역 대부분의 호텔은 영업부진으로 폐업하고, 서울 지역에 호텔이 들어서기 시작하였다. 1898년 1월 4일 독립신문 영문판 광고에 서울호텔(Seoul Hotel)이 소개되어 서울지역 최초의 호텔은 서울호텔(Seoul Hotel)이라고 할 수 있다. 이 호텔은 넓고 편리한 침대방을 보유하였고, 요리는 최상의 프랑스식으로 제공되었으며, 소유주는 이탈이인 삐이노(F. Bijno)였다. 이후 1901년 프랑스인 마르탱(L. Martin) 소유의 팔레호텔(Hotel du Palais)이 대안문 앞에 개관하였고, 같은 해 영국출신의 엠벌리(Emberly) 부부가 주인이었던 스테이션호텔(Station Hotel)이 개관하였는데, 이 호텔은 1층 기와집으로 되어 있었다.

1902년 개관하였다고 알려진 손탁호텔은 당시 왕실의 손님을 접객하였던 영빈관이었다. 이는 당시 자료에도 영빈관으로 소개되었고, 또한 신문에 손탁호텔이 개관했다는 기사가 전혀 없었다는 점에서 확인할 수 있다. 이 영빈관은 러시아 풍의 2층 건물

1909년 보에르(J. Boher)가 경영한 손탁호텔

로 되어 있었으며, 독일 여인 손탁이 왕실로부터 하사를 받아 이곳에 거주하면서 운영하였다. 1909년 9월 18일 프랑스인 호텔경영업자 보에르(J. Boher)가 손탁의 영빈관을 인수하여 '손탁호텔'로 명명하고 광고도 하였으며, 일반인을 대상으로 실제적인 영업을 하면서 비로소 호텔로 탄생한 것이다. 객실은 약 30개 정도였고, 커피숍은 외교 및 사교의 장소로서 인기가 높았으며, 최초로 프렌치 레스토랑이 갖추어져 서양요리가 제공되었다(이정학, 2013). 결국 1902년 손탁의 영빈관은 손탁호텔의 전신이라고 할 수 있다.

일제강점기 이후(1910~1945)　1912년에는 경부선과 경의선의 개통에 따라 부산과 신의주에 각각 철도호텔이 건립되어 철도여행객을 수용하였고, 1914년에는 당시 69실 규모의 조선호텔이 건립되었는데, 재건축을 통하여 오늘날까지 명맥을 유지하고 있다.

1915년에는 우리나라에서 최초로 여행업무가 시작되었는데, 일본 여행사인 JTB(Japan Tourist Bureau)의 조선지부에서 철도승차권 판매를 대행하면서부터이다. 1916년에는 일본이 여의도·대구·울산·평양 신의주 등지에 간이비행장을 만들면서 지방도시를 연결하는 항공운송이 시작되었고, 1930년에는 경인구간에 유람비행사업이 시작되었으며, 1936년에는 조선항공사가 설립되어 서울과 이리 사이에 정기항로를 개설하여 주 2회씩 운항하기도 했다. 그리고 1936년에는 당시 최대 규모인 111개의 객실에 8층 높이의 콘크리트 구조물로 만들어진 반도호텔이 건립되었는데, 서울의 명물이자 관광의 상징이 되기도 하였다.

이와 같이 개항 이후 해방 전까지 우리나라의 관광발전사는 관광의 사회적 현상이나 조류에 의한 것이라기보다는 호텔 등의 관광산업체 위주로 진전되었음을 알 수 있다.

1914년 개관 당시의 조선호텔

2) 해방 이후의 관광

해방 이후~1950년대의 관광 일본이 패망하자 1945년 10월에 일본 여행사인 JTB를 인수하여 우리나라 최초의 여행사인 조선여행사가 설립되었고, 1949년에 대한여행사로 회사명을 변경하였다. 또한 1948년에는 우리나라 최초의 항공사인 대한민국항공사(KNA: Korean National Airlines)가 설립되어 서울-부산, 서울-강릉, 서울-광주-제주 등의 노선에 취항하였으나 탑승객이 적어 경영난을 겪었으며, 1949년에는 미국 팬암항공사가 시애틀-도쿄-서울을 연결하는 노선에 취항하였는데, 이는 우리나라 최초 외국항공사의 국내취항이었다.

1952년에는 교통부에 관광계가 신설되어 처음으로 관광행정업무를 담당하였고, 관광계는 1954년 관광과로 승격되었다. 1958년에는 교통부장관을 위원장으로 하는 관광위원회가 발족되어 관광사업의 계획을 수립하기 시작하였으며, 이 시기에 우리나라 최초의 해외선전 간행물인 『*Welcome to Korea*』가 발간되어 외국에 배포되기도 했다. 한편 1957년에는 교통부가 세계관광기구(UNWTO)의 전신인 IUOTO에 가입하여 국제협력기반을 조성했으며, 1959년에는 민간관광단체인 한국호텔업협회가 발족되었다. 이 무렵 주관광여행자는 주한 외국인들이었다. 1950년대 후반 이들은 RAS(Royal Asiatic Society)라는 조직을 만들어 전국의 명소를 누비고 다녔는데, 이때 등장한 호텔이 온양호텔·불국사호텔·서귀포호텔·해운대호텔 등이다.

이와 같이 8·15해방 이후 1950년대까지의 관광은 우리나라 최초로 여행사와 항공사가 설립되고 관광행정이 시작되었지만, 정부수립 전후의 사회혼란과 6·25전쟁에 따른 정치·경제·사회적 불안 등으로 발전을 이루지 못해 우리나라 관광사에서 암흑기라고 할 수 있다.

1960년대의 관광 1961년에 들어서자 관광에 관한 최초의 법률인 관광사업진흥법이 제정·공포되어 우리나라도 관광사업에 눈을 뜨기 시작하였다. 1962년 민간관광사업이 한계를 보이자 정부가 나서서 외화획득을 위한 관광사업과 국제수지 개선을 위하여 정부출자의 국제관광공사와 대한항공공사를 설립하였으며, 유능한 관광안내원을 양성하기 위하여 통역안내원 자격시험제도가 도입되었다. 1963년도에는 교통부 관광과가 관광국으로 승격되었고, 관광외화를 획득할 목적으로 종합위락시설인 워커힐호텔이 당시 최대규모(254실)로 개관하였다.

1965년 워커힐호텔에서 개최된 태평양지역관광협회(PATA: Pacific Area Travel Association) 제14차 연차총회는 대규모 외국인관광객을 유치하기 위하여 적극적인 활동이 필요하다는 중요한 계기가 되었다. 일본은 1964년 자국민의 해외여행자유화를 실시하였는데, 1965년 한・일국교정상화는 일본관광객에게 문호를 개방함으로써 우리나라 관광의 발전에 일대 도약의 계기를 마련하였다. 또한 이 시기에 관광호텔 종사원 자격시험제도가 실시되어 접객서비스의 질적 향상에 기여하였다. 그리고 1967년에는 자연공원법에 따라 지리산이 우리나라 최초의 국립공원으로 지정되었다.

이와 같이 1960년대 우리나라의 관광은 처음으로 정부의 적극적인 관광진흥시책과 제도에 의하여 활기를 띠기 시작했다는 점에서 우리나라 관광의 태동기라고 할 수 있다.

1970년대의 관광 1971년에 개통된 경부고속도로는 전국적으로 관광지개발을 촉진시켰고, 육상관광을 촉진하는 계기가 되었다. 1975년에 열린 경제장관간담회에서는 관광산업을 국가전략산업으로 격상시키고 수출산업에 준하는 세제감면혜택과 금융・행정지원을 제공하기로 결정하여 이후 신규호텔 건설이 증대하는 등 1974년에 있었던 1차 오일쇼크로 인하여 침체된 관광산업이 재도약하는 계기를 맞았다. 그리고 1975년에는 종전의 관광사업진흥법을 폐지하고 관광기본법과 관광사업법으로 분리 제정・공포하여 외화획득을 위한 국제관광 진흥정책에서 나아가 건전한 국민관광의 발전도 도모하겠다고 선언을 한 점은 우리나라 관광사에서 특기할 만하다고 할 수 있다.

특히 1975년 전후시기에 외국인관광객을 유치하기 위하여 경주 보문단지나 제주 중문단지와 같은 대규모 관광단지 개발에 착수하는 등 관광진흥에 대한 노력은 1978년 우리나라 관광역사상 처음으로 외래관광객 100만명 선을 돌파(아시아에서 5번째)하고, 관광수입 4억 달러라는 결실을 맺게 되어 관광입국으로서 기틀을 마련했을 뿐만 아니라 관광선진국으로 도약할 수 있는 가능성을 보여 주었다.

이와 같이 1970년대 우리나라의 관광은 경제성장과 더불어 관광산업을 국가전략산업으로 육성・발전시켜 관광입국의 초석을 다졌다는 점에서 우리나라 관광의 성장기라고 할 수 있다.

1980년대의 관광 1982년 야간통행금지 해제조치는 국민생활과 경제산업활동에 촉진제가 되었을 뿐만 아니라 대외적인 이미지 개선에도 큰 기여를 하였다. 특히 시간의 제한 없이 관광을 즐길 수 있게 되자 외국관광객들의 심야관광활동이 활기를 띠게 되었고, 일본관광객들의 주말여행, 즉 금요일 저녁에 한국에 와서 일요일 오후에 돌아가는 여행이 성행하여 관광수입을 증대시키는 기폭제가 되었다.

1986년에는 관광사업법을 폐지하고 관광진흥법을 제정・공포하여 종전의 규제중심의 정책에서 민주적 정책으로 전환하는 계기가 되었으며, 1988년에는 서울올림픽이 개최되었을 뿐만 아니라, 이 무렵 제2민항인 아시아나항공사가 출범하여 우리나라 관광산업 발전에 새로운 전기를 마련하였는데, 이 해에 외래관광객 유치 200만 명을 돌파하였다.

한편 1989년에는 전국민 해외여행 자유화조치에 따라 관광산업을 국제화하는 토대를 마련하였는데, 이후 내국인들의 해외여행이 폭증하자 국외여행업체가 급증하게 되었다.

이와 같이 1980년대 우리나라의 관광은 1970년대의 초석을 바탕으로 여러 기회요인에 의하여 외래관광객의 대량유치와 내국인 해외여행 자유화의 기반을 마련하였으므로 관광의 도약기라고 할 수 있다.

1990년대의 관광 1991년도에 처음으로 외래관광객이 300만명 선을 돌파하고, 1992년에는 중국과 수교하여 관광시장 다변화의 계기를 마련하였으며, 1993년의 대전엑스포와 1994년의 한국방문의 해 사업 등으로 인하여 1990년대도 외래관광객 유치는 꾸준히 늘었으나 무분별한 국민해외여행으로 인하여 1994년도부터는 관광수지가 적자로 나타나기 시작하였다. 1997년 말부터 시작된 외환위기에 따른 IMF체제기간에는 국외여행사를 중심으로 호텔·외식사업체 등 많은 관광산업체가 도산하거나 구조조정을 겪어야 했다. 따라서 이 기간에는 비록 1998년에 처음으로 외래관광객 400만 명을 돌파하였으나, 국내관광의 불황과 내국인의 국외여행이 저조하여 전체적으로 관광산업은 침제국면을 맞이하였다. 이러한 여건 속에서 1998년에는 금강산관광이 시행되어 남북관광시대의 물꼬를 트는 역사적인 순간도 맞이하였다.

2000년대의 이후 관광 IMF체제를 벗어나기 시작한 2000년에 들어서자마자 대망의 외래관광객 유치 500만명 선 돌파에 관광수입 약 68억 달러를 달성하였고, 2001년에는 인천 신공항이 개항하여 동북아의 허브공항으로서 역할을 하게 되었으며, 2002년에는 한·일월드컵이 개최되어 대규모 관광객유치는 물론, 대외 이미지 제고에 한몫을 하였다. 또한 2004년도에는 2000년대 초부터 불기 시작한 한류열풍이 최고조에 달하였고, 고속철도 KTX의 개통 및 대형 국제회의 유치 등 외래관광객 유치를 위한 여러 기회요인을 맞이하였으며, 국내관광분야에서도 주 5일제 실시에 따라 국내관광산업이 활성화되고, 내국인의 해외여행도 급증하는 등 2000년대 우리나라 관광산업은 재도약의 기회를 마련하였다.

2010년대의 관광 2010년대에 들어와 2012년에는 외래관광객 유치 1,000만명, 2014년 1,400만명 돌파(이중 중국관광객은 570만여명) 등 외국관광객이 대거 유치되면서 관광산업은 더욱 활성화 되었고, 관광선진국으로서의 발판을 마련하게 되었다. 또한 관광시장의 다변화로 인하여 의료관광호텔업·소형호텔업 등 관광숙박업의 종류도 다양해지고 관광인프라도 확대되었다. 특히 2009년 1월 '외국인환자 유치에 대한 등록법'이 신설되어 의료관광객 유치 및 알선행위를 허용하면서부터 2014년부터는 의료관광호텔업(메디텔)이 육성되기 시작하여 의료관광산업이 본격화되었다. 그리고 2015년부터 관광호텔업의 등급을 종전 무궁화 표시에서 별(star)표시 하는 등 선진화를 도모하기 시작하였다.

표 2-3 한국관광의 주요 연대기

구분		사건	특징
개항 이후 ~해방 이전	1884년	인천 대불호텔 개관	우리나라 최초의 호텔
	1888년	인천 대불호텔 서양식으로 개조	
	1897년	서울호텔 개관	최초의 서울 호텔
	1902년	손탁사저	영빈관
	1909년	손탁호텔 개관	손탁사저를 인수하여 호텔영업
	1914년	조선호텔 개관	
	1915년	JTB조선지사	최초의 여행업무 시작
	1936년	조선항공사 설립	최초의 정기항공노선 운항
해방 이후 ~1960년 이전	1945년	조선여행사 설립	우리나라 최초의 여행사 (1949년 대한여행사로 변경)
	1948년	대한민국항공사 설립	우리나라 최초의 항공사
	1952년	교통부에 관광계가 신설	최초로 관광행정업무담당
1960년대 (태동기)	1961년	관광사업진흥법 제정 · 공포	관광에 관한 최초의 법률
	1962년	국제관광공사 설립	현, 한국관광공사
	1962년	관광통역안내원 자격시험 실시	
	1965년	PATA 총회 개최	최초로 대규모 국제회의 개최
	1965년	한 · 일국교정상화	
	1967년	지리산 국립공원으로 지정	우리나라 최초의 국립공원
1970년대 (성장기)	1971년	경부고속도로 개통	관광지개발 촉진
	1975년	관광기본법 및 관광사업법 제정공포	국민관광발전 도모
	1978년	외래관광객 유치 100만명 돌파	
1980년대 (도약기)	1982년	야간통행금지 해제	심야관광활동촉진
	1988년	서울올림픽 개최	대규모관광객유치
	1988년	아시아나 항공사가 출범	복수항공시대의 개막
	1988년	외래관광객 유치 200만명 돌파	
	1989년	전국민 해외여행자유화 실시	국외여행업체의 급증계기

1990년대 (침체기)	1991년	외래관광객 유치 300만명 돌파	
	1997년	IMF체제	관광산업체 도산 및 구조조정
	1998년	금강산관광 시행	남북관광시대의 장을 열게 됨
	1998년	외래관광객 유치 400만명 돌파	
2000년대 이후 (재도약기)	2000년	외래관광객 유치 500만명 돌파	
	2001년	인천국제공항 개항	동북아의 허브역할
	2002년	한일월드컵 개최	대외 이미지제고
	2004년	KTX 개통	
	2004년	한류열풍 고조	
	2005년	APEC 정상회담	
	2009년	외국인환자 유치에 대한 등록법 신설	의료관광산업 육성의 계기
2010년대 (호황기)	2012년	외래관광객 유치 1,000만명 돌파	
	2014년	외래관광객 유치 1,400만명 돌파	
	2014년	의료관광호텔업(메디텔) 육성	의료관광산업의 육성
	2015년	관광호텔업 선진화	관광호텔의 등급을 외국처럼 별(star)로 표시

관광관련 자격시험 대비 연습문제 ·

1. 다음 중 최초의 관광자는?

① 고대 그리스의 신전참배객 ② 고대 페니키아의 무역상
③ 고대 로마의 미식가 ④ 고대 이집트의 관리

2. Gastronome이란?

① 휴양자 ② 무역상 ③ 미식가 ④ 신전참배자

3. 인(inn)이라는 숙박시설이 최초로 등장하였던 시기는?

① 고대사회 ② 중세사회 ③ 근대사회 ④ 현대사회

4. 다음 중 가장 오래된 숙박시설은?

① 터번(Tavern) ② 캐러반(Caravan)
③ 트레몬트 하우스(Tremont House) ④ 인(Inn)

5. 다음 중 관광의 암흑기 시대는?

① 고대사회 ② 중세사회 ③ 근대사회 ④ 현대사회

6. Albergue의 성격은?

① 고대 로마시대 관리를 위한 숙소 ② 고대 그리스 올림픽 숙소
③ 중세 순례자를 위한 숙소 ④ 중세 상인을 위한 숙소

7. 토마스 쿡(Thomas Cook)은 어떤 사람인가?

① 호텔업의 창시자 ② 여행업의 창시자
③ 항공사의 창시자 ④ 크루즈의 창시자

8. 근대사회에 유럽 각지로 지식과 견문확대를 위한 교양관광이 유행된 것을 무엇이라고 하는가?

① Outbound Tour ② Grand Tour
③ Euro tour ④ Fam. Tour

9. 현대사회 관광의 특징이 아닌 것은?

① 여행자수표의 등장
② 미국 호텔의 프랜차이즈를 통한 대규모 체인화
③ 제트여객기의 출현
④ 자동차 보급에 따른 모텔의 발전

10. 신관광(new tourism)의 구체적인 형태가 아닌 것은?

① 문화관광 ② 생태관광 ③ 전문화된 관광 ④ 패키지관광

11. 우리나라 최초의 호텔은?

① 대불호텔 ② 손탁호텔 ③ 조선호텔 ④ 반도호텔

12. 세계 최초로 호텔의 명칭을 사용한 호텔은?

① 미국의 시티호텔 ② 독일의 바디쉬호프(Badisch Hof) 호텔
③ 트레몬트 하우스 호텔 ④ 파리의 그랜드호텔

13. 오늘날 개념의 최초 호텔은?

① 미국의 시티호텔 ② 독일의 바디쉬호프(Badisch Hof) 호텔
③ 트레몬트 하우스 ④ 파리의 그랜드호텔

14. 오늘날 호텔건축과 호텔경영의 모델을 제시한 호텔은?

① 리츠호텔 ② 스타틀러호텔 ③ 트레몬트 하우스 ④ 그랜드호텔

15. 호화 호텔시대의 호텔리어는?

① 리츠 ② 스타틀러 ③ 힐튼 ④ 윌슨

16. 상용호텔시대의 호텔리어는?

① 리츠 ② 스타틀러 ③ 힐튼 ④ 윌슨

17. 다음 중 1960년대 우리나라의 관광사건이 아닌 것은?

① 관광사업진흥법 제정 ② 국제관광공사(현, 한국관광공사) 설립
③ 관광통역안내원 자격시험 실시 ④ 외래관광객 100만명 유치

18. 다음 중 1980년대 우리나라의 관광사건이 아닌 것은?

① 아시아나항공사의 출범 ② 전국민 해외여행자유화 실시
③ 관광기본법 및 관광사업법 제정 ④ 외래관광객 200만명 유치

19. 우리나라 최초의 국립공원은?

① 지리산 국립공원 ② 설악산 국립공원

③ 북한산 국립공원 ④ 한라산 국립공원

20. 다음 중 설명이 틀린 것은?

① 2009년: 외국인환자 유치에 대한 등록법 신설

② 2012년: 외래관광객 유치 1,000만명 돌파

③ 2014년: 외래관광객 유치 1,400만명 돌파

④ 2015년: 관광호텔업의 등급을 무궁화로 표시

참고문헌

김진섭(1999a), 고대관광사, 대왕사.

_____(1999b), 중세관광사, 대왕사.

이정학(2012), 가비에서 카페라떼까지, 대왕사.

_____(2013), "개화기 호텔발전사에 관한 연구," 관광레저연구, 25(5): 53~70.

최석호 · 김남조 · 최승담 · 김봉중(2008), "관광 패러다임 전환과 제3의 길로서 네오투어리즘," 관광학연구, 32(1).

한국관광공사(2002), 한국관광공사 40년사.

Cook, Roy A., Laura J. Yale & Joseph J. Marqua(2002), *Tourism*, Prentice-Hall.

Goeldner, Charles R., Brent Ritchie, Jr. & McIntosh(2001), *Tourism*, John Wiley & Sons, Inc.

Swinglehurst, Edmund(1998), "Face to Face: the Effect of Tourism on Societies Past and Present," *Global Tourism*, 2nd ed., Butterworth-Heinemann, 82~97.

Towner, John(1988), "Approaches to Tourism History," *Annals of Tourism Research*, 15: 47~62.

World Tourism Barometer(2004), *UNWTO Compendium of Tourism Statistics*, 2004 Edition.

chapter 3

관광자 행동

학습목표

1. 관광자 행동이란 무엇이며, 의사결정은 어떻게 이루어지는가?
2. 관광자 행동에 개인적으로 영향을 미치는 요인은 무엇인가?
3. 관광자 행동에 사회문화적으로 영향을 미치는 요인은 무엇인가?

관광기초

제1장 관광의 이해
제2장 관광발전사

관광주체

제3장 관광자 행동

관광매체

제8장 관광교통
제9장 관광숙박과 외식산업
제10장 여행업
제11장 테마파크와 리조트
제12장 카지노와 국제회의 산업

관광객체

제5장 관광과 문화
제6장 관광과 환경
제7장 관광자원과 개발

관광환경

제4장 관광의 경제적 · 사회적 영향
제13장 관광정책

01 관광자 행동의 이해

1) 관광자 행동의 개념

심리학은 인간의 마음과 행동을 과학적인 방법으로 이해하고 설명하는 학문으로서 거의 모든 학문분야에서 기초가 되고 있다. 특히 1960년대 등장한 인지심리학(cognitive psychology)은 지각 · 이해 · 기억 · 사고 · 학습 · 추론 · 문제해결 등 인간의 정보처리 관점에서 연구하는 학문으로 의학은 물론, 사회학 · 경제학 · 경영학 등 많은 분야에 영향을 미쳤다. 이후 사회심리학(social psychology)은 인간이 다른 사람들과의 상호작용 상황, 즉 사회적 상황 하에서 보이는 의사결정 및 행동을 연구하는 것으로서 이를 과학적으로 규명하는 것이 사회과학이며, 경영학 마케팅분야의 소비자행동이 그것이다.

관광(경영)학 분야에서도 관광현상을 이해하고 설명하기 위해서는 심리학 차원에서의 접근이 중요한데, 관광객의 심리를 이해하는 것은 관광객 개인의 행동에 대한 이유나 구조를 밝히는 것이라고 할 수 있다. 결국 관광객의 심리에 영향을 주는 요인을 파악함으로써 관광자의 욕구를 충족시켜 줄 수 있는 관광사업이 가능하다는 점에서 이에 대한 연구는 의의가 있다고 할 수 있다.

결국 "왜 인간은 관광을 하는 것일까?"라는 의문에 답을 하기 위해서는 관광을 인간행동의 한 형태로서 파악하는 것이 필요하다. 따라서 관광자의 관광상품 구매의사결정과정은 어떻게 이루어지며, 관광행동에 영향을 미치는 요인은 무엇인가에 대하여 연구할 필요성이 있는데, 관광자 개인행동에 영향을 미치는 요인으로는 지각 · 학습 · 개성 · 성격 · 동기 · 태도 등이 있으며, 사회문화적으로 영향을 미치는 요인으로는 문화 · 사회계층 · 준거집단 · 가족 등이 있다.

그림 3-1 관광행동에 영향을 주는 변수

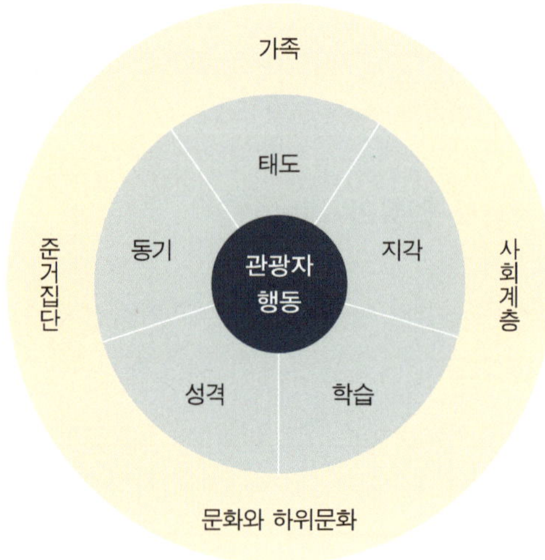

자료: Mayo & Jarvis, 1981: 20.

2) 관광자의 의사결정과정

관광자의 관광상품 구매과정은 [그림 3-2]와 같이 관광욕구의 인식 → 관광정보의 수집 및 탐색 → 관광상품 구매 → 관광준비 → 관광경험후 평가의 5단계로 이루어진다.

그림 3-2 관광상품 구매과정 5단계

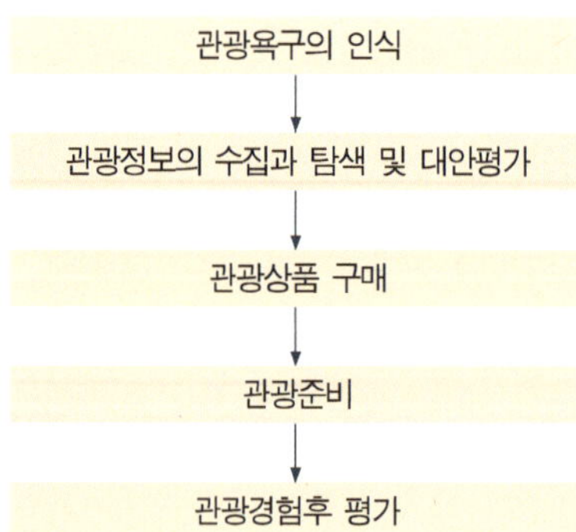

관광욕구의 인식 관광욕구의 인식은 관광을 하고자 하는 욕구가 발생하여 그것

을 충족하고자 하는 마음이 지각된 상태이다. 즉 관광동기가 구체적으로 드러나 행동을 옮기기 전의 상태이다. 따라서 관광자가 어떤 동기로 관광을 하게 되는지를 파악하는 것은 관광상품의 모티브를 얻을 수 있는 계기가 된다. 예를 들어 결혼을 하게 되면 신혼여행을 간다는 것은 욕구의 인식이다. 이러한 욕구는 관광기업이 허니문상품을 만들게 되는 모티브가 되는 것이다.

관광정보의 수집과 탐색 및 대안평가 관광욕구를 인식하게 되면 관광상품을 구매하기 전에 정보를 수집하고 어떤 상품이 좋은지 탐색하는 단계를 거치게 된다. 제품의 경우는 TV 등 매체광고를 통해서 소비자에게 충분히 정보가 전달되고, 슈퍼나 할인점 등의 유통기관을 통해서 소비자가 가깝게 접할 수 있으며, 구매 시에도 탐색의 시간이 짧은 편이다. 그러나 관광상품은 정보의 수집이 한정적이고, 관광상품의 복합성과 다양성에 따라 탐색의 시간도 길다. 예를 들어 허니문상품을 구매하기 위해서는 여행사나 인터넷을 통하여 정보를 수집할 수 있으며, 제주도로 갈지, 해외로 갈지, 해외로 간다면 어느 지역으로 갈지, 호텔은 어느 수준에서 할지, 탐색의 시간이 길어진다.

그리고 정보의 수집과 탐색하는 과정에서 여러 가지의 대안을 평가하기도 하는데, 대안평가에 영향을 주는 요인으로는 상표애호도의 정도, 가족, 준거집단 등이 있다. 상표애호도(brand loyalty)란 과거 구매경험에 대한 만족의 결과로 특정 상표만 계속 구매 또는 선호하는 행위를 말한다.

관광상품 구매 정보의 수집과 탐색 및 대안평가가 끝나면 특정 관광상품에 대한 구매의사를 결정하게 된다. 관광상품 구매의사결정의 특성과 유형은 다음과 같다.

관광상품 구매의사결정의 특성 관광객은 자신의 기준에서 최적의 관광상품을 선택한다. 그러나 구매결정은 예기치 못한 상황적 요인에 의하여 종종 연기 또는 취소되거나 변형되기도 한다. 특히 관광상품은 구매후 소비까지의 기간이 길어 그 사이에 구매의도가 변경되는 경우가 많으며, 구매에 대한 확신을 하지 못하여 구매결정 후에도 심리적 변화가 발생하는 경우가 많다. 예를 들어 신혼여행 고객은 허니문 관광상품을 예약상황에 따라 한달 또는 그 이전에 미리 구매해야 한다. 그러나 구매후 출발하기 전 사이에 어떠한 상황으로 인하여 연기하는 경우도 있으며, 또한 타 여행사의 광고와 가격비교를 하면서 왜 비싼지를 따지면서 변경을 요구하는 경우도 있다.

관광상품 구매의사결정의 유형 관광상품의 구매의사 결정과정에는 관광자의 관여도가 영향을 미치는데, 관여도(involvement)란 어떤 상품에 대하여 관심을 갖는 정도나 중요하게 여기는 정도를 말한다. 즉 어떤 구매에 대한 관여도가 높아질수록 구매의사 결정과정이 길어지며, 관여도가 낮아질수록 구매의사결정과정이 짧아진다. 관광상품 구매의사 결정의 유형은 관광상품에 따라 일상적 의사결정, 제한적 의사결정, 포괄적 의사결정으로 나눌 수 있다.

표 3-1 관광상품 구매의사결정의 유형

구분	내용
일상적 의사결정 (routine decision)	관광자가 다른 대안에 대한 정보탐색이나 평가를 하지 않고 바로 의사결정을 하는 경우이다. 예를 들면, 일상적인 국내여행이나 해외출장을 가는 경우 또는 식사 때가 되면 레스토랑을 찾는 경우를 들 수 있다.
제한적 의사결정 (limited decision)	관광자가 비교적 적은 시간과 노력을 들여서 의사결정을 하는 경우이다. 예를 들면, 두 번 이상의 경험이 있는 방문국으로의 여행 또는 좋은 레스토랑에서 식사를 하려는 경우이다.
포괄적 의사결정 (extensive decision)	관광자가 상당한 시간과 노력을 들여서 신중하게 의사결정을 하는 경우이다. 예를 들면, 처음 경험하는 호화유람선(cruise)여행, 신혼여행, 오지탐험 등을 결정할 때 이에 해당한다.

관광준비 관광준비는 그 자체가 관광자에게는 즐거움이다. 관광자는 출발하기 전에 여행에 대한 기대를 하면서 필요한 물품을 구입하는 등 관광준비를 하게 된다. 따라서 관광자의 기대가 현지에서 무산되지 않도록 사전준비에 대한 충분한 정보를 제공해야 하는데, 해외여행의 경우 현지관광지의 개요, 준비물, 문화, 화폐, 치안 등에 대한 준비가 필요하다.

관광경험후 평가 관광을 하고 돌아 온 관광자는 주변사람들에게 경험담을 들려주고 추억을 회상하기도 한다. 이때 만족한 경험이었다면 재고객이 되거나 애호도를 보

그림 3-3 관광경험의 만족과 불만족의 결과

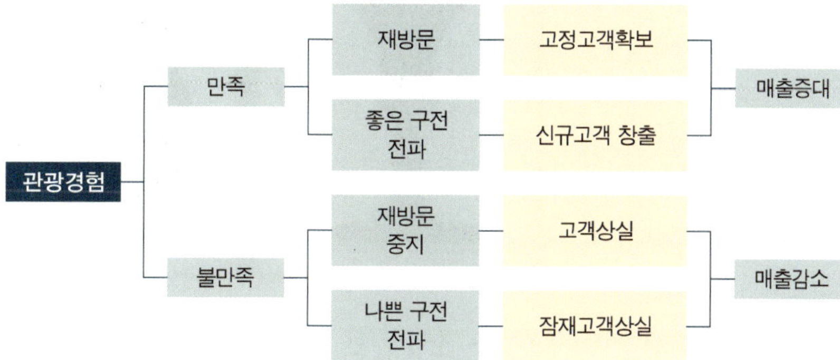

일 것이고, 반대로 불만족이었다면 그 관광기업에 대하여 부정적 구전을 전파할 것이다. 관광상품은 무형인 까닭에 주변의 구전에 큰 영향을 받는다는 점에서 사후관리가 필요하다.

관광자의 구매후 평가는 매우 다양한 형태로 나타나는데, 같은 관광상품을 이용하고도 어떤 사람은 만족을, 어떤 사람은 불만족을 나타내기도 한다. 그리고 구매후 만족과 불만족은 관광자가 느끼는 불일치 정도에 의하여 결정되는데, 여기서 불일치라 함은 떠나기 전의 관광상품에 대한 기대수준과 관광상품의 실제 경험을 통해 지각한 수준과의 차이를 말한다. 만약 관광자의 지각된 수준이 자신의 기대수준과 차이가 없거나 그 이상이면 관광상품에 대하여 만족한 것이고, 기대수준 이하일 때는 불만족한 것이 된다.

02 개인적 영향요인

1) 지각

지각(perception)은 소비자가 자극물의 요소들을 조직화하고 전체적으로 의미를 부여하는 과정이다. 관광에 대하여 설명을 듣거나 광고를 보고 그 관광상품의 특징을

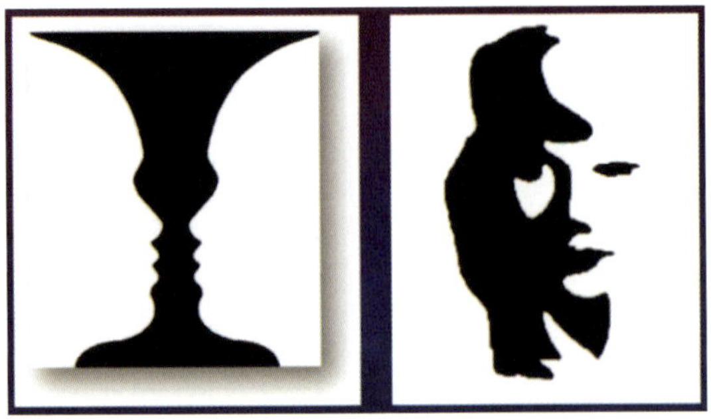

나름대로 이해하는 것은 지각의 한 예이다. 그러나 동일상품이라도 고객에 따라 각기 다르게 지각된다. 예를 들어 맥도날드의 광고는 어린이에게는 먹고 싶은 음식으로 자극되어 강하게 지각되지만, 어른들에게는 자극을 해도 싫어하는 음식으로 지각될 수 있다.

위 그림 중 왼쪽 그림은 무엇으로 보이는가? 보는 사람에 따라 잔으로 보는 사람이 있을 것이고, 두 사람이 마주보고 있는 모습으로 보는 사람도 있을 것이다. 오른쪽 그림은 색소폰을 부는 사람 또는 여인의 얼굴로 보는 사람이 있을 것이다. 이와 같이 같은 그림을 놓고도 사람마다 서로 다르게 지각하는 것이다.

지각적 조직화 지각적 조직화란 정보처리대상의 여러 요소들을 따로따로 지각하지 않고 통합하여 지각하는 메커니즘을 말한다. 이러한 지각적 조직화는 다음과 같은 원리가 작용한다.

유사성의 원리 유사한 것은 같은 것으로 조직화하여 지각하는 것을 말한다. 예를 들어 한국・일본・중국은 서로 다른 문화와 모습을 하고 있는데, 서양인들은 같은 문화와 모습으로 지각하고 있다. 이러한 이유는 인간은 자극의 요소들을 통합하여 지각하고자 할 때 가능한 단순한 형태로 지각하려는 경향이 있기 때문이며, 그래야 정보처리에 대한 에너지가 최소화되기 때문이다.

완결성의 원리 불완전한 정보가 들어오더라도 인간은 그것을 하나의 완성체계로 지각하려는 경향이 있다. 왜냐하면 불완전한 지각은 머릿속에 늘 불안하게

대한항공은 중국의 황산편 CF를 통하여 고객사랑에 대한 이미지 부각에는 성공했지만, 항공료가 타 민항보다 높아 오히려 중국의 민항 쪽이 반사이익을 얻었다. 실제 중국동방항공은 대한항공의 황산편 CF 이후 모객수가 지난해 대비 30% 이상 신장한 것으로 나타났다.

형상되어 심리적으로 불안을 야기하기 때문이다. 예를 들어 유명 술의 술병에 상표를 붙이지 않고 광고를 한다면 사람들은 더 유심히 보고 그 술이 무슨 술인지 알려고 할 것이다. 이와 같이 불완전한 사물은 사람들로 하여금 그것을 완성해야 한다는 압박감을 느끼게 하여 오히려 지각과 기억을 높일 수 있는 효과가 있다.

배경의 원리 사람들은 정보를 덩어리로 조직함에 있어서 눈에 띄는 중요한 정보와 그렇지 않은 정보를 구별하려는 경향이 있다. 흔히 광고에서 제품보다는 모델이 돋보이는 경우, 광고내용은 기억이 나는데 무슨 제품을 광고했는지를 모르는 경우가 있다. 예를 들어 대한항공이 중국의 황산을 배경으로 CF광고를 하였지만 대한항공의 매출이 증대된 것이 아니라 황산을 관광하고자 하는 수요가 증가하였으며, 정작 황산을 갈 때 이용하는 항공기는 대한항공이 아니라 요금이 다소 저렴한 중국민항기였다는 점은 배경의 원리를 잘 말해주고 있다.

지각적 추론 어떤 요소들로부터 다른 요소를 추론하여 지각하는 것을 말한다.

후광효과의 원리 후광효과(halo effect)의 원리란 사물에 대한 전체적인 평가를 기준으로 구체적 속성에 대한 평가를 하는 일종의 지각적 오류현상을 말한다. 예를 들어 제주도를 전반적으로 좋은 관광목적지로 평가한다면 제주도 내의 숙박·음식·관광지 등 세부관광의 속성에 대해서도 좋게 지각하는 것을 말한다. 이러한 후광의 원리는 기업에서도 잘 적용되고 있는데, 명성이 있는 기업은 후광효과에 의하여 그 회사가 생산하는 모든 제품에 대해서도 소비자가 호의적인 반응을 보이려는 경향이 있다는 것이다.

고정관념의 원리 사람들은 어떠한 자극물의 의미를 자기 자신이 가지고 있는 일정한 틀에 맞추어 해석하려는 경향이 있다. 예를 들어 사람들은 농업을 일반적으로 농산물을 생산하는 산업으로 인식하는 고정관념을 가지고 있는데, 발상을 전환하면 이 농업을 소재로 하여 농촌관광마을 등 관광산업과도 연계가 가능한 것이다.

외관에 의존하는 원리 대부분의 사람들은 겉모습을 보고 속모습도 같은 것으로 지각하려는 경향이 있다. 예를 들어 세련되고 깔끔한 외관을 갖고 있는 호텔은 내부의 시설 및 서비스도 그러할 것으로 판단한다. 이와 같은 원리는 호텔·항공사·레스토랑 등 관광 서비스기업에 서비스의 무형성을 유형화 시키는 데 유용하게 작용한다.

2) 학습

학습(learning)은 어떤 대상에 대한 소비자의 신념이나 태도가 처음으로 형성되거나 기존의 신념이나 태도가 변화되어 행동에 영향을 미치는 것을 말한다. 또한 학습은 본능적인 욕구가 아니라 타에 의해서 축적되는 것이며, 실제 경험으로부터 또는 새롭게 획득한 지식의 결과로 인하여 계속 발전하고 변화하는 것을 의미한다. 한 지역의 문화는 학습된 행동의 표출이라고 할 수 있으며, 개인의 태도는 학습과정에서 형성된 것이라고 할 수 있다.

예를 들어 한 관광사가 A라는 국가에 대하여 부정적으로 학습되어져 있다면 A라는 국가에 관광을 하고 싶은 마음이 없을 것이다. 반대로 긍정적으로 학습되어져 있다면 그 국가에 관광을 가고 싶은 행동을 보일 것이다. 그러나 이러한 지각은 실제 경험에 의하여 바뀔 수도 있다는 것이다.

인지적 학습 인지적 학습이란 소비자의 사고과정에 의해서 이루어지는 학습을 의미하는데, 가설검정과정에 의한 접근이라고도 한다. 즉 소비자는 광고에서 제시하는 주장을 100% 받아들이기보다는 그 주장이 옳다고 가설을 설정한 다음 실제 구매하여 검증을 하고자 한다. 예를 들어 대부분의 여행상품은 사전에 만져보거나 테스트해 보고 구매할 수 없으므로 인지된 학습, 즉 광고에 나와 있는 코스를 일단 좋다고 가설을 설정한 다음 구매를 하고 직접 현장에서 관광경험을 하게 되는데, 그 과정에서 가설과 경험이 일치하면 그 코스에 대한 신념이 확고히 되고, 불일치하게 되면 신념은 수정되어진다.

행동주의적 학습 행동주의적 학습은 자극-반응의 관계에서 일어나는 학습을 말한다. 행동주의적 학습에는 고전적 조건학습과 수단적 조건학습으로 나누어진다. 이와 같은 학습이론은 고관여 소비자보다 저관여 소비자의 행동에 영향을 준다고 할 수 있다.

고전적 조건학습이란 이른바 파블로프(Pavlov)의 조건반사이론에 기초를 두는 것인데, 개에게 종소리를 친 후 음식을 제공한다면 그 개는 종소리만 들어도 침을 흘리게 된다는 것이다. 즉 소비자가 중립적인 태도를 갖는 제품이라도 그 소비자가 호감을 갖는 광고모델·분위기 등을 배경으로 하는 광고에 반복적으로 노출된다면 그 제품 자체에 좋은 태도를 가질 수 있다는 것이다. 예를 들어 자신이 좋아하는 연예인이 한 신혼여행지의 모델로 등장하여 반복적으로 광고에 등장한다면 그 신혼 여행지를 처음에 별로 생각하지도 않은 예비신랑신부일지라도 점점 그 쪽으로 선호하게 된다는 것이다.

수단적 조건학습이란 반응과 보상의 연계에 의한 학습이다. 만약 소비자에게 가격할인·샘플 등의 유인요소가 주어져 그 제품을 사용하였는데, 만족하면 재구매로 이어지는 것이고 불만족하면 다시 구매하지 않을 것이다.

3) 성격

성격(personality)이란 환경적 자극에 대해 비교적 일관성이 있고, 지속적인 반응을 가져오는 개인의 심리적인 특성을 말한다. 이러한 성격은 라이프스타일과 사이코그래픽으로 설명할 수 있다.

라이프스타일 라이프스타일(life style)이란 세상을 살아가는 방식으로서 개인의 성격과도 관련이 있다. 즉 사람마다 가지고 있는 행위(activities), 관심(interest), 의견(opinion)이 서로 다르므로 소비행동도 달라진다. 오늘날의 많은 제품들은 라이프스타일 제품이라고 할 수 있다. 따라서 관광자도 라이프스타일에 따라 선호하는 목적지가 다르고, 목적지에서의 관광활동도 다르게 나타난다. 예를 들어 여름휴가를 산으로 갈 것인지 바다로 갈 것인지의 결정은 자신의 라이프스타일에 따라 결정될 것이다.

사이코그래픽 모델 플로그(Plog)는 관광자의 행동은 개인의 성격이나 성향에 따라서 달라진다고 하면서 성격이나 성향을 안전지향형(psychocentrics)과 모험지향형(allocentrics) 등의 사이코그래픽(psychographic) 모델로 설명하고 있다. 그는 관광목적지를 선택할 때 안전지향형은 비교적 가깝고 잘 알려진 곳을, 모험지향형은 비교적 멀고 잘 알려지지 않은 곳을 선호한다고 했다.

그림 3-4 사이코그래픽 모델

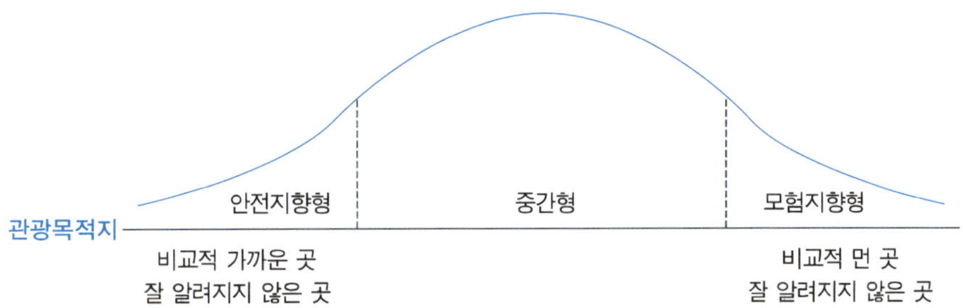

표 3-2 사이코그래픽에 의한 관광행동

구분	안전지향성(psychocentrics)	모험지향성(allocentrics)
관광형태	• 가족 또는 단체관광 • 패키지상품 • 평번한 관광행동 추구 • 관광 가이드 동행 선호	• 개인 또는 동호인 관광추구 • 자유관광 및 SIT관광 추구 • 새로운 경험과 신기성 추구 • 관광 가이드 동행 불필요
목적지	친근하고 비교적 가까운 거리의 목적지 선호 (자국내 관광일 경우 자동차로 이동가능 지역)	잘 알려지지 않았고 비교적 먼 거리의 목적지 선호
숙박	대규모 및 현대식 시설선호	소규모이고 전통적인 시설 선호
음식	자국음식	현지음식
쇼핑	대형 쇼핑센터	재래시장 등
유흥	잘 알려진 유흥장소 선호	이국문화를 접할 수 있는 선술집 선호
관광정보	여행사·지인 등을 통한 소극적	인터넷, 서적 탐구 등 적극적

안전지향형을 내향성 및 자기중심적 성향, 모험지향형을 외향성 및 타인중심적 성향이라고도 하는데, 그 특징은 다음과 같다.

안전지향성 안전지향성 관광자는 보수적이며, 사교성이 부족하고 비활동적이다. 따라서 잘 알려진 관광지를 선택하며 모험이 수반되지 않는 관광활동을 선호한다.

모험지향성 모험지향성 관광자는 진취적이며, 사교적이고 활동적이다. 따라서 미지의 세계와 모험을 좋아하고 자유로운 관광활동을 선호한다.

4) 동기

동기(motivation)는 욕구와 더불어 행동을 생기게 하는 심리적 원동력을 의미하는데, 동기와 욕구는 명확한 구분 없이 호환하여 사용되고 있다. 굳이 구분하자면 욕구가 행동을 일으키게 하는 잠재적인 힘인 데 반하여, 동기는 욕구에 의거하여 특정한 행동으로 향하게 하는 심리적 에너지라고 할 수 있다.

매슬로우의 욕구단계에 의한 관광동기 매슬로우(Maslow)는 인간의 욕구는 낮은 단계에서 높은 단계로 올라간다고 하면서 [그림 3-5]와 같이 5단계로 나누었다.

이 이론을 관광학분야에 적용하여 욕구단계별 관광동기, 관광여행추구 요인, 관광여행의 유형을 살펴보면 〈표 3-3〉과 같다.

그러나 분과 컬츠(Boone & Kurtz)는 [그림 3-5]와 같이 인간의 욕구는 사다리 모양으로 생각할 수 있어서 반드시 욕구가 상승하는 것만은 아니고, 어떠한 요인으로 인하여 하위단계의 욕구로 내려올 수도 있다고 주장하였다. 예를 들어 소속의 욕구 이상의 단계에 있는 사람들이 경제적으로 파산하거나 어려워지면 하위욕구단계로 내려오며, 또한 항공기 테러발생은 항공기를 이용한 해외여행 대신 하위단계의 안전지향적인 관광여행을 찾을 것이다.

그림 3-5 매슬로우(Maslow)의 욕구단계와 사다리

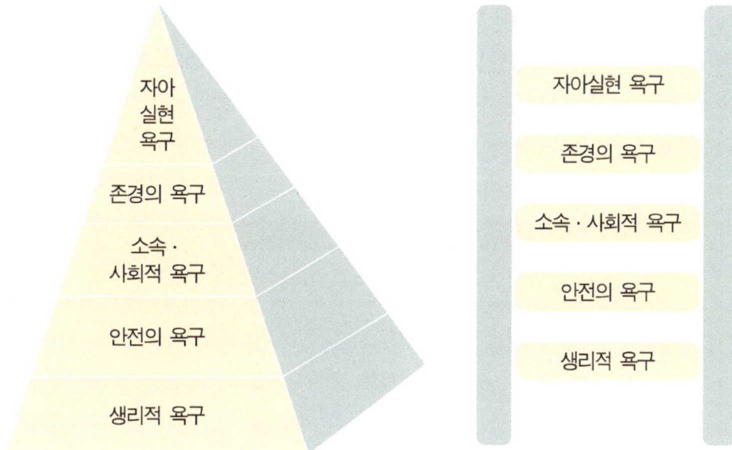

자료: Boon & Kurtz, 2001.

표 3-3 욕구단계에 의한 관광여행의 유형

욕구	동기	관광여행 추구요인	관광여행의 유형(예)
생리직 욕구	휴식	• 탈출 • 휴식 • 육체적·정신적 긴장해소 • 햇빛 추구	• 당일코스 버스여행 • 기차여행 • 교외 소풍 및 야유회
안전욕구	안전	• 건강 • 휴양	• 온천 및 등산 관광여행 • 리조트에서 산책과 레포츠활동
소속·사회적 욕구	사랑	• 가족동반 • 친척 유대강화 • 고향 및 동족 방문 • 우정과 사교 및 대인관계	• 가족동반 체험관광 • 해외 친척방문관광 • 모국방문관광 • 사회단체(라이온스 클럽 등) 관광
존중의 욕구	성취·신분	• 자신의 성취감 확인 • 자기지위 과시 • 명예존중 • 자기계발(전문적·사업적) • 신분과 명성	• 골프·요트 등의 스포츠관광 • 쇼핑관광 • 식도락관광 • 국제회의 참가 • 해외박람회 참가
자아실현의 욕구	삶의 본질추구	• 자기탐구 및 평가 • 자기발견 • 내적 욕구의 만족 추구	• 생태 및 문화관광 • 오지탐험 • 성지순례 • 호화유람선(cruise) 관광

자료: 이정학, 2003: 73.

멕킨토시의 관광동기 멕킨토시(Mcintosh)는 관광의 동기를 다음과 같이 4가지의 범주로 나누어 설명하고 있는데, 관광행동에는 반드시 한 가지의 동기만 있는 것이 아니라 복수의 동기가 작용하기도 한다고 주장하고 있다.

표 3-4 멕킨토시의 관광동기

구분	내용
신체적 동기	휴식, 스포츠 참가, 해변에서의 휴양, 보양, 기타 건강관련 동기
문화적 동기	타국의 문화, 즉 음악 · 예술 · 민속 · 춤 · 종교 등을 알려고 하는 동기
대인적 · 사회적 동기	일상생활 · 가족 · 이웃 등으로부터 벗어나 새로운 사람과 만나고 새로운 우정을 만들고자 하는 동기
지위 및 명예 동기	타인으로부터 존중과 인정을 받고 싶어 하는 동기

5) 태도

태도(attitude)에 대한 정의 중에 가장 많이 인용되는 정의는 피쉬바인(Fishbein)의 정의인데, 그는 '어떤 대상에 대해 일관성 있게 호의적 또는 비호의적으로 반응하게 하는 학습된 선입관 또는 선유경향(predisposition)'이라고 하였다. 이 정의에는 태도에 대한 4가지의 속성을 파악할 수 있는데 첫째, 태도는 선천적인 것이 아니라 학습된다는 것이다. 둘째, 태도는 비교적 오랜 기간 동안 지속된다는 것이다. 셋째, 태도는 행동하도록 동기를 제공한다는 것이다. 넷째, 태도는 좋고 나쁨을 평가하는 속성을 가지고 있다.

특히 인지적 학습이론(cognitive learning theory)에 의하면 소비자는 제품의 속성에 대한 신념에 의해 태도를 형성하고, 태도를 바탕으로 구매 여부를 결정한다고 한다. 이 이론을 뒷받침하는 것이 피쉬바인(Fishbein)의 태도 모델과 속성만족도-중요도 모델이다.

피쉬바인의 태도 모델 피쉬바인(Fishbein)의 태도 모델은 한 대상에 대한 개인의 태도가 그 대상의 부각 속성들에 대한 신념과 이 속성들에 대한 평가에 의해 결정된다는 것이다. 여기서 신념(belief)이란 소비자가 특정 제품의 속성과 관련하여 가지고 있는 주관적 의견을 의미한다. 예를 들어 관광자가 제주도에서 렌터카를 대여할 때 쏘렌토의 배기량에 대하여 크다는 신념을 가질 수도 있고, 작다는 신념을 가질 수도 있다. 또한 긍정적인 평가를 할 수도 있고, 부정적인 평가를 할 수도 있다. 만약 배기량이 크다는 신념을 가지고 배기량이 크면 파워가 강하기 때문에 좋다고 생각한다면 이러한 속성신념과 속성평가는 태도형성에 긍정적으로 영향을 미칠 것이고, 반대로 다른 관광자는 쏘렌토의 배기량이 크면 연료가 많이 들어 나쁘다고 생각하므로 이러한 속성신념과 속성평가는 태도형성에 부정적으로 영향을 미칠 것이다.

속성만족도 - 중요도 모델 속성만족도 - 중요도 모델의 기본식은 다음과 같다.

$$A_o = \sum_{I=1}^{n} B_i I_i$$

A_o : 특정 제품에 대한 태도
B_i : 만족에 대한 소비자의 신념(belief)
I_i : 속성 I에 대해 부여하는 중요도(importance)
n : 소비자에게 부각되는 속성의 수

이 공식을 토대로 호텔을 예를 들어 설명하면 다음과 같다.

X호텔의 식음료 서비스수준과 관련하여 B_i는 7점 척도상에서 다음과 같이 측정된다.

X호텔의 식음료 서비스수준

매우 불만족	1	2	3	4	5	6	7	매우 만족

또한 I_i는 다음과 같이 측정할 수 있다.

호텔을 이용할 때 식음료 서비스수준

전혀 중요하지 않다	1	2	3	4	5	6	7	매우 중요하다

호텔별 속성만족도와 중요도에 대한 측정의 결과가 만약 〈표 3-5〉와 같이 나타났다면 이 관광자는 Z호텔을 선호할 것이다.

표 3-5 속성만족도-중요도 모델의 예

속성		X호텔	Y호텔	Z호텔
	Ii	Bi	Bi	Bi
식음료 서비스	6	3	2	3
객실 서비스	5	2	2	3
부대시설	4	3	2	3
호텔별 태도		40	30	45

주: X호텔에 대한 태도: (6×3)+(5×2)+(4×3)=40
Y호텔에 대한 태도: (6×2)+(5×2)+(4×2)=30
Z호텔에 대한 태도: (6×3)+(5×3)+(4×3)=45

03 사회문화적 영향요인

1) 문화

문화(文化)의 한자 본래 뜻은 사람을 교화시켜 풍속을 좋게 변화시킨다는 의미였는데, 19세기에 들어와서 문명의 지적인 면과 심미적인 측면을 상징하게 되었다. 문화의 정의는 워낙 다양한데 일반적으로 "문화(culture)란 태도 · 신념 · 가치 · 제도 · 정치 · 언어 · 종교 등이 전체적으로 학습되고 전수되어 내려오는 생활방식"이라고 정의되고 있다. 이러한 문화는 관광자의 행동에 영향을 미친다. 그 지역만이 가지고 있는 고유한 문화의 표출을 문화의 진정성(authenticity)이라고 한다. 문화의 진정성을 체험하기 위해서는 인위적으로 만든 공간에서는 체험할 수 없고 지역주민이 사는 곳에서만 가능하다. 그러나 지역민의 사생활이 침해될 수 있다는 점에서 조심스럽게 접근해야 하는데, 결국 지역주민의 생활보호와 관광자의 만족이라는 균형을 유지하는 것이 과제이다. 문화는 공유성·상대성·학습성·축적성·다양성·가변성 등 6가지의 속성을 가지고 있다.

공유성 문화는 한 지역의 행동 및 사고양식이 공유되어 있다. 예를 들어 한국문화·동양문화·서양문화처럼 그 지역 사람들의 행동과 사고는 공유되어 표출되는 것이다.

상대성 문화는 세계 전 지역이 동일한 것이 아니라 서로 다른 문화를 가진 상대성을 가지고 있다.

학습성 문화는 전통적으로 학습되는 것이다. 인간은 처음부터 그 지역의 문화를 익혀서 태어나는 것이 아니라 살아가면서 학습되는 것이다.

축적성 문화는 예부터 생활속의 경험과 지식 등이 언어와 문자를 통하여 축적되어 그것은 다음 세대에 전수된다.

다양성 문화는 한 지역 내에서도 수많은 부분으로 구성되어 있고, 그것은 이질적이며, 다양성을 보여 준다.

가변성 문화는 고착화되어 있는 것이 아니라 시간의 흐름에 따라 변한다. 문화의 변화를 예로 들면, 여성의 사회진출, 핵가족화, 인터넷문화, 주 5일제 근무에 따른 레저 활동 등과 같은 문화는 과거에는 없었으나 최근에 나타난 문화라고 할 수 있다.

2) 하위문화

하위문화(subculture)란 전체 한 문화 속에서도 세분화될 수 있는 공통적인 가치관을 지닌 집단을 말한다. 예를 들면, 미국문화의 경우 국적에 따라 멕시코 미국문화, 중국 미국문화, 이태리계 미국문화 등으로 구분하는 것을 말하며, 또한 종교의 측면에서 카톨릭・기독교, 인종의 측면에서 흑인・동양인 등의 하위문화가 존재한다. 이와 같이 하위문화는 인종・종교・언어・지역・사회계층 등의 요인에 의하여 기초하며, 하위문화별 관광행동의 특성이 다르다는 점에서 관광 마케팅의 시장세분화 전략시 유용한 수단이 된다.

3) 사회계층

사회계층(social class)이란 사회 안에서 비슷한 가치・관심・행동양식들을 공유하고 있는 사람들로 구성된 집단을 말한다. 그 기준은 직업・교육・재산・소득・주거지역 등에 따라 나눌 수 있으며, 각 사회계층별 구성원들 사이에는 취향・소비행동・쇼핑성향・여가활동 등에서 공통적인 경향을 보인다. 물론 관광행동에 있어서도 사회계층별로 공통적인 성향을 보이므로 사회계층이 갖는 특성을 분석함으로써 관광자의 행동을 더 깊이 이해할 수 있다. 사회계층의 특징은 다음과 같다.

- 사회계층은 지위를 나타내고 서열화되어 있다.
- 사회계층은 개인의 규범과 태도 및 행동의 준거체계의 기능을 한다.
- 사회계층은 많은 구성요소들로 형성되는 다차원적 성격을 지니고 있다. 즉 직업이나 소득 등과 동일한 개념도 아니며, 어떤 하나의 기준으로 결정될 수 없다.
- 사회계층은 계층 간의 사회적 교류를 제한하며, 행동에 대한 구속력을 가진다.
- 각 사회계층은 태도・활동・관심・행동양상 등에서 동질성을 가진다.

표 3-6 사회계층의 분류

유형	내용	
2분류	• 블루칼라, 화이트칼라	• 하층, 상층
3분류	• 블루칼라, 그레이칼라, 화이트칼라	• 하층, 중층, 상층
6분류	• 하하층, 하상층, 중하층, 중상층, 상하층, 상상층	
9분류	• 하하층, 하중층, 하상층, 중하층, 중중층, 중상층, 상하층, 상중층, 상상층	

4) 준거집단과 가족

준거집단(Reference Group) 준거집단은 개인의 사고・태도・가치・행동에 영향을 미치는 집단으로서 소비자의 행동에 ① 규범적, ② 정보적, ③ 가치형성 측면에서 영향을 미친다. 이러한 준거집단은 ① 1차 준거집단으로서 가족・동료, ② 2차 준거집단으로서 친목단체・종교단체, ③ 3차 준거집단으로서 연예인과 스포츠 스타 등으로 구분되며, 소비자 개인에게 각각 영향을 미친다.

1차 준거집단인 가족은 경제적인 측면과 감정적인 측면에서 영향을 줄 뿐만 아니라 가족구성원의 라이프스타일을 결정짓는다는 점에서 소비자의 행동에 지대한 영향을 미친다고 할 수 있다. 1차 준거집단인 가족에 의하여 영향을 받았다 하더라도 2차 준거집단인 친목단체 등에 영향을 받을 수 있으며, 또한 3차 준거집단인 스타들에 의해서 영향을 받을 수도 있다. 예를 들어 연예인 등 스타의 신혼여행지는 결혼을 앞둔 일반 예비부부에게 영향을 미친다고 할 수 있다.

표 3-7 준거집단의 영향에 의한 여행 서비스 구매결정(예)

서비스 구매결정	준거집단의 영향
"나는 태국으로 신혼여행을 가려고 하였으나 가족들의 만류로 인하여 제주도로 가게 되었다."	1차 준거집단의 영향(가족)
"나는 제주도로 신혼여행을 가려고 하였으나 동창모임에서 동창들이 대부분 태국으로 추천하여 결국 태국으로 코스를 바꾸었다."	2차 준거집단의 영향(친목단체)
"나는 태국으로 신혼여행을 가려고 하였으나 최근 드라마의 영향으로 뉴 칼레도니아로 바꾸게 되었다."	3차 준거집단의 영향(스타)

가족생활주기 가족생활주기(FLC: Family Life Cycle)란 시간의 흐름에 따라 가족구조와 가족구성원의 역할변화를 말하는 것으로, 각 주기마다 소비자행동의 특징을 보여주고 있다. 예를 들어 미혼기, 신혼기, 유아와 초중고생의 자녀를 가진 가정, 대학생과 성인의 자녀를 둔 가정, 자녀를 출가시키고 노부부만 남은 가정 등 주기마다 관광행동과 패턴이 달라진다.

표 3-8 가족생활주기에 따른 관광 패턴

가족생활주기	관광 패턴
미혼기	국내외 배낭여행
신혼기	신혼여행 및 국내 자유여행
유아 및 초등학생자녀 가정	가족여행
중·고생자녀 가정	여행의 암흑기, 부부만의 가까운 국내여행
대학생 및 성인자녀 가정	부부만의 자유여행, 가족여행
노부부만 남은 가정	노부부만의 자유여행, 크루즈여행

관광의 장애요인 현대사회에서 관광이 대중화되었음에도 불구하고 여러 장애요인에 의하여 관광을 하지 못하는 경우가 발생한다. 이러한 장애요인들도 관광자 행동 측면에서 고려되어야 할 것이다. 관광의 장애요인은 다음과 같이 6가지로 요약할 수 있는데, 한 가지 또는 두 가지 이상의 복합적인 요인에 의하여 장애가 발생한다.

첫째, 비용이다. 관광은 반드시 비용이 수반된다. 비용은 집에 머물게 하는 원천적인 이유로서 관광을 억제시키는 가장 큰 요인이라고 할 수 있다.

둘째, 시간부족이다. 많은 사람들은 자신의 직업이나 업무 때문에 시간이 부족하여 관광의 기회를 갖지 못하고 있다.

셋째, 건강문제이다. 일부 사람들은 건강하지 못하거나 신체적 결함 때문에 관광을 하지 못하는 경우도 있다.

넷째, 가족관계이다. 어린 아이를 가진 부부는 아이 때문에 불편하고, 학생을 둔

부부는 자녀의 뒷바라지를 위하여 관광을 하지 못하는 경우가 발생하며, 반대로 미망인과 독신자의 경우 동행자가 없어서 관광을 하지 못하는 경우도 있다.

다섯째, 흥미부족이다. 관광목적지의 정보 및 인지부족으로 인하여 흥미를 갖지 못하면 관광을 하지 못하는 경우도 있다.

여섯째, 안전문제이다. 타 지역으로의 여행에 대한 두려움 및 항공기 등 교통수단에 대한 공포증과 전쟁 · 테러 · 질병 등의 안전문제로 인하여 관광을 하지 못하는 경우도 있다.

관광관련 자격시험 대비 연습문제

1. 맥도날드 광고는 어린이와 어른이 무엇 때문에 다르게 받아들이는가?

① 지각 ② 학습
③ 성격 ④ 동기

2. 여름 휴가철에 산으로 갈 것인지, 바다로 갈 것인지는 전적으로 자신의 무엇에 따라 결정되는가?

① 지식 ② 학습
③ 라이프스타일 ④ 동기

3. 모험지향성 관광행동에 해당하지 않는 것은?

① 가이드 동반 ② 현지음식 선호
③ 재래시장 쇼핑 ④ 잘 알려지지 않은 목적지 선호

4. 안전지향성 관광행동에 해당하지 않는 것은?

① SIT관광 선호 ② 패키지관광 선호
③ 자국음식 선호 ④ 대형쇼핑센터 선호

5. 존중의 욕구에 해당하는 관광형태는?

① 당일 야유회　　② 등산관광
③ 온천관광　　④ 쇼핑관광

6. 어떤 대상에 대해 일관성 있게 호의적 또는 비호의적으로 반응하는 것을 무엇이라고 하는가?

① 지각　　② 학습　　③ 성격　　④ 태도

7. 관광에 영향을 주는 사회계층의 특징이 아닌 것은?

① 태도 · 활동 · 관심 · 행동양상 등에서 이질성을 가진다.
② 개인의 규범과 태도 및 행동에 대한 준거체계의 기능을 한다.
③ 계층 간의 사회적 교류를 제한하며, 행동에 대한 구속력을 가진다.
④ 지위를 나타내고 서열화되어 있다.

8. 준거집단에 해당하지 않는 것은?

① 가족　　② 친목단체　　③ 연예인　　④ 정부

9. 연예인 등 스타의 신혼여행지는 결혼을 앞둔 일반 예비부부에게 영향을 미치는데 이와 같은 요인을 무엇이라고 하는가?

① 관여도　　② 사회계층
③ 준거집단　　④ 라이프스타일

10. 여행의 암흑기인 가족생활주기는?

① 미혼기　　② 신혼기
③ 중 · 고생 자녀 가정　　④ 노부부만 남은 가정

11. 관광의 장애요인이 아닌 것은?

① 가족관계　　② 안전문제
③ 비용과 시간　　④ 계절적 요인

참고문헌

이문규 · 홍성태(2001), 소비자행동의 이해, 법문사.

이정학(2003), 관광마케팅, 기문사.

이학식 · 안광호 · 하영원(2001), 소비자행동, 법문사.

Bass, Frank M. & W.W. Talarzyk(1972), "An Attitude Model for the Study of Brand Preference," *Journal of Marketing Research*, 9: 93~96.

Boon, L.E. & David L. Kurtz(2001), *Contemporary Marketing*, 10th ed., Fort Worth, Tex.: Harcourt College Publishers.

Cook, Roy A., Laura J. Yale & Joseph J. Marqua(2002), *Tourism*, Prentice-Hall.

Fishbein, M. & I. Ajzen(1975), *Belief, Attitude, Intention and Behavior*, Addison-Wesley.

Goeldner, Charles R., Brent Ritchie, Jr. & McIntosh(2001), *Tourism*, John Wiley & Sons, Inc.

Hus, Cathy H.C. & Tom Power(2001), *Marketing Hospitality*, John Wiley & Sons, Inc.

Mayo, E.J. & L.P. Jarvis(1981), *The Psychology of Leisure Travel*, Boston: CBI Publishing Company, Inc.

Morrison, A.M.(2002), *Hospitality and Travel Marketing*, Dclmar.

Pigram, John J. & Salab Wabab(1997), "The Challenge of Sustainable Tourism Growth," *Tourism Development and Growth*, Rourtledge, 3~13.

Plog, Stanley C.(2004), *Leisure Travel a Marketing Handbook*, NoJ.: Pearson Education, Inc.

memo

chapter 4

관광의 경제적 · 사회적 영향

학 습 목 표

1 관광의 경제적 영향은 무엇인가?

2 관광의 사회적 영향은 무엇인가?

관광기초

제1장 관광의 이해
제2장 관광발전사

관광주체

제3장 관광자 행동

관광매체

제8장 관광교통
제9장 관광숙박과 외식산업
제10장 여행업
제11장 테마파크와 리조트
제12장 카지노와 국제회의 산업

관광객체

제5장 관광과 문화
제6장 관광과 환경
제7장 관광자원과 개발

관광환경

제4장 관광의 경제적 · 사회적 영향
제13장 관광정책

01 경제적 영향

1) 긍정적 측면

외화획득 외래관광객의 소비는 수용국의 입장에서는 외화를 획득하는 것으로서 국제수지를 개선하는 데 크게 기여하고 있다. 특히 부존자원이 빈약하고 상품수출이 어려운 국가에서는 관광산업이 외화획득의 유효한 수단임과 동시에, 보이지 않는 수출산업으로서 각광을 받고 있다. 우리나라의 경우 관광산업의 외화가득률은 85.2%로서 일반수출산업의 63.7%보다 높게 나타나고 있으며, 외래관광객 1인당 소비액을 주요 수출상품과 비교해보면 외래관광객 1명을 유치하면 21인치 TV 10대, 외래관광객 5명을 유치하면 1500cc급 승용차 1대를 수출하는 효과와 같은 외화가득률을 보이고 있다.

그림 4-1 관광의 경제적 효과

외래관광객 1명 유치

=

21인치 TV 10대 수출효과

외래관광객 5명 유치

=

1500cc 자동차 1대 수출효과

외화가득률의 산출 공식은 다음과 같다.

$$외화가득률 = \frac{외화획득액 - 외화획득을\ 위한\ 외화지출액}{외화획득액} \times 100$$

【예제】 호텔산업으로 20억 달러의 외화를 획득하였고, 이 외화를 획득하는데 4억 달러의 외화를 지출했다면 호텔산업의 외화가득률은 몇 %인가?

$$외화가득률 = \frac{20억\ 달러 - 4억\ 달러}{20억\ 달러} \times 100 = 80\%$$

소득증대 및 지역경제 활성화 관광자의 소비는 소득창출 및 지역경제의 활성화를 촉진시킨다. 즉 관광자의 숙박, 식음료, 기념품 구입 등의 소비는 해당 관광업체의 소득에 직접영향을 주는데 이를 직접효과라고 하고, 해당 관광사업체의 소득은 종사원 임금지불, 재료구입, 운영에 필요한 여러 가지 물품 및 서비스를 구입 등으로 소비하게 되는데, 이 소비는 종사원, 재료판매처, 기타 여러 물품 및 서비스 제공처에게는 소득으로 작용하여 간접효과를 창출한다. 또한 간접효과에서 창출된 이들의 소득은 의식주 해결 및 교육, 교통, 여가활동, 생활용품 구입 등의 생활비로 지출되는데, 이 소비는 유발효과로서 지역경제의 활성화에 영향을 준다는 것이다.

이와 같이 관광자의 소비는 관광업체에 직접 영향을 미치고, 그 영향은 종사원 및 협력업체의 소득에 간접적으로 영향을 주며, 그리고 지역 경제에도 영향을 유발시키는데 이를 관광소득 승수효과(tourist income multiplier effect)라고 한다. 즉 관광소득 승수효과란 일정지역에 대하여 관광지출을 한 단위 더 추가함으로써 그 지역에서 추가로 발생하는 소득의 증가분을 나타내는 계수치를 말한다.

1961년 체키(Checchi) 보고서에 의하면 관광승수효과는 약 3.2배로 조사되었는데, 즉 최초 관광지출 1,000달러는 1년 동안 타 산업에 영향을 미쳐 3,272달러의 경제적 가치를 창출했다는 것이다. 이와 같은 승수효과는 국가마다 다른데, 대체적으로 후진

그림 4-2 관광소득 승수효과

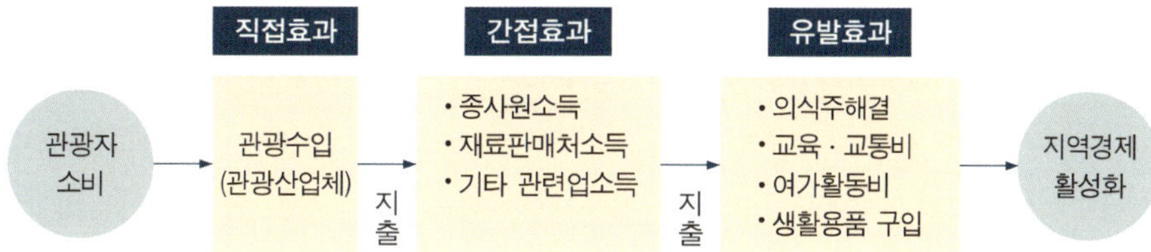

국이 낮게 나타나는 경향이 있다.

고용증대 관광산업은 단일산업으로 세계최대의 산업으로서 그에 따른 고용인원도 세계 최고로 평가되고 있는데, 특히 관광산업은 인적 서비스 의존도가 높은 산업이라는 점에서 이를 뒷받침하고 있다. 관광산업의 고용에는 직접고용과 간접고용이 있는데 직접고용이란 호텔 · 외식사업 · 항공사 · 크루즈사 · 여행사 · 관광시설 등 관광업계에 종사하는 사람과 관광과 관련되어 공공부분에 고용된 사람을 말하고, 간접고용이란 관광사업에 물품을 납품하거나 판매하는 업체, 이들 업체에 청소나 경비 등의 서비스를 제공하는 용역업체, 호텔과 레스토랑을 건설하거나 인테리어 하는 업체, 항공기와 크루즈를 만드는 회사 등에 고용된 사람을 말한다. 세계관광기구에 의하면 전 세계인구 가운데 약 2억 1,200만 명이 관광업에 직간접적으로 종사하고 있는 것으로 조사되었는데, 세계 고용인구의 9명 중 1명이 관광산업에 종사하는 수치이다.

앞에서 언급한 관광의 승수효과처럼 고용부문에도 관광객의 소비는 관광업체의 직접 고용에 영향을 미치고, 그 영향은 협력업체의 고용에도 간접적으로 영향을 주며, 그리고 지역 타 산업분야에도 고용을 유발시키는데, 이를 관광의 '고용승수효과'라고 한다. 이를 감안한다면 훨씬 많은 수가 관광업체에 직간접으로 종사하고 있다고 할 수 있다.

타 산업의 촉진 외래관광객의 소비는 숙박 · 쇼핑 · 식음료 · 유흥 · 기타 등으로 지출하고 있다. 특히 쇼핑 품목으로는 식품류, 의류, 인삼 · 한약재, 향수 · 화장품, 술, 담배, 액세서리 · 보석류, 신발류, 피혁제품 등으로 나타나고 있다. 따라서 관광을 통한 소비는 이와 관련된 산업을 촉진시킨다고 할 수 있다.

세수(稅收)의 증대 관광수입은 국가 재정상으로 보면 국세, 즉 직접세 및 간접세의 형태로 세수의 증대를 가져온다. 관광객이 방문하여 지불하는 숙박비 · 음식비 · 유흥비 · 기념품구입비 등에는 세금이 부과되고, 또한 카지노 이용에 따른 관광진흥개발기금 · 출국세 · 공항세 등 준조세 성격의 세금을 지불하게 된다. 우리나라의 경우 관광자로부터 획득할 수 있는 세금은 〈표 4-1〉과 같다.

표 4-1 관광자로부터 획득할 수 있는 세금

구분		명목	비고
국세	직접세	소득세	관광사업체 등의 매출증대에 따른 소득세 증대
	간접세	부가가치세	관광사업체 및 쇼핑업체 등 매출액의 10%
		특별소비세	유흥음식점: (매출액+봉사료) × 10%
		주세	주류가격에 포함되어 있음
준조세		관광진흥개발기금	카지노사업체의 매출에서 일정부분 납부 등
		공항이용료 및 출국세	

관광의 경제적 영향

일본 화장품기업 시세이도는 올해 초부터 도치기현에 350억엔(약 3,540억원)을 투자해 스킨 · 로션 등 기초화장품 생산공장을 짓고 있다. 이바라키시에서도 2020년 완공 목표로 550억엔을 들여 공장을 짓고 있다. 시세이도가 일본에 공장을 짓는 것은 35년 만이다.

불과 몇 년 전까지만 해도 상상할 수도 없었던 일이다. 2004년 일본에서 6개 생산 공장을 돌렸던 시세이도는 판매부진으로 2015년까지 생산공장을 3개로 줄였다. 저출산 · 고령화로 화장품 쓰는 젊은 인구가 급감, 한때 화장품업체 소멸론까지 나왔고, 관련업계에서는 시세이도가 한국기업에 팔린다는 얘기까지 돌았다.

그러나 지금 시세이도는 1980년대 버블기를 방불케 할 정도로 매출과 주가가 치솟고 있다. 매출은 2012년 6,823억엔에서 지난해 1조 51억엔으로 뛰었다. 시세이도의 운명이 극적으로 바뀐 것은 급증하는 외국인관광객 덕분이다. 일본 정부는 올해 외국인관광객이 10년 전(835만명)의 4배에 육박하는 3,000만명에 달할 것으로 전망하고 있다. 일본 언론들은 "일본에 온 외국인관광객들이 시세이도 화장품을 구입 · 사용한 뒤 귀국해서도 계속 사면서 화장품 내수 판매와 수출이 급증, 공장을 증설하고 있다"고 전했다.

침체가 지속되던 과자 · 유통 등 다른 내수업종도 외국인 특수로 '제2의 전성기'를 맞고 있다. 폐점이 잇따르던 유통업체들도 이제 점포를 공격적으로 출점하고 있고, 과자 등 식음료 업체들도 공장 신 · 증설 경쟁을 벌이고 있다. 버블 붕괴 후 폐점이 잇따르던 지방 호텔업체들도 신축경쟁에 뛰어들고 있다. 외국인관광객이 일본 산업지도를 바꾸고 있는 것이다.

자료: 조선일보, 2018. 10. 16.

2) 부정적인 측면

외화유출 외국관광객의 유입은 외화를 획득할 수 있지만, 내국인의 해외관광은 반대로 외화를 유출하게 되는 셈이다. 결국 관광의 경제적 효과는 '외화획득=국제수지개선'이라는 긍정적인 측면과 '외화누출=국제수지악화'라는 부정적인 측면이 상존하는 것이다.

인플레이션 야기 흔히 관광지의 물가가 비싸다는 말이 있는데, 관광목적지에서 관광수요의 증가는 지역의 물가를 상승시켜 인플레이션을 야기시킨다. 즉 관광객들은 높은 가격에도 숙식을 하거나 물품구입 등을 하게 되면 지역의 식자재나 생필품의 가격이 비싸게 되어 전반적으로 물가상승의 요인을 가져 온다. 또한 관광지의 경우 부동산가격이 비관광지보다 높기 때문에 가격이 비싸게 책정되는 것도 물가상승의 한 요인이라고 할 수 있다. 예를 들어 관광지의 음식점과 술집의 경우 값이 비싸면 지역주민이 이용할 때도 그 가격을 지불해야 한다는 점에서 지역의 물가를 상승시킨다고 할 수 있다.

경제적 종속관계 형성 관광지의 경우 대부분 현지자본보다는 외부자본으로 투자되어 있다. 특히 후진국 관광지의 경우 일부 선진국들이 대부분 투자하여 운영되고 있으므로 그들의 경제논리나 환경에 따라갈 수밖에 없다. 이러한 관계를 '경제적 종속관계'라고 한다.

즉 후진국들은 외화획득의 수단으로 관광산업에 의존하는 경우가 많은데, 이를 위하여 투자국에게 세금을 면제하거나 수입규제를 포기해 가면서 관광산업을 육성시키고 있지만, 관광객의 지출로 인하여 얻어지는 이익 중 대부분이 투자국에게 다시 돌아가며, 투자국 경영진 및 고용자들의 월급이 대부분 본국에 송금되기도 한다.

경제발전의 불균형 초래 관광지의 경우 관광수입에 의하여 지역의 경제발전이 도모되는 데 비하여 비관광지의 경우 상대적으로 박탈감이 작용하여 지역 간 갈등이 조성이 될 수 있으며, 제조업 등 2차 산업의 위축을 초래할 수도 있다.

사회적 · 환경적 비용의 발생 사회적 비용(social costs)과 환경적 비용(environmental costs)은 관광자의 쾌적한 관광활동을 보장하기 위하여 들어가는 비용이다. 즉 사회적 비용은 관광자의 유입으로 인하여 발생되는 교통혼잡 · 범죄 · 화재 · 질병 등을 대처하거나 예방하기 위하여 들어가는 비용을 말하고, 환경적 비용은 수질오염 · 공해 · 소음 · 경관훼손 및 사회 · 문화적 유적지의 훼손 등을 막거나 개선하기 위하여 들어가는 비용을 말한다. 이러한 비용은 그 지역민에게 부과되거나 세금 등으로 충당해야 한다.

02 사회적 영향

관광의 사회적 영향은 인구구조에 대한 영향, 취업구조에 대한 영향, 가치관의 변화, 전통생활양식의 변화, 소비양식의 변화 등 다양하게 나타나는데, 그 영향은 긍정적인 측면도 있지만 부정적인 측면도 상존한다는 점에 유의할 필요가 있다.

1) 긍정적인 측면

국제친선 및 평화증진 관광자체는 국가 간의 교류에 의하여 이루어지므로 상호문화에 대한 이해와 친선을 도모할 수 있다. 특히 관광종사원은 외국관광객과의 접점에서 우리나라를 홍보하고 가교역할을 하는 민간외교관이라고 할 수 있다. 또한 관광은 언어·인종·정치·종교적 장벽의 해소를 가져다주므로 세계의 평화증진에도 기여하는 산업이라고 할 수 있다.

교육기회의 증대 관광객을 수용하기 위해서는 해당 외국어의 구사능력뿐만 아니라 관광산업체에서 필요로 하는 실무지식과 서비스인으로서 자질을 갖춘 전문인력을 양성해야 하는데, 이에 대한 교육이 요구된다. 따라서 관광산업이 발전할수록 교육의 기회는 증대되며, 우리나라의 많은 대학에서 관광관련 학과가 신설 및 증대되고 있는 것은 우리나라의 관광산업발전과 무관하지 않다고 할 수 있다.

의식수준 향상 및 생활환경의 개선 세계의 관광객을 수용하기 위해서는 접객태도·매너·공중도덕 등 좋은 모습을 보여주려고 노력하므로 이에 대한 의식수준이 높아지며, 생활의 환경도 개선되는 계기가 된다.

선진문화 및 기술의 유입 세계의 관광객을 수용하기 위해서는 각종 관광 인프라 및 편의시설을 갖추고, 관광업체 등에 선진문화 및 기술이 도입되어야 그들에게 안락함을 제공할 수 있다. 따라서 관광은 선진문화 및 기술의 도입을 촉진시킨다고 할 수 있다.

2) 부정적인 측면

각종 질병 및 범죄의 발생 관광지에서는 관광객과 지역주민과의 교류로 인하여 각종 질병이 발병할 수 있다. 또한 마약·알코올남용·폭력·강도 등 각종 범죄의 빈도가 높으며, 특히 관광객은 범죄의 표적이 되기 쉽다.

퇴폐문화의 유입 및 가족구조의 파괴 관광지에서는 미풍양속을 해치는 퇴폐문화가 유입되며, 특히 관광사업에는 여성이 많이 진출하므로 이혼율의 상승이나 가족구조의 파괴 등 사회문제가 야기된다. 예를 들어 농업에 종사하는 남편보다 관광사업에 종사하는 부인이 고임금일 경우 가정불화가 야기될 수도 있다. 또한 전통적으로 가부장적인 가족체계에서 고용의 기회증대 등으로 인하여 미혼 남녀들이 집 밖에서 생활하게 되고, 외래인과의 결혼 등으로 인하여 가족구성원들의 유대가 약화될 수 있으며, 외래관광객의 모방에 따른 가치관의 변화에 따라 세대간의 갈등도 조장될 우려가 있다.

전시효과 발생 전시효과(demonstration effect)란 관광지의 지역주민이 관광객의

표 4-2 관광의 경제적·사회적 영향

구분	긍정적 효과	부정적 효과
경제적 영향	• 외화획득 • 소득증대 및 지역경제 활성화 • 고용증대 • 타 산업의 촉진 • 세수(稅收)의 증대	• 외화유출 • 인플레이션 야기(물가상승) • 경제적 종속관계 형성 • 경제발전의 불균형 • 사회적·환경적 비용의 발생
사회적 영향	• 국제친선 및 평화 증진 • 교육기회의 증대 • 의식수준 향상 및 생활환경의 개선 • 선진문화 및 기술의 유입	• 각종 질병 및 범죄의 발생 • 퇴폐문화의 유입 및 가족구조의 파괴 • 전시효과 발생

생활양식 및 행동을 모방함으로써 야기되는 태도 · 행동 · 가치관의 변화를 의미한다.

전시효과는 긍정적인 측면이 있으나, 지역 고유의 생활양식과 가치관이 사라진다는 점에서 부정적인 요소가 강하다고 할 수 있다. 예를 들어 농어촌 젊은이의 경우 같은 또래의 관광객을 보면서 옷차림 · 소비행태 · 행동 등을 모방하고 싶은 심리로 인하여 무작정 도심으로 진출하는 등 사회적인 문제가 야기되고 있다.

관광관련 자격시험 대비 연습문제 ·

1. 카지노산업으로 100억 달러의 외화를 획득하였고, 이 외화를 획득하는 데 5억 달러의 외화를 지출했다면 카지노산업의 외화가득률은 몇 %인가?

① 90% ② 95%
③ 100% ④ 105%

2. 관광의 경제적 영향 중 긍정적인 요소가 아닌 것은?

① 외화획득 ② 고용증대
③ 타 산업 촉진 ④ 인플레이션

3. 관광의 사회적 영향 중 부정적인 요소가 아닌 것은?

① 각종 질병 발생 ② 퇴폐문화의 유입
③ 전시효과 발생 ④ 인플레이션 야기

4. 관광지의 지역주민이 관광객의 생활양식 및 행동을 모방함으로써 야기되는 태도 · 행동 · 가치관의 변화에 대한 현상을 무엇이라고 하는가?

① 전시효과 ② 후광효과
③ 경제적 종속 ④ 문화적 종속

5. **관광자의 소비는 관광업체에 직접 영향을 미치고, 그 영향은 종사원 및 협력업체의 소득에 간접적으로 영향을 주며, 지역경제에도 영향을 유발시키는데 이를 무엇이라 고 하는가?**

① 관광의 경제적 직접효과 ② 관광의 경제적 간접효과
③ 관광의 경제적 유발효과 ④ 관광소득 승수효과

참고문헌

이강욱(2002), "관광산업의 중요성과 전략적 육성방안," 청사초롱, 제203호.

한국관광공사(2008), 외래관광객실태조사.

Archer, Brian & Chris Cooper(1998), "The Positive and Negative Impacts of Tourism," *Global Tourism*, 2nd ed., Butterworth-Heinemann, 63~81.

Cook, Roy A., Laura J. Yale & Joseph J. Marqua(2002), *Tourism*, Prentice-Hall.

Foden, Harry G.(1992), "Destination Attractions as an Economic Development Generator," *Economic Development Review*.

Frechtling, Douglas C.(1994), "Assessing the Economic Impacts of Travel and Tourism-Introduction to Travel Economic Impact Estimation," *Travel, Tourism, and Hospitality Research*, John Wiley & Sons, Inc., 359~365.

Goeldner, Charles R., Brent Ritchie, Jr. & McIntosh(2001), *Tourism*, John Wiley & Sons, Inc.

Grandall, Louise(1994), "The Social Impact of Tourism on Developing Regions and Its Management," *Travel, Tourism, and Hospitality Research*, John Wiley & Sons, Inc., 413~423.

Kotler, Phiip, Donald H. Haider & I. Rein(1993), *Marketing Places*, The Free, Press.

Lundberg, Donald E., Mink H. & M. krishnamoorthy(1995), Tourism Economics, John Wiley & sons, Inc.

Samuelson, Paul A. & William D. Nordhays(1989), *Economics*, 13th ed., New York: McGraw-Hill Book Co.

chapter 5

관광과 문화

학습목표

1. 문화관광이란 무엇인가?
2. 관광의 문화적 영향은 무엇인가?
3. 문화관광축제란 무엇이며, 육성방안은 무엇인가?
4. 세계 각국의 유명축제는 어떤 것들이 있는가?

관광기초

제1장 관광의 이해
제2장 관광발전사

관광주체

제3장 관광자 행동

관광매체

제8장 관광교통
제9장 관광숙박과 외식산업
제10장 여행업
제11장 테마파크와 리조트
제12장 카지노와 국제회의 산업

관광객체

<u>제5장 관광과 문화</u>
제6장 관광과 환경
제7장 관광자원과 개발

관광환경

제4장 관광의 경제적 · 사회적 영향
제13장 관광정책

01 문화관광의 개요

1) 문화관광의 정의

보닉(Bonink, 1992)은 문화관광을 개념적 정의로서 문화관광활동에 연계된 동기와 의미에 중점을 두고 관광객이 역사 및 문화유산과 당시의 생활방식과 사상을 학습하는 것이라고 하였으며, 기술적 정의는 유적과 기념물에 의한 접근법인데, 문화관광객이 방문하는 자원의 형태에 대해 초점을 두면서 그 예로서 ① 고고학적 유산과 유물, ② 건축물(옛터, 유명한 건물, 도시 전체), ③ 예술・조각・공예품・미술・축제・이벤트, ④ 음악과 춤(고전・민속・현대), ⑤ 드라마(영화・연극), ⑥ 언어와 문헌연구, 여행, 이벤트, ⑦ 종교적 축제와 성지참배, ⑧ 완전(민속적 또는 원시적)문화와 하위문화를 적시하고 있다.

리차드(Richards, 1996)도 문화적 욕구를 충족시키기 위해 일상생활권을 떠나 문화적 자원으로 이동하는 것이라는 개념적 정의와 일상권을 떠나 사적지와 문화 및 예술적 표현물과 드라마 등과 같은 특정 문화적 자원으로 이동하는 것이라는 기술적 정의로 구분하고 있다.

멕킨토쉬와 고엘드너(Mcintosh & Goledner, 1990)는 문화관광에 대하여 여행자들이 관광지 주민의 삶 또는 사상에 대한 방식 또는 다른 나라의 유산과 역사를 배울 때 관계된 여행의 총체적 개념으로 접근하였으며, 세계관광기구(UNWTO)는 한 국가와 그 지역 사람들의 유산과 문화에 근거하여 보존된 기념물, 역사적 현장, 전통 건축술, 수공예품, 이벤트, 예술에 대한 기술 등을 관광하는 것, 그리고 리치와 진스(Richie & Zins, 1978)는 관광자원으로서의 문화소재를 수공예품, 언어, 전통, 음식, 미술과 음악, 역사적 유물, 일과 기술, 건축물, 종교와 표현, 교육 시스템, 의복, 여가행위 등 12가지로 지적하면서 기술적으로 접근하였다.

2) 에스닉 투어리즘

문화관광은 에스닉 투어리즘(ethnic tourism)과 같은 뜻으로 사용되기도 하는데, 원주민 및 그들의 생활습관・예능・건축・복식・공예품 등의 문화적 이국정서를 주된 흥밋거리로 하는 관광활동의 형태를 말한다. 스미스(Smith, 1989)는 관광대상으로서 문화의 속성에 착안하여 문화관광과 에스닉 투어리즘을 구별하였는데, 에스닉 투어리즘은 원주민들의 색다른 모습의 관습을 관광대상으로 하는 관광형태이며, 문화관광은 사람들의 기억에 남는 생활양식의 흔적 등을 관광의 대상으로 하는 관광형태로 구분하였다.

이와 같이 현대사회에서 관광의 한 유형으로 분류되는 문화관광은 문화의 소재를 중심으로 매우 다양한데, 따라서 문화관광에 대한 개념은 문화관광대상의 시대적 의미를 떠나 다양성을 흡수하여 적극적으로 해석할 필요가 있다.

문화관광상품: 프랑스 여행업계 템플스테이(Temple Stay)에 관심

프랑스 현지 9개 여행업체의 상품개발 담당자들이 한국을 찾았다. 한국관광공사와 대한항공, 에어 프랑스가 공동 초청해 한국을 찾은 해인사 템플스테이 체험 및 서울・경주・제주 등을 둘러보며 템플스테이를 포함한 한국관광상품 개발을 추진할 예정이다. 불교신자 60만 명에 이르는 유럽의 불교 중심국인 프랑스에 한국 불교 및 전통문화를 알리기 위해 다양한 사업을 전개해 오던 중 문화관광을 선호하는 프랑스인들에게 한국의 정신문화세계를 체험할 기회를 제공하기 위해 이번 팸투어(fam tour)를 추진했다. 이번 방한단은 프랑스의 초대형 여행사들로서 이들의 개발상품은 프랑스관광객들에게 많은 인기를 끌 것으로 기대된다.

한편 한국관광공사 해외홍보 사이트의 불어권 신규회원 2,300명을 대상으로 실시한 설문조사 결과에 의하면 총 응답자 중 80%에 해당하는 1,821명이 템플스테이를 체험하고 싶다고 답변해 방한 템플스테이 상품이 아시아 경쟁국 관광상품과의 경쟁력 제고에도 기여할 것으로 보인다(여행정보신문, 2005. 4. 15).

템플스테이(temple stay)란 관광객이 쉽게 참여할 수 있는 단기 불교문화체험 프로그램으로서 참선, 다도, 새벽예불, 범종 타종, 108배, 연등 만들기, 탁본체험, 선무도 체험, 산행, 서예, 수묵화 그리기 등의 프로그램이 있다.

02 관광의 문화적 영향

1) 긍정적 영향

문화의 관광자원화 문화는 그 나라 또는 지역의 전통과 독특한 삶의 방식이 표출된 현상이므로 관광객에게는 훌륭한 관광자원이다. 많은 관광자의 관광동기는 타 문화의 체험과 이해라고 할 수 있다. 문화가 관광자원화가 되려면 그 문화가 독특한 진정성(authenticity)을 지니고 있어야 하며, 또한 문화는 과거의 유산물로서 정체된 것이 아니라 새롭게 창조될 수도 있다는 점에서 관광자원으로서 개발될 여지가 있는 것이다.

문화재복원 및 보존 관광객에게 관광자원을 보여주기 위해서는 훼손되거나 사라진 유·무형의 문화재를 복원하고 보존하는 노력이 뒤따르게 되며, 또한 과거에 소멸된 전통문화가 재현되기도 한다.

전통문화의 재현: 광화문 수문장교대의식

한국문화재보호재단은 조선시대 궁성문을 지키던 수문장들의 교대절차와 광화문을 열고 닫는 과정으로 구성된 광화문 수문장교대의식 본 행사를 거행한다.

문화체육관광부와 문화재청의 후원으로 개최될 이 행사는 조선 전기(15세기) 수문장 제도가 완비되던 예종~중종 연간을 배경으로 국가의 상징인 왕실과 궁성을 호위하던 수문군들의 근무형식을 의식으로 재현한 행사이다. 이 행사는 『경국대전』 등 조선시대 역사기록, 궁중기록화, 관련 유물 등을 근거로 당시의 양식으로 복식과 의장물 및 의식을 재현하였으며, 2002년 개막 이후 국내외 관광객들로부터 큰 호응을 얻고 있는 대표적인 문화관광상품이다.

특히 이 행사는 그동안 고궁관광이 정적인 궁궐건축물 중심의 관람에서 역동적이고 화려하게 구성된 본 행사가 더해짐으로써, 고궁관람을 동적이고 입체적으로 변화시켜 국내외 관광객으로부터 크게 호응을 받고 있으며, 문화관광적인 기능과 역사교육장으로의 역할까지 수행하고 있는 것으로 평가되고 있다.

이 행사에서는 관람객들이 현장에서 수문장 복식 착용, 사진촬영, 궁궐그림 탁본해보기 등의 행사를 통해 수문장교대의식을 관람하는 즐거움과 체험하는 기쁨도 함께 할 수 있다.

광화문 수문장교대의식과 버킹검 궁전 근위병 교대식

2) 부정적 영향

문화재의 훼손 문화재 복원 및 보존과는 상반된 개념인데, 관광객의 대량입장은 문화재를 훼손시킬 우려가 있다. 예를 들어 경주 석굴암의 경우 관광객의 과도한 입장으로 인하여 훼손되어 있는 실정이다. 또한 관광객들이 문화재를 손으로 만지거나 낙서를 하는 등의 행위로 인하여 훼손되는 경우도 있다.

문화의 상업화 관광객에게 보여주기 위한 한 지역의 고유한 전통문화는 그 문화가 변질되거나 상업화가 될 우려가 있다. 예를 들어 어느 지역의 부족이 일요일 점심

문화의 상업화 – 바누아투(Vanuatu)의 성인식

바누아투는 남태평양의 섬나라이다. 이 섬의 원주민들은 성인의 자격요건으로 체력과 담력을 가장 중시하였다. 따라서 일정한 나이가 되면 발목에 포도넝쿨 · 나무줄기 · 칡뿌리 등을 감고 30미터 높이의 대나무 탑에서 뛰어내리게 하는데, 이를 통해 강인한 도전정신과 용맹을 시험했던 것이다. 이러한 성인식의 랜드 다이빙(land diving)은 본래 농사를 위한 주술적 의미에서 시작되었다. 즉 남성의 머리카락이 땅을 스치게 하는 위험한 행동은 땅을 비옥하게 만들어 풍작을 가져올 수 있다고 믿었다.

이 성인식은 대략 지상에서 1미터 정도의 높이까지 뛰어내리고, 바닥에는 아무 것도 깔지 않으며, 마땅한 안전장치도 없으므로 다치거나 목숨을 잃는 일까지 발생하기도 하였다. 이에 바누아투 정부에서는 이 의식을 금지를 하였다. 그러나 이 성인식을 보러 오는 관광객들이 줄자 몇 년 전부터 관광객에게 보여주기 위한 랜드 다이빙을 다시 진행하였다. 이와 같이 추수를 기원하며 몸을 던졌던 것에서 기원하여 성인의식으로 자리매김하였던 랜드 다이빙은 그들의 전통문화라고 할 수 있는데, 오늘날에는 예전과 달리 거액의 관광비를 지불하는 유람선 단체관광객에게 보여주기 위해서 몸을 던지며, 뛰어 내리는 높이에 따라 돈을 차등적으로 받는 등 상업적으로 변질되었다.

뉴질랜드인 해킷(A.J. Harket)은 바누아투섬 원주민 성인식의 랜드 다이빙에 착안하여 오늘날 번지점프를 창시하고 상업화하였다.

바누아투(Vanuatu)의 성인식에서 랜드 다이빙하는 모습. 번지점프는 여기서 착안되었다.

때 큰 마당에 모여 그들의 전통의식을 하는 문화가 있고, 관광객이 비행기 시간에 의하여 일요일 오전에 그 지역을 떠난다면 이 부족은 관광수입을 위하여 일요일이 아니라 토요일 저녁에 전통의식을 공연할 것이다. 또한 마당에서 하는 것을 한정된 무대 위에서 함으로써 그들의 전통문화는 변질될 수도 있다.

이와 같이 지역의 고유문화를 외래 관광객의 취향에 맞게 변모하여 관광객에게 상업적으로 보여주기 위한 것을 '문화의 상업화'라고 한다.

문화의 화석화 및 모형화 관광지의 과거 일상생활용품들이 관광객들에게 골동품으로 판매하거나 민속품으로 둔갑시킨 다음 박물관에 보관하여 현재는 사용하지 않는 경우도 있는데, 이를 '문화의 화석화'라고 한다. 또한 지역의 관광기념품으로 생산된 공예품의 경우 지역경제의 활성화 측면에서 긍정적인 측면이 있으나 원래의 크기와 재료가 달라지거나 만드는 기법이 변형되는 등 전통적인 가치를 떨어뜨려 모형품으로 전락하는데, 이를 '문화의 모형화'라고 한다.

문화적 충돌의 발생 관광객과 수용지역 주민 간에는 서로 이질문화의 차이에서 오는 문화적 충돌이 발생하여 정신적 충격이 발생할 수 있는데, 이를 '문화적 충격'(cultural shock)이라고 한다. 예를 들어 보수적인 성향을 가진 관광지의 주민이 자유분방한 관광객의 행동을 보면 충격을 받을 수 있다.

문화의 종속화 외부자본이 투자되었거나 외부자본에 의하여 운영되는 관광지 또는 관광업체의 경우 투자국가의 문화에 따라갈 수밖에 없다. 즉 A라는 국가의 관광지 또는 관광업체가 B라는 국가의 투자에 의하여 운영된다면 A국가는 B국가의 언어학습은 물론, 다양한 문화에 흡수될 수밖에 없는데 이를 '문화의 종속화'라고 한다.

종속이론은 경제적 종속이 가장 먼저 이루어지고 다음으로 정치적 종속관계가 형성되며, 마지막으로 문화적 종속관계가 정착되는데, 문화적 종속은 주체성까지 상실한다는 점에서 가장 우려가 되는 부분이다. 이와 같은 종속관계를 '신식민주의'라고 부른다.

03 문화관광축제

1) 축제의 개요

축제의 기원 축제가 언제, 어떻게, 어디서, 시작되었는지는 정확히 알 수 없으나 축제는 인류문화사에서 보편적으로 존재하였던 문화현상으로서 그 기원은 초기 인류 사회의 ① 원시신앙, ② 제천의식, ③ 놀이 등에서 찾을 수 있다(이정학, 2008).

우리나라 축제의 발생시기도 정확히 알 수 없으나, 『삼국지』「부여전」에 의하면 "정월에 하늘에 제사를 지내고 음주와 가무를 즐겼는데 이를 영고라 하였다"(以殿正月祭天國中大會連日飮食歌舞名日迎鼓)라는 대목이 있으며, 역시 『삼국지』「고구려전」에 의하면 "십월에 온 사람이 모여서 하늘에 제사를 지내고 이를 동맹이라고 하였다"(以十月祭天國中大會名日東盟)라는 기록이 있다. 예에서도 무천(舞天)이라 하여 10월에 공동으로 하늘에 풍년을 빌고 추수를 감사히는 의식을 지내고 춤과 노래를 즐기는 등 부족 간의 친목도 도모하였다고 전한다.

이와 같이 고대인들은 제천의식을 통해 풍년을 빌고 추수를 감사히 여기는 제(祭)를 올렸으며, 그 기간 중에 사람들이 모여 음주가무를 즐겼는데(祝) 이것이 축제(祝祭)의 의미로 발전된 것이다. 따라서 영고 · 동맹 · 무천과 같은 제천의례는 우리나라 축제의 문헌상 시원이라고 할 수 있다.

전통적 의미의 축제 우리나라 국어사전에서는 축제에 대하여 "축하의 제전 또는 축하와 제사"로 정의하고 있다. 즉 축제는 경사스러운 날과 제사 드리는 날의 합성어라고 할 수 있다. 영어의 '페스티벌'(festival)도 성일(聖日)을 의미하는 라틴어 'Festivalis'에서 유래되었다는 점에서 종교와 깊은 관계가 있다. 이와 같이 축제는 종교성(祭)과 예술성(祝)의 복합으로서, 여기에 역사성 · 지역성 · 민중성을 가미시켜 신명을 구현하는 신화적 집단놀이라고 할 수 있다(윤광봉, 2000).

따라서 전통적 의미의 축제는 신(神)에 대한 성스러움을 표현하고자 하는 신성성(神聖性)을 바탕으로 특정한 제의(祭儀)를 갖고, 유희를 즐기는 것이라고 정의할 수 있다.

현대적 의미의 축제 고대의 축제는 문명화를 거치면서 제의(祭儀)가 약화되고 인간 본연의 욕구에 따라 오락성과 유희성을 강조하게 되었으며, 결국 오늘날에는 하나의 문화 이벤트로서 축제(祝祭) 중 제(祭)는 사라지고 축(祝)만 즐기는 형태의 축제가 파생되고 있다. 즉 고대의 축제는 제의(祭儀)가 중심이 되고 유희(遊戱)적 요소가 가미된 형태였지만, 현대적 의미의 축제는 제의적 요소는 약화된 반면, 유희적 측면의 놀이가 강조된 여가 차원의 문화적 이벤트의 성격이 강하다고 할 수 있다. 또한 과거의 축제에서는 축제를 준비하고 향유하는 사람이 일치하였지만, 현대에 와서는 준비하는 자와 향유하는 자가 분리되고 있다.

축제에 해당하는 영어인 'Festival'의 사전적 의미는 "축연과 축하를 위해 비워 둔 날이나 기간"(a day or period of time set aside for feasting and celebration), 또는 "편성된 일련의 행위와 공연"(an organized series of acts and performances)이라고 되어 있으며, 이벤트관리 국제사전에서는 "행위의 다양한 볼거리를 통해서 참가자와 관객들에게 특정한 의미를 전달하는 대중적인 의식"(a public celebration that conveys, through a kaleidoscope of activities, certain meanings to participants and spectators)이라고 정의하고 있다. 특히 축제 이벤트 학자 게츠(Getz, 1997)는 축제를 "공공적이고 주제가 있는 의식"(a public, themed celebration)이라고 간략히 정의하였다.

따라서 현대적 의미의 축제는 "특정한 의미의 주제를 갖추고, 대중들에게 유희거리를 제공하는 의식"이라고 정의할 수 있다.

축제의 진정성 축제로서 존재의 가치는 진정성(authenticity)에 있다. 진정성이란 확실하고 근거가 있거나 믿을 만한 것, 또는 참되고 바른 것을 의미한다. 많은 축제들은 진정성을 확보하지 못해 지역민이나 방문객으로부터 외면당하는 경우가 많다. 예를 들어 전통문화축제의 경우 그 전통문화를 재현하고 그 의미를 잘 유지하고 있는가에 따라 진정성 여부가 판가름 날 것이다.

진정성을 확보하기 위해서는 축제를 거행함에 있어 ① 지역성과 역사성이 반영되어야 하고, ② 지역의 삶과 생활환경이 반영되어야 하며, ③ 축제의 프로그램이 주제와 부합되어야 하고, ④ 전통문화축제라면 토속적인 공연·음식·관습·춤·수공예품 등을 제공해야 하며, ⑤ 지나친 상업적 목적을 배제해야 한다.

이와 같이 축제는 진정성을 통하여 지역민과 방문객이 함께 참여하고 경험하여 일체감은 물론, 해당 축제의 진정한 의미를 느낄 수 있어야 한다.

2) 축제의 경제적 효과

축제의 경제적 효과로는 ① 지역 경제 활성화, ② 관광수입의 증대, ③ 관광수익의 지역환원, ④ 대안관광상품으로서의 역할, ⑤ 관광비수기 타개, ⑥ 관광목적지로서 매력성 증대 등을 들 수 있다.

지역경제 활성화 최근 각 지자체가 축제를 개발하고 육성하고자 하는 가장 큰 이유 중의 하나는 지역경제 활성화 차원에서 경제적 파급효과가 크기 때문이다. 경제적 효과는 직접효과로서 소득증대 및 고용증대가 있으며, 간접효과로서 축제연관산업에도 영향을 미친다. 즉 축제방문객들은 일부 유료관람 및 참가비, 쇼핑, 교통, 식음료, 숙박, 유흥비, 기타(편의점 등) 등을 지출하게 되는데, 이는 지역소득으로 직접 창출되고, 이와 관련하여 각종 기념품 제작 및 납품업체, 식자재와 주류 및 음료 등의 유통업체, 인쇄물 및 홍보물(현수막 및 배너 등) 제작업체, 주유소 등 여러 연관산업들에게도 간접소득의 효과를 발생시킨다. 또한 직·간접적으로 발생한 소득을 바탕으로 그 지역에서 의식주해결, 자녀교육 및 교통비, 여가활동비, 생활용품 등을 구입 또는 사용하게 되는데, 이를 유발효과라고 한다. 이와 같이 방문객의 소비가 직접-간접-유발효과로 이어지는 것을 승수효과라고 한다.

관광수입의 증대 축제는 며칠간 개최된다는 점에서 방문객의 체재를 늘려 소비지출을 늘리는 효과를 가져다준다. 즉 축제를 관람 또는 참여를 위하여 현지에서 숙박을 하게 되면 지역의 숙박업체뿐만 아니라 음식점 · 유흥업소 · 관광지 등 방문객의 관광활동으로 인한 수입도 증대되는 것이다.

축제수익의 지역환원 축제방문객들의 소비는 지역의 수익으로 환원된다. 일반 관광상품 및 시설, 즉 대형 호텔, 테마파크, 리조트, 카지노 등의 경우 대부분 타 지역의 투자자가 회수해 가지만 축제현장에서의 수입, 지역의 숙박업 및 음식점 등의 수익은 지역에 그대로 남게 된다.

대안관광상품으로서의 역할 대부분의 관광자원은 자연과 문화유산과 같이 정적인 관광상품인 데 비하여 축제는 관광객의 체험뿐만 아니라 역동성이 있는 관광상품으로서 지역의 대안관광상품으로서의 역할을 하게 된다. 또한 지역의 관광개발에 있어서 대규모의 투자와 장시간을 요하는 하드웨어보다는 축제와 같은 소프트웨어 관광상품은 단기간에 효과를 가져다준다는 점에서, 그리고 축제의 테마는 광범위하고 소재개발의 잠재성이 크다는 점에서 매력적인 대안관광상품이라고 할 수 있다.

관광비수기 타개 지역의 관광산업이 계절적으로 비수기일 경우 축제는 비수기 타개를 위한 전략적인 관광상품이라고 할 수 있다. 즉 지역의 관광산업체로서는 비수기에 축제를 활용하여 관광객을 유치함으로써 유휴시설 및 인적 자원의 활용이 가능한 것이다.

관광목적지로서 매력성 증대 축제가 있는 관광목적지는 관광객들에 역성동을 보여준다. 축제의 현장에는 다양한 볼거리 · 먹거리 · 살거리 등이 풍부할 뿐만 아니라, 많은 군중과 함께 즐길 수 있다는 점에서 관광목적지로서의 매력성이 증대된다. 국내외 유명 축제가 개최되는 지역은 축제를 통하여 관광목적지로서의 매력성을 증대시키고 있음을 알 수 있다.

화천 산천어축제

화천 산천어축제는 개최하자마자 20여만 명이나 찾아 지역축제의 대표적인 성공사례로 꼽힌다. 지금은 매년 100만 명 이상이 방문, 지역경제 활성화와 일자리 창출에 큰 도움을 주었다. 외국인관광객도 군인을 제외한 2만 5,000여명의 화천지역 인구와 비슷한 2만 5,000여명이 찾을 정도였다. 축제기간 중 하루 방문객이 최소 6만 여명에서 최대 16만 6,000명을 기록하기도 했다. 산천어축제가 화천을 먹여 살리고 있는 것이다. 강원발전연구원에서도 화천 산천어축제 직접유입액 기준으로 산정한 결과 2010년 기준 일자리 창출효과 1,500명에 금액으로는 20억 원, 지역경제유발효과 1,304억 원, 지역경제 직접효과 533억 원으로 추산했다.

뿐만 아니라 해외언론에서도 집중 조명돼, 화천지역을 알리는 계기가 됐다. 2009년 『타임』지에 이 주일의 뉴스로 보도된 데 이어, CNN 등 세계 20개국 72개 언론사에서 집중 보도했다. 산천어 축제는 한국의 겨울축제가 아니라 세계적인 겨울축제로 발돋움한 것이다. 실제로 미국 CNN에서 세계 겨울축제를 소개하면서 '불가사의한 7대 겨울축제'(7 wonders of winter)의 여섯 번째로 화천 산천어축제를 보도하기도 했다. 지역축제가 화천을 대변혁시킨 셈이다.

3) 축제의 사회적 효과

축제의 사회적 효과로는 ① 화합의 장, ② 지역의 애향심 및 자긍심 고취, ③ 지역 간의 교류촉진, ④ 지역발전의 계기, ⑤ 지역의 대외홍보 및 이미지 제고 등을 들 수 있다.

화합의 장 지역축제는 그 지역주민들이 축제를 준비하고 참여하는 과정에서 지역공동체의식을 갖게 하는 등 화합을 도모할 수 있는 매개체가 되며, 동질성을 확인할 수 있는 계기가 된다. 즉 지역민은 축제를 통하여 서로 간의 유대를 강화할 뿐만 아니라 지역에 대한 귀속감과 상호 공감대를 형성하여 일체감을 이룰 수 있는 것이다.

또한 축제는 인류학적 전통에서 볼 때 하나의 사회문화현상으로서 특정한 양식을 생산하고, 동시에 시간과 장소를 초월하는 특성을 지니고 있다는 점에서 인종과 문화, 종교와 사상이 하나로 통일되는 화합의 장이라고 할 수 있다. 이와 같이 축제는 사회적 갈등을 잃게 하고 화합을 할 수 있는 장을 마련해 주는 것이다.

지역의 애향심 및 자긍심 고취 지역축제는 그 지역 존재의 본질을 알 수 있게 하는 정체성을 확립하고, 지역의 우수하고 독특한 전통문화·문화예술·특산물·테마 등을 대내외에 알릴 수 있다는 점에서 지역민으로서의 애향심과 자긍심을 갖게 한다. 이러한 애향심과 자긍심은 지역사회의 구성원으로서 존재의 가치를 갖게 한다는 점에서 축제의 역할이 중요하다고 할 수 있다. 예를 들어 전형적인 농촌지역이었던 함평이 나비축제를 통하여 전국적인 명소가 되자 지역민의 애향심과 자긍심은 대단히 높아지게 된 것이다.

지역 간의 교류촉진 지역의 축제는 타 지역의 외래관광객이 다수 방문한다는 점에서 지역 간의 교류를 활발하게 해준다. 즉 서로 간의 지역축제 방문은 상호 간에 이해를 증진시키며, 산업 간의 교류를 활성화시킬 수 있다.

지역발전의 계기 지역축제를 활성화하여 관광객을 유치하기 위해서는 각종 인프라, 즉 도로의 정비 및 확충, 상하수도 및 전기, 교통시설, 관광객을 위한 각종 편의시설의 설치 등이 요구되므로 지역사회의 발전을 도모할 수 있는 계기가 된다.

지역의 대외홍보 및 이미지 제고 지역축제는 개최지역의 대외홍보를 위한 최고의 수단으로 각광받고 있다. 즉 예전에는 일반인들이 잘 몰랐던 지역이나 문화가 축제를 통하여 전 국민에게 알려진 경우가 많다. 대표적인 지역으로는 함평(나비축제), 하동(야생차문화축제), 강경(젓갈축제), 화천(산천어축제) 등을 들 수 있다. 따라서 축제는 숨겨진 명소를 널리 홍보하여 유명세를 타게 할 뿐만 아니라 지역의 이미지 제고에도 최고의 수단으로 활용되는 등 명소 마케팅(place marketing)의 역할을 한다.

4) 축제의 문화적 효과

축제의 문화적 효과로는 ① 전통문화의 보존과 계승 및 복원, ② 문화욕구 충족 및 일탈의 장 제공, ③ 지역문화의 창달 및 진흥, ④ 문화교류의 장, ⑤ 지역문화의 대외 이미지 제고 등을 들 수 있다.

전통문화의 보존과 계승 및 복원 지역의 축제는 그 지역의 전통문화를 보존하고 계승하는 계기가 된다는 점, 또한 사라졌거나 훼손된 전통문화를 복원할 수 있다는 점에서 중요한 의의가 있다. 특히 전통문화의 복원과 재현은 역사적 고증에 충실해야 생명력이 있다. 그러나 오늘날 많은 축제들이 전통성을 강조하지만 실제 전통의 원형은 현대사회의 문화적 맥락에서 재창조된다는 점에 유의할 필요성이 있다. 왜냐하면 축제의 개최목적과 참여자의 욕구가 과거와 현재는 다르며, 시대적・사회적 배경이 같을 수 없기 때문이다.

문화욕구 충족 및 일탈의 장 제공 현대인은 근로의 현장과 집을 오가는 일상생활을 벗어나 여가차원의 다양한 문화생활을 즐기고자 한다. 축제의 진정한 의미가 일탈성이라는 점에서 축제는 그것을 충족시켜주는 훌륭한 공간이라고 할 수 있다. 즉 축제의 장은 일상에서 느낄 수 없는 신명・해방・난장・놀람・흥분・희열・재미・자유 등을 제공한다. 따라서 인간은 축제 의 장에서 문화적 욕구를 충족시키고, 노동으로부터 일탈감의 자유를 느끼며, 그 속에서 자아의 실현과 삶의 가치를 향유해 가고 있다.

지역문화의 창달 및 진흥 문화예술축제를 포함한 다양한 성격의 축제는 주가 되든 부수적이든 문화적 요소의 프로그램을 함께 한다는 점에서 문화예술의 이해 및 수준향상 그리고 외연확대 등 지역문화의 창달 및 진흥에 기여한다고 할 수 있다.

문화교류의 장 축제는 문화교류의 가교역할을 한다. 특히 지역 간 또는 국가 간의 축제공연팀 및 문화인사의 교류는 상호문화의 이해는 물론, 정보교류로 이어진다는 점에서 축제의 장은 문화교류의 장이라고 할 수 있다. 이와 같은 문화의 교류는 지역 간의 친선증진은 물론, 크게는 국제 평화를 창출할 수 있다는 점에서 축제의 역할은 크다고 할 수 있다.

지역문화의 대외 이미지 제고 축제는 지역의 문화가 향연으로 표출된 것으로써 대외 이미지 제고에 큰 역할을 한다. 예를 들어 이천시는 도자기축제를 통하여 '도예문화의 도시'라는 이미지를, 안동시는 국제탈춤페스티벌을 통하여 '탈춤과 선비문화의 도시'라는 이미지를, 그리고 춘천은 마임축제를 통해서 예술의 도시라는 이미지를 구축하였다. 이와 같은 이미지는 지역의 브랜드가치를 향상시키는 효과를 가져다준다.

5) 축제의 교육적 효과

축제의 교육적 효과로는 ① 현장체험학습의 장, ② 사회성 학습의 장 제공 등을 들 수 있다.

현장체험학습의 장 축제는 학교에서 배우거나 알지 못했던 전통문화와 역사 및 자연과 생태 등에 대하여 현장에서 배울 수 있는 학습의 장을 제공한다. 즉 축제를 통하여 생동감 있는 전통문화를 직접 보거나 체험해 볼 수 있고, 역사적 배경이 되는 곳을 직접 답사하며, 자연과 생태의 직접관찰 등을 할 수 있다. 최근 학교의 교육 중에서 교실 밖에서 실시하는 현장학습과 체험학습의 중요성이 높아감에 따라 축제의 장은 최적의 공간이라고 할 수 있다.

표 5-1 축제의 효과

구분	내용	
경제적 효과	지역경제 활성화	• 직접효과(소득증대) • 간접효과 • 유발효과
	지역 관광산업	• 관광수입의 증대 • 관광수익의 지역 환원 • 대안관광상품으로서의 역할 • 관광비수기 타개 • 관광목적지로서 매력성의 증대
사회적 효과	• 화합의 장 • 지역의 애향심 및 자긍심 고취 • 지역 간의 교류촉진 • 지역발전의 계기 • 지역의 대외 홍보 및 이미지 제고	
문화적 효과	• 전통문화의 보존과 계승 및 복원 • 문화욕구 충족 및 일탈의 장 제공 • 지역문화의 창달 및 진흥 • 문화교류의 장 • 지역문화의 대외 이미지 제고	
교육적 효과	• 현장체험학습의 장 • 사회성 학습의 장	

사회성 학습의 장 사회성은 개인이 사회에 적응하는 공통된 성질을 말한다. 축제의 현장에서는 인간이 살아가는 다양한 사회성을 배울 수 있다. 특히 자라는 학생들에게는 사람과 사람의 만남에서 나타나는 인간미와 정(情), 질서와 도덕, 상거래, 놀이 등 인간이 사회를 이루면서 살아가는 사회성을 배울 수 있는 장을 제공하는 것이다.

6) 지역축제의 분류

축제는 여러 관점에서 분류할 수 있으나, 본서에서는 축제의 성격에 따라 ① 전통문화축제, ② 문화예술축제, ③ 지역특산물축제, ④ 지역테마형 축제 등으로 구분하고자 한다.

전통문화축제 전통문화축제는 지역공동체의 구성원들이 여러 세대에 걸쳐 축적해 온 고유문화를 정례적으로 표출하는 것으로써 이를 통해 선조들의 역사와 삶의 방식을 학습할 수 있으며, 후손에게 지속적으로 보전할 수 있는 계기를 마련해 준다. 따라서 전통문화축제는 지역의 전통이나 역사성에 기반하고 있는 민속・관습・제의(祭儀) 등의 문화를 계승하고 보전하거나 역사적 인물을 추모하는 목적으로 개최되는 축제를 말하며, 대표적인 전통문화축제로는 강릉 단오제와 남원 춘향제를 들 수 있다. 단 도자기와 같은 전통공예부분은 지역특산물축제로 분류하고 전통문화축제에서는 제외한다.

문화예술축제 문화예술축제는 현대적 관점에서 문화와 예술(연극・무용・춤・음악・미술・영화 등)을 소재로 하여 그 문화와 예술을 창달할 목적으로 개최되는 축제를 말한다. 대표적인 축제로는 안동 국제탈춤페스티벌, 춘천 국제마임축제, 평창 효석문화제, 영동 난계국악축제 등을 들 수 있다.

지역특산물축제 지역특산물축제는 지방자치단체의 경제적 이해와 방문객의 먹을거리 및 즐길거리 등의 축제적 요소를 함께 할 수 있다는 점에서 최근 각광을 받고 있다. 이와 같은 지역특산물축제는 그 지역 고유의 특산물에 대한 우수성을 널리 홍보하고, 특산물 판매를 통한 지역 및 가계의 경제적 효과를 기대하는 축제로써 지역특산물을 매개로 한 문화 프로그램과의 유기적 연관성을 찾는 데 그 목적이 있다. 대표적인 축제로는 강진 청자문화제, 금산 인삼축제 등을 들 수 있다.

지역테마형 축제 지역의 자연과 생태 또는 지리적・산업적 특성에 의하여 현대에 와서 새롭게 개발된 축제를 말한다. 지역테마형 축제의 개최목적은 ① 지역특성을 이용한 축제 아이템의 문화적 가치 부여, ② 지역특성과 축제와의 상호 연관성을 통한 지역 이미지와 브랜드가치의 상승 ③ 지역경제와 문화의 발전을 도모하고자 함이다. 이와 같은 지역테마형 축제는 해당 지방자치단체가 그 지역의 특색을 살려 얼마든지 새롭게 개발할 수 있다는 점에서 그리고 관광객의 참여기회와 호응도가 높다는

표 5-2 축제성격에 의한 분류

전통문화축제	문화예술축제	지역특산물축제	지역테마형 축제
청도 소싸움축제	안동 탈춤페스티발	광주 김치축제	고성 공룡나라축제
남원 춘향제	영동 난계국악축제	금산 인삼축제	김제 지평선축제
영암 왕인문화축제	춘천 국제마임축제	이천 쌀문화축제	연천 구석기축제
정월 대보름들불축제	부산 국제영화제	양양 송이축제	대전 사이언스축제
진도 영등축제	평창 효석문화제	강경 젓갈축제	무안 연꽃축제
강릉 단오제		담양 대나무축제	무주 반딧불축제
충주 세계무술축제		하동 야생차문화축제	진도 신비의바닷길축제
진주 남강유등축제		한산 모시문화제	함평 나비축제
아산 성웅이순신축제		이천 도자기 축제	한라산 눈꽃축제
		강진 청자문화제	보령 머드축제
		대구 약령시축제	
		인제 빙어축제	
		부산 자갈치축제	

섬에서 참신한 아이디어와 차별화된 프로그램이 요구된다. 대표적인 축제로는 보령 머드축제, 함평 나비축제, 김제 지평선축제 등을 들 수 있다.

7) 문화관광축제의 현황과 문제점

문화관광축제의 현황 우리나라에서 실시하고 있는 연간 지역축제의 수는 2012년 기준 758개로 조사되고 있다. 하루에 2개 이상이 개최되고 있는 셈이다.

1950년대 이전에 7건이었던 축제는 1950년대 10건, 1960년대에 33건, 1970년대에 39건 등 완만하게 등장하다가 1980년대에는 123건, 1990년대는 301건이 새로이 등장하여 폭발적으로 증대되었다. 이러한 결과는 지방자치제 실시 이후 자치단체가 지역축제를 통하여 지역관광을 활성화함으로써 지역경제에 도움을 주고 지역주민의 화합을 도모하고자 하는 차원에서 앞 다투어 크고 작은 축제를 남발함으로써 파생된 것이다. 문화관광축제란 용어는 1995년 정부가 문화관광상품 개발의 측면에서 지역축제를 정책적으로 육성하기 위하여 처음으로 사용하였다.

문화관광축제의 문제점 우후죽순처럼 등장한 많은 축제는 지역 특색이 없는 백화점식 또는 판박이식 행사구성과 문화가 실종된 상업적이고 오락적인 축제가 주류를 이루고 있으며, 단순히 지역주민의 단합대회나 상인들만의 장사 축제로 끝나는 등 축제 본래의 의미와 취지를 상실하여 지역주민은 물론, 외지관광객이 외면하고 있는 실정이다. 또한 관광상품화에 대한 아이디어 부족, 기획・운영상의 경험 부족과 미숙 등으로 대부분 본래의 취지를 살리지 못하고 있는 것으로 지적되고 있다.

그리고 축제장의 가장 큰 매력적인 요소 중의 하나는 먹거리인데, 전국 어디서나 맛볼 수 있는 음식이 즐비하고 바가지요금이 종종 문제점으로 제기되고 있는 실정이다.

축제 먹거리 바가지요금

2023년 5월에 열렸던 경북 영양군 '영양 산나물축제' 기간 내 한 상인이 옛날과자 1.5kg짜리 1봉지를 7만원에 판매하는 장면이 지상파 예능 프로그램에 담기면서 바가지요금 논란이 터졌다. 비난 여론이 커지자 옛날과자 판매 상인은 영양군 홈페이지 자유게시판에 "코로나로 먹고 살기 어려워 과자 단가를 높게 책정했다"고 사과했다. 영양군도 홈페이지에 대국민 사과문을 올렸다. "국민 여러분께 심려를 끼쳐 드린 데 대해 진심으로 사과 말씀을 드린다"고 썼다.

바가지요금은 영양군만의 문제가 아니다. 앞서 4월에 열렸던 전남 함평군 '함평 나비대축제'장에선 어묵 한 그릇을 1만원에, 통돼지 바비큐를 4만원에 판매한 게 문제 됐다. 함평군 역시 "바가지요금 피해를 본 관광객 여러분께 사과드린다"며 고개를 숙여야 했다.

8) 문화관광축제의 개선방안

종합축제의 성격을 탈피하라 우리나라의 많은 축제는 전통문화 · 예술 · 체육 · 연예 · 오락 등의 다양한 프로그램이 한 축제의 공간에서 펼쳐지고 있다. 즉 전국 어디에서나 볼 수 있는 유사한 천편일률적인 프로그램으로 운영되고 있다. 즉 축제의 소재와 이름만 다를 뿐 학교 학예회 수준과 내용, 취미생활 및 동아리 차원의 수준과 내용, 노래 및 장기자랑, 가수 초청공연, ○○아가씨 선발대회, 농악, 체육대회 등 종류별로 나열된 종합축제의 성격을 지니고 있다.

이와 같이 비창의적이고 특색도 없이 단순히 나열된 축제를 일명 '백화점식 축제,' '종합선물세트식 축제'라고 표현한다.

지역의 고유성을 지켜라 앞에서 언급하였듯이 전국의 많은 축제는 주제만 다르고 실제 내용은 유사하다는 비판을 받고 있다. 비창의적이고 특색도 없는 종합축제의 성격을 탈피하기 위해서는 지역의 고유성을 반영한 프로그램으로 진행되어야 한다. 축제방문객은 그 지역에서만 느낄 수 있는 특화된 상품을 원한다. 프로그램 하나하나에 그 지역의 역사 · 전통 · 문화 · 삶 · 자연 · 환경 · 특산품 등이 표현되어 방문객에게 호기심을 자극하거나 색다름과 매력을 줄 수 있어야 한다.

축제가 고유성을 지니고 있을 때 생명력이 길어지고, 타 축제와 차별화하는 최고의 수단으로 작용한다. 따라서 "가장 지역적인 것이 가장 세계적이다"라는 축제 마인드가 요구된다.

주제에 따른 프로그램의 일관성을 유지하라 축제의 주제는 그 축제가 지향하고자 하는 콘셉트의 결과이다. 콘셉트(concept)는 축제의 색깔을 나타내며, 주최자 및 지역의 철학을 담고 있다고 할 수 있다. 따라서 축제의 프로그램은 그 축제가 지향하는 주제와 일관되게 부합할 수 있는 것으로 기획되어야 한다. 예를 들어 브라질의 '리우 카니발'이나 일본의 '삿포로 눈축제' 등은 '삼바춤'과 '눈'이라는 주제에 걸맞은 프로그램들로 구성해 대중적인 매력지수를 높인 대표적 사례라고 할 수 있다. 즉 주제와 무관한 프로그램은 방문객이 외면한다는 것이다.

국내의 경우 지역의 전통문화와 계승이라는 주제를 가진 축제에서 타 국적의 서커스공연이나 스포츠댄스 및 건강달리기 등과 같은 프로그램을 자주 볼 수 있는데, 주제와 부합되지 않는다고 할 수 있다. 특히 각종 체육행사가 축제 프로그램에 자주 등장하는 것을 볼 수 있는데, 가급적 줄이든지 아니면 주제의 특성에 맞게 개발하는 것이 필요하다. 예를 들면, 해운대 모래축제에서 모래를 이용한 비치발리볼이나 모래 골프 장타대회 및 벙커 샷 등을 들 수 있다.

참여 및 체험 프로그램을 개발하라 과거의 축제 프로그램이 공연위주의 참관형이었다면 최근의 축제방문객들은 체험을 중요시하고 있다는 점에서 체험형 프로그램의 개발이 요구된다. 대부분의 성공적인 축제는 다양한 체험 프로그램으로서 방문객을 만족시키고 있다. 축제는 현장체험 학습의 장, 평생교육 학습의 장, 사회성 학습의 장을 제공한다는 점에서 더욱 체험 프로그램이 필요하다.

특히 지역민과 방문객이 함께하는 참여 및 체험 프로그램은 공동체 의식을 느낄 수 있을 뿐만 아니라 방문객의 체류를 연장한다는 점에서 성공축제로서의 지향점이라고 할 수 있다. 세계적으로 유명한 축제는 지역주민과 방문객이 참여할 수 있는 프로그램이 많고, 방문객이 공감하거나 감흥을 느낄 수 있는 프로그램이 많다는 것이 특징이다.

지역사회의 지원과 자발적 참여를 유도하라 지역축제는 그 지역주민들이 축제를 준비하고 참여하는 과정에서 지역공동체 의식을 갖게 하는 등 화합을 도모할 수 있는 매개체가 된다. 즉 축제를 통하여 서로간의 유대를 강화할 뿐만 아니라 지역에 대한 귀속감과 상호 공감대를 형성하여 지역주민들이 축제를 통해서 일체감을 이룰 수 있다는 것이다.

지역의 전통과 고유성은 지역주민에 의하여 유지되는 것이다. 특히 자원봉사자의 참여는 절대적이라고 할 수 있으며, 지역민을 참여시켜 지역의식을 불러일으켜 그 에너지를 활용해야 한다.

외국인관광객 수용 및 국제화를 도모하라 우리나라의 축제도 국내라는 한계를 벗어나 세계시민이 함께하는 국제화된 축제를 개발할 필요성이 있다. 이를 위해서는 외국인관광객 수용시설 등의 인프라 구축과 프로그램의 국제화가 요구된다. 예를 들어 보령 머드축제의 경우 축제의 국제화를 통하여 2007년에 7만명(2006년 4만 5,000명)의 외국인을 비롯해 총 217만 명의 관광객이 다녀갔다. 국내 축제 중 외국인이 가장 많이 참여하는 축제로 유명하며, 지역경제 파급효과는 지난해 무려 530억원(2006년 433억원)에 이르는 것으로 조사되었다.

토속음식 판매와 바가지요금을 지양하라 축제 현장의 먹거리 바가지요금은 대부분 행사 주최 측인 자치단체에서 각종 축제를 열면서 지역의 토속음식을 권장하는 것이 아니라, 전국의 잡상인을 불러들여 일정액의 자릿세를 받음으로써 발생하는 구조적 문제라고 할 수 있다. 이에 지자체에서도 근절대책을 강구하고 있는데, 예를 들어 강원도의 경우 축제 바가지요금 근절을 위해 비싸게 받으면 보증금 안 돌려주는 등 바가지요금과 전쟁에 나섰고, 도내 111개 모든 축제에 적용하기로 했다. 뿐만 아니라 메뉴 사진, 중량 등을 홈페이지에 공개하기로 했으며, 축제장 내에 물가 종합상황실과 바가지 신고센터를 운영해 최소 2~4시간 단위로 요금을 공개할 계획이라고 한다

9) 문화관광축제의 지정기준

문화관광축제의 지정은 문화체육관광부장관이 정하는데, 그 기준은 다음과 같다.

- 축제의 특성 및 콘텐츠
- 축제의 운영능력
- 관광객 유치 효과 및 경제적 파급효과

04 세계 각국의 유명축제

1) 세계 3대축제

브라질의 리우 카니발 리우 카니발은 매년 부활절을 7주 앞두고 열리는 축제로서 폭발적인 열기와 진행방식의 다채로움 때문에 브라질인뿐만 아니라 세계인의 관심과 흥분을 이끌어내는, 이른바 세계 최고의 축제이다. 카니발 기간 중 수많은 이들이 목숨을 잃을 정도로 향연이 가져다주는 황홀함 만큼이나 광기와 무질서가 난무해도 카니발은 계속되고 있다.

카니발이 열리면 브라질은 멈추어 버린다. 토요일부터 화요일까지 나흘간 지구 남반구 여름의 절정에서 브라질은 노래하고 춤을 춘다. 댄스홀 · 클럽 · 거리 · 해변에서 사람과 음악이 있는 곳이라면 어디에서나 노래와 춤이 있다. 음악은 300개 이상의 삼바학교소속 드럼팀과 호른 타악기 밴드 및 캔과 병을 두드리는 거리의 즉흥밴드가 담당하고 의상은 개인의 자유로운 선택에 맡긴다. 거리에 물감을 흩뿌려 놓은 듯 광대 · 해적 · 족장 · 인디오 혹은 평복의 복장이 넘실대고, 종종 남자가 여자로 감

브라질 리우 카니발 모습

쪽같이 분장하기도 한다. 의상은 카니발의 매우 중요한 소재이다. 즉 상상을 그대로 옮겨놓거나 상상을 넘나드는 복장의 자유분방함에서 카니발의 자유가 시현되는 것이다. 치렁치렁 장식이 화려한 복장의 여성 옆에 누드의 여성, 짧은 비키니를 입은 여성, 바디페인트 여성이 보인다. 즐거움과 기쁨을 줄 수 있다면 모든 것이 허용되는 쾌락의 축제이다.

일본 삿포로의 눈축제 일본 삿포로의 눈축제는 1950년에 본 고장의 중・고교생이 6개의 눈조각을 오도리공원에 설치한 것을 계기로 시작되었다. 눈싸움・눈조각전・카니발 등을 합쳐서 개최되었는데, 5만명 이상의 인파가 몰려 예상을 뛰어넘는 인기를 얻었으며, 그 후 삿포로의 겨울행사로서 정착하게 되었다.

1959년 제10회 축제 때는 눈조각상 제작에 2,500명이 동원되어 처음으로 TV・신문에 소개되고, 이듬해부터는 혼슈의 관광객이 몰려 대성황을 이루었으며, 삿포로의 눈축제는 일본 전국의 눈축제로 발전하게 되었다. 특히 1972년에는 동계올림픽이 삿포로에서 개최되어 눈축제를 세계에 알릴 수 있는 계기가 되었다. 1974년 오일쇼크로 눈축제는 시련을 맞이하기도 했는데, 눈을 운반하는 트럭의 오일을 입수하지 못해 눈조각상 안에 드럼통을 넣는 등으로 해서 극복하였다. 이 해부터 국제 눈조각 콩쿠르가 시작되어 국제적인 이벤트로 발전하였다.

일본 삿포로의 눈축제 모습

매년 2월 첫째 주에 열리는 삿포로의 눈축제는 삿포로시가 주관하는 행사로서 5m를 넘는 홋카이도의 많은 적설량을 이용해 300여 기의 설상과 빙상을 만들어 전시하는 행사이다. 제작기간 1개월에 참여인원만도 1천 7백여 명에 이르는 대형 행사로서 5톤 트럭 1천대 분의 눈이 사용되며, 평균 200만 명이 넘는 관광객이 관람하여, 눈축제 중에서는 세계 최고의 규모를 자랑한다.

독일 뮌헨의 옥토버페스트 해마다 9월 셋째주 토요일부터 10월 초까지 열리는 옥토버페스트(Oktoberfest)는 '10월의 축제'라는 뜻을 가지고 있으며, 그 기원은 1810년 바이에른 황태자 루트비히와 작센의 테레사 공주와의 결혼식을 축복했던 축하행사에서 비롯되었다. 이후 매년 민속의상을 입은 퍼레이드와 기사들의 경마대회를 재현하고 있으며, 맥주회사들은 축제기간 중에 5,000명을 한 번에 수용할 수 있는 거대한 비어텐트를 설치하여 관람객에게 맥주를 제공하고 있다. 세계 최대의 맥주축제로 자리 잡은 옥토버페스트는 매년 7백만 명이 참여해 약 5백만 리터의 맥주를 마시고 20만 개의 소시지를 소비하고 있다.

독일 옥토버페스트 모습

2) 기타 유명축제

스페인의 토마토축제 이 축제는 1944년 토마토값 폭락에 분노한 농부들이 시의원들에게 분풀이로 토마토를 던진 것에서 유래되었다. 토마토전쟁이 벌어지면 마을은 온통 사람이고 건물이고 토마토 범벅이 된다. 시청에서는 축제에 사용할 토마토를 여러 지역에서 구입하게 되는데, 그 양이 12만kg이나 된다고 한다.

이 전쟁을 위해선 꼭 필요한 준비물이 있는데, 바로 물안경과 낡은 옷이다. 산이 가득한 토마토 파편이 눈에 들어갔을 경우 피눈물(?)을 피하려면 반드시 물안경이나 스키용 고글을 착용해야 한다. 그리고 빨아도 지워지지 않는 토마토 물에서 마음껏 즐길 수 있는 낡은 옷도 필요하다. 하지만 절대 카메라는 가져가지 않는 것이 좋다. 토마토 폭탄의 집중표적이 되는 것이 바로 카메라이기 때문이다.

축제를 시작하려면 가장 먼저 광장 중앙에 기름을 바른 큰 기둥 꼭대기에 매달린 햄을 누군가가 따야만 한다. 결코 쉽지 않은데 관광객들은 모두 혼연일체가 되어 인간탑을 쌓기도 한다. 누군가가 햄 따기에 성공하면 폭죽이 터지며, 사람들은 모두 "토

토마토축제의 모습

마토, 토마토"를 외치면서 토마토 트럭을 기다린다. 드디어 트럭이 등장하면 2시간의 즐거운 충격이 시작된다.

잘 익은 토마토는 전쟁터의 총알처럼 정신없이 여기저기서 날아 오고 사람들은 모두 자신들의 모든 스트레스와 고민들을 집어던진다. 던져도 웃고 맞아도 웃고 여기저기서 들려오는 통쾌한 비명소리가 난무하면 어느새 브뇰의 작은 마을은 토마토 케첩 속에 푹 잠겨 버린다. 그곳에 있는 어떤 누구도 토마토 세례를 피할 수 없고 빠져나올 수도 없다. 그저 끝나기만을 기다릴 수밖에 없다.

2시간이 지나면 이 즐거운 전쟁의 끝을 알리는 폭죽이 터지게 되고, 그 이후에는 아무도 토마토를 던져서는 안 된다. 규칙을 어기면 벌금을 물어야 한다. 이 축제의 또 하나의 볼거리는 축제 후의 거리청소인데, 이는 마치 마술과도 같다. 마을의 청소차와 주민들의 능숙한 토마토 파편제거 솜씨는 모든 것을 빠르게 원상태로 돌려놓는다. 관광객들이 샤워를 하고 잠시 휴식을 취하는 몇 시간 만에 광장과 거리는 어느새 처음의 그 모습으로 재연되어 있다. 얼마 전에 마을 전체를 뒤덮고 있던 토마토의 잔재는 하나도 남아 있지 않다.

프랑스 니스 카니발 니스 카니발은 니스의 축제를 사랑하는 모든 이들에게 항상 신비롭고 친근하게 다가오는 큰 축제이며, 매년 2월 중순이면 각기 다른 주제로 15일 간에 걸쳐 열린다. 갖가지 꽃들로 장식된 꽃마차의 행렬과 다양한 가장 행렬을 비롯하여 총 7개의 대형 쇼가 주된 내용이며, 마지막 날 낮에는 'Grand Parade'가 진행되는데, 바로 여기서 모든 참가자들이 함께 모이는 거대한 꽃마차 행렬이 약 2.5km에 걸쳐 진행된다. 밤이 되면 전통에 따라 가장행렬 속의 왕이 마지막으로 행렬을 끝낸 후 바다에서 행해지는 모의 화형식을 거행하게 되고, 불꽃놀이가 성대하게 펼쳐짐으로써 이 축제의 마지막을 장식하게 된다.

축제가 진행되는 동안 재미를 한층 더해주는 것 중 하나는 무엇보다도 거리 가득 쏟아져 내리는 여러 가지 색종이 조각들이다. 원래 이 색종이 조각들의 유래는 설탕이 입혀진 각종 씨앗이었다고 한다. 이는 19세기 초반부터 쓰이기 시작했는데, 그 후 많은 카니발의 변천을 통해 오늘날의 색종이 조각으로 정착된 것이다.

프랑스 니스 카니발

프랑스 망통 레몬축제 1934년에 창안된 망통 레몬축제는 매년 동화 속 만화의 주인공을 주제로 선정하여 수많은 귤과 레몬들로 이루어진 거대한 행렬이 다채롭게 펼쳐지는 것이 장관이다. 레몬축제의 행렬이 준비되기까지는 각 방면의 많은 사람들의 참여가 필요하다. 오렌지 및 레몬 재배자를 비롯하여 정원사・화가・금속가공업자 등 다양한 업종에 종사하는 사람들이 참여하고 자그마치 500,000개의 고무줄과 130톤에 달하는 오렌지와 레몬이 이 축제에 소요된다고 한다. 망통은 지중해 연안에 위치한 휴양도시이며, 레몬의 주요산지이다.

프랑스 망통 레몬축제

프랑스 아비뇽 연극 페스티발 7월 중순부터 8월 중순까지 약 한 달 동안은 아비뇽이 관광지나 유적지로서가 아닌 이유로 전 세계에 명성을 떨치는 기간이다. 이유는 바로 프랑스에서 가장 큰 축제인 아비뇽 연극 페스티발 때문이다. 이 기간 동안에는 우리나라는 물론이며, 전 세계에서 모여든 극단이나 예술인들이 아비뇽 시민극장 외에도 도시 어느 곳에서나 매시간 쉬지 않고 축제라는 이름하에 각종의 다양한 공연이 펼쳐진다.

'오프'(Off) 페스티벌은 노천극장에서 행해지며, 민속음악에서 재즈에 이르기까지 모든 종류의 음악들이 선보인다. 세계 각국에서 모여든 연극을 비롯한 음악과 무대장식 미술 등 모든 예술인과 방문객들로 도시 전체가 술렁거린다. 매일 한편 이상씩을 관람한다 하더라도 행사기간 중 공연되는 모든 작품을 다 보지 못할 정도로 행사가 크고 다양하다.

'온'(On) 공연은 일류 극단의 무대로 당일 티켓을 구하기 힘들지만 실험극단의 표는 당일 구할 수 있으며, 상영 1시간 전 정도부터 줄을 서면 구한다. 공통 티켓도 있는데, 3개 이상 보면 이득이다.

이탈리아 베니스 카니발 이탈리아 북동부 아드리아 해에 위치한 '물의 도시' 베니스는 170여 개의 운하와 400여 개의 다리가 115개의 섬들을 연결하여 하나의 도시를 이루고 있는 아름다운 곳으로, 매년 수십만 명의 외국인들이 찾아드는 세계적인 관광지이다. 베니스 카니발은 크리스마스가 끝난 12월 26일 경부터 시작되어 사순절이 시작되기 전날인 재의 수요일(Ash Wednesday)까지 계속된다.

열흘간 계속되는 베니스 카니발이 시작되면 수천 명의 군중들이 베니스의 중심지라 할 수 있는 산 마르코 광장으로 모여든다. 갖가지 모양의 가면을 쓰고 화려한 의상을 차려 입은 가장행렬들이 광장을 가득 메워 장관을 연출한다. 이들의 의상은 정교하게 만들어진 중세시대 귀족의 복장부터 다소 우스꽝스러운 초현대적인 것까지 아주 다양하며, 카니발이 끝나면 바로 다음해 복장을 준비할 만큼 큰 의미를 지닌다. 그리고 수백 명의 메이크업 아티스트들이 페스티발에 동참하기를 원하는 관광객들의 얼굴에 분

이탈리아 베니스 카니발의 가면

장을 해주기도 한다.

축제는 넓은 광장에서만 이루어지는 것이 아니다. 베니스의 상징이라고 할 수 있을 미로와 같은 골목골목마다 가장행렬은 계속되고, 젊은이들은 흥에 겨워 노래를 부르고 춤을 추며, 또한 갖가지 형태의 가면들을 제작하는 상점들은 거리의 관광객들을 유혹한다. 수많은 운하와 강 위에는 모든 곤돌라들이 등장하여 화려한 퍼레이드를 펼치기도 한다.

관광관련 자격시험 대비 연습문제 ·

1. 원주민 및 그들의 생활습관 · 예능 · 건축 · 복식 · 공예품 등의 문화적 이국정서를 주된 흥밋거리로 하는 관광활동의 형태를 무엇이라고 하는가?

① Sustainable Tourism ② Ethnic Tourism
③ Agriculture Tourism ④ Social Tourism

2. 관광의 문화적 영향 중 부정적인 요소가 아닌 것은?

① 문화의 상업화 ② 문화의 화석화
③ 문화의 종속화 ④ 문화의 관광자원화

3. 오늘날 관광객을 대상으로 한 바누아투의 랜드 다이빙은 문화의 어떤 경우에 해당하는가?

① 문화의 모형화 ② 문화의 화석화
③ 문화의 상업화 ④ 문화의 종속화

4. 우리나라 고대 국가의 동맹 · 영고 · 무천 등은 오늘날 무엇과 관련 있는가?

① 여행 ② 레크리에이션
③ 축제 ④ 스포츠

5. 축제의 경제적 효과가 아닌 것은?

① 축제수익의 지역환원 ② 대안관광상품
③ 전통문화의 보존과 계승 ④ 관광비수기 타개책

6. 문화관광축제의 개선방안이 아닌 것은?

① 종합축제 지향 ② 지역 고유성 유지
③ 프로그램의 일관성 ④ 외국인관광객의 수용

7. 다음 중 지역과 축제명이 잘못 연결된 것은?

① 춘천－마임축제 ② 양양－송이축제
③ 인제－빙어축제 ④ 김제－수평선축제

8. 다음 중 성격이 다른 축제 하나는?

① 함평 나비축제 ② 보령 머드축제
③ 한라산 눈꽃축제 ④ 안동 탈춤페스티발

9. 다음 중 지역과 축제명이 잘못 연결된 것은?

① 화천－산천어축제 ② 양양－송이축제
③ 강진－청자문화제 ④ 청도－닭싸움축제

10. 토마토축제로 유명한 나라는?

① 프랑스　　② 영국　　③ 이탈리아　　④ 스페인

11. 다음 중 프랑스의 축제가 아닌 것은?

① 니스 카니발　　② 베니스 카니발

③ 망통 레몬축제　　④ 아비뇽 연극축제

12. 다음 국가 도시의 축제 소재의 연결이 잘못된 것은?

① 프랑스 아비뇽 – 연극　　② 일본 삿포로 – 눈

③ 독일 뮌헨 – 와인　　④ 이탈리아 베니스 – 가면

13. 문화관광축제의 지정기준이 아닌 것은?

① 축제 방문객 수　　② 축제의 특성 및 콘텐츠

③ 축제의 운영능력　　④ 관광객 유치 효과 및 경제적 파급효과

참고문헌

김명자(1995), “지역축제의 방향을 위한 시론,” 비교민속학회, 12: 185-186.

김성혁 · 고호석 · 김순하(2000), “지역축제 관광객의 시장세분화와 선택속성에 관한 실증적 연구,” 관광학연구, 24(1): 259～280.

윤광봉(2000), 한국축제의 역사, 한국축제의 이론과 현장, 월인, 1～15.

이정학(2008), 축제이벤트, 대왕사.

한국관광공사(2004a), 지역축제(수용태세) 모니터링 결과 분석.

__________(2004b), 한류관광마케팅.

__________(2005), 한류마케팅 파급효과 분석 및 발전방향.

Bonink, C. & G. Richards(1992), *Cultural Tourism Development and Government Policy*, MA Dissertation, Rijksuniversiteit Utrecht.

Getz, Donald(1991), *Festival, Special Events, and Tourism*, New York: Van Nostrand

Reinhold.

___________(1997), *Event Management and Event Tourism*, New York: Cognzant Communication Corp.

___________(1998), "Event Tourism and the Authenticity Dilemma," *Global Tourism*, Butterworth-Heinemann, 410～427.

Holden, Andrew(2003), "In Need of New Environmental Ethnics for Tourism," *Annals of Tourism Research*, 30(1), 94～108.

Hudman, Lioyd E. & Donald E. Hawkins(1989), *Tourism in Contemporary Society: An Introductory Text*, New Jersey: Prentice-Hall.

Richards, G.(1996a), *Cultural Tourism in Europe*, CAB International.

__________(1996b), "Production and Consumption of European Cultural Tourism," *Annals of Tourism Research*, 23(2): 27～36.

chapter 6

관광과 환경

학습목표

1. 관광과 환경의 관계는 왜 중요한가?
2. 친환경적 관광개발을 어떻게 할 것인가?
3. 친환경적 관광의 유형에는 어떤 것들이 있는가?

관광기초

제1장 관광의 이해
제2장 관광발전사

관광주체

제3장 관광자 행동

관광매체

제8장 관광교통
제9장 관광숙박과 외식산업
제10장 여행업
제11장 테마파크와 리조트
제12장 카지노와 국제회의 산업

관광객체

제5장 관광과 문화
제6장 관광과 환경
제7장 관광자원과 개발

관광환경

제4장 관광의 경제적 · 사회적 영향
제13장 관광정책

01 관광과 환경의 개요

1) 관광과 환경의 관계

대량관광(mass tourism)은 자연환경 및 생활환경의 파괴를 가져왔는데, 관광과 관련하여 환경에 관심을 가지게 된 것은 1980년 유엔환경계획(UNEP)에 의하여 지속가능한 개발이라는 용어가 공식적으로 사용되면서부터이다. 1981년 세계관광기구는 관광개발로 인한 환경파괴를 초래하지 않도록 노력하고 자연환경보호와 관광자원개발의 대립관계를 해소하는 데 관심을 촉구하였으며, 이어 1982년에는 오염되지 않은 자연환경이 건전한 관광발전의 기초가 되므로 관광은 환경보호 및 보존을 최우선적으로 고려해야 한다고 하였고, 지나친 관광수요로 인하여 자연·문화·생활환경에 악영향을 미치지 않도록 주장하였다.

환경의 파괴원인으로는 급속한 경제의 발전, 여가시간의 증대, 관광의 대중화 등에 의한 관광수요의 증대에 따라 이를 수용하기 위하여 무분별한 관광개발, 관광산업의 거대화, 자연보호와 환경에 대한 인식부족 등을 들 수 있다. 이와 같은 환경의 파괴를 최소화하기 위해서는 관광과 환경의 문제를 지속가능한 관광이란 측면에서 접근할 필요성이 있다.

2) 환경파괴의 유형

환경파괴의 유형은 자연환경의 파괴와 생활환경의 파괴로 나눌 수 있는데, 구체적으로 설명하면 〈표 6-1〉과 같다.

표 6-1 환경파괴의 유형

구분		내용
자연환경 파괴	생태계파괴	관광객들의 동물밀렵행위와 야생동물의 섭취행위는 먹이사슬을 위협하고, 관광객이 버리고 가는 각종 쓰레기는 토질을 오염시키며, 관광객의 보행이나 자동차의 왕래는 식물군을 파괴시킬 수 있다.
	수질오염	관광객이 버리는 쓰레기나 관광객을 수용하는 시설에서 나오는 폐기물에 의하여 해안·호수·강이 오염되며, 관광객이 타고 다니는 선박에서 원유 등의 유출로 인하여 수질이 오염될 수 있다.
	대기오염	관광교통의 집중화로 인한 자동차에서 나오는 매연에 의하여 대기가 오염된다.
생활환경 파괴	교통혼잡	관광객이 타고 다니는 자동차나 버스에 의하여 도로·거리·주차장 등이 혼잡하여 지역주민의 입장에서는 불편할 수 있다.
	소음공해	술집과 음식점에서 흘러나오는 음악, 차량경음, 관광객들의 고성방가 등 관광지에서의 소음은 지역주민에게 불쾌감을 조성한다.
	건축물 공해	관광객 수용을 위한 무분별한 콘크리트 건축물의 건설은 주변의 환경과 부조화로 인하여 미관상 불쾌감을 초래하고, 지역 고유의 건축양식이 파괴될 수 있다.

3) 관광수용력

관광수용력(carrying capacity)이란 자원을 훼손시키지 않고, 관광객의 만족도 저하시키지 않으며, 지역의 사회·경제·문화적으로 악영향을 미치지 않는 범위 내에서 최대한 수용할 수 있는 한도를 말한다. 결국 관광수용력 관리는 물리적·환경적 요소와 방문자 체험 사이의 밸런스를 유지하기 위함이다. 이와 같은 관광수용력은 ① 생태학적 수용력, ② 물리적 수용력, ③ 사회적 수용력 등 3가지 차원에서 접근할 수 있다.

생태학적 수용력(Ecological Capacity) 생태학 분야에서 수용력이란 '방목학－개체군 성장 이론'에서 시작된 개념으로 생태계 또는 서식지가 회복 불가능한 상태로 훼손되지 않는 가운데 그 동식물이 생존 가능한 최대 개체군의 밀도를 의미한다. 즉 생태가 파괴되기 전까지 최대한 이용자의 수용능력을 말한다. 즉 일정수준 이상의 관광객이 입장하면 생태학적으로 악영향을 받는 것을 말하는데, 이를 위해서는 제한적 입장 또는 일정기간 자연 휴식년제를 검토할 필요성이 있다.

물리적 수용력(Physical Capacity) 지역에서 수용할 수 있는 이용자의 최소한의 수를 말한다. 즉 지역의 공간적 · 시설적 한계를 말하는 것으로, 예를 들면 도로 및 주차장의 수용능력, 시설이용 및 화장실 사용의 대기시간 증가 등을 말한다.

사회적 수용력(Social Capacity) 관광객이 일정수준 이상이 오게 되면 혼잡과 치안 및 쓰레기 등의 사회적 문제가 야기되는데, 이에 대한 한계수용력을 말한다.

4) 과잉관광(Over Tourism)

과잉관광의 개념 '과잉관광'(over tourism)이란 '지나친'이라는 의미를 갖는 'over'와 관광을 의미하는 'tourism'의 합성어로서, 수용력을 초과하는 관광객의 유입을 의미한다. 즉 관광지역이 수용할 수 있는 수준을 넘은 관광객의 유입으로 발생하는 다양한 부작용을 포함하는 개념으로서, 물리적 한계수용력을 초과한 현상을 의미하는 것이다. 과잉관광은 2012년 이후 스페인 바르셀로나 및 이탈리아 베니스 등 유럽의 유명 관광도시의 과도한 관광객 유치를 비판하기 위해 미디어를 중심으로 등장하게 되었다.

과잉관광의 문제 관광지에 적당한 관광객만 온다면 문제 될 게 없겠지만, 관광지가 너무나도 유명해서 관광객들이 너무 많이 몰려들게 되면 문제가 생긴다. 예를 들어, 너무 많은 관광객들로 인해 통행에 지장이 생기거나, 물가가 오르고 소음 피해가 발생하는 것은 물론, 일부 몰지각한 관광객들은 쓰레기를 함부로 버리거나 사유지에 무단침입하고 사생활을 침해하는 등의 문제를 초래한다. 유럽의 경우 관광객들을 노린 소매치기나 강도의 급증으로 현지인들까지 피해대상이 되는 건 덤이다.

각국의 유명 관광지에서는 교통혼잡이나 관광객의 무질서한 행동에 주민들의 불만이 고조되고 있다. 이에 이탈리아 베네치아는 호텔 신축을 금지하고, 페루는 마추픽추

방문객을 하루 2,500명으로 제한하는 등 유명 관광지에서 관광객을 억제하는 대책을 시행하고 있다. 즉 과잉관광은 베네치아, 페루, 스페인 바르셀로나 등 다른 나라만의 문제가 아니다. 우리나라에서도 과잉관광으로 인하여 제주도, 전남 여수, 서울 종로구 북촌 등 여러 도시에서도 심한 주민 갈등을 일으키고 있는 실정이다.

과잉관광의 문제에 대하여 환경적 · 경제적 측면, 사회문화적 측면으로 나누어 정리하면 〈표 6-2〉와 같다.

표 6-2 과잉관광의 문제

구분	내용
환경적 측면	• 환경오염 및 생태계 파괴 • 교통체증 및 주차 문제로 인한 지역 환경의 훼손 • 소음 및 빛 공해 • 생활환경의 저하로 인한 삶의 질 저하
경제적 측면	• 지역주민 중심의 경제에서 관광객 중심의 경제로 변화 • 물가상승 및 상권의 변화 • 부동산 투기 및 임대료 상승 • 방범 · 소방 · 교통관련 시설 확충 등 사회적 비용 발생
사회 · 문화적 측면	• 관광객과의 교류가 일상화되면서 지역정체성의 변화 • 사생활 침해 및 주민공동체의 붕괴 • 상업문화 및 소비문화 침투 • 문화의 상업화 및 전통적 가치 및 규범의 상실 • 소매치기나 강도 등의 치안문제 발생

자료: 한국문화관광연구원, 2018에서 저자 일부 수정 및 보완.

과잉관광의 단계 관광지역은 시간의 흐름에 따라 관광객의 증가가 변화하는 수명주기를 가지며, 이때 단계별로 서로 다른 유형의 관광객이 방문하게 되고 지역주민들은 이러한 단계별 변화에 대해 상이한 감정을 갖게 된다(한국문화관광연구원, 2018).

즉 관광수명주기에 따라 관광지의 주민분노지수가 단계적으로 나타나는데, 초기 단계인 탐색 - 참여 - 발전 단계에서는 환영하다가 수명주기가 강화 단계에 이르면 지역주민은 많은 관광객과 관광시설로 인해 상대적 박탈감이나 활동의 제약을 받고 있다는 인식하게 되어 무관심을 보인다. 정체 단계에서는 관광객의 수가 최고조에 이르게

그림 6-1 과잉관광의 단계

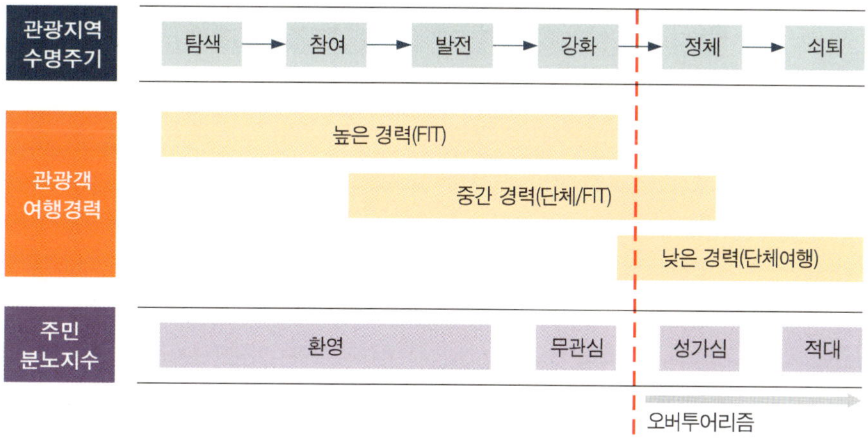

자료: 한국문화관광연구원, 2018.

되어 수용능력 초과로 인한 사회·경제·환경적인 문제가 발생하여 주민분노지수는 성가심으로 나타난다. 쇠퇴 단계에 이르면 관광객들에게는 더 이상 매력이 없는 지역으로 인식하고, 주민분노지수는 적대심으로 나타난다. 여기서 과잉관광(over tourism)은 정체 및 쇠퇴 단계에서 주민분노가 성가심과 적대심을 보여주는 단계라고 할 수 있다.

오버투어리즘 극복 오버투어리즘을 극복할 방법은 단순하다. 입장료를 받거나 예약제 운영을 하는 것이다. 관광지 입장료의 성공사례로 미국 캘리포니아의 페블 비치를 들 수 있는데, 17마일의 아름다운 도로로 드라이브하려는 운전자는 10달러의 입장료를 내야 하고, 그 재원으로 비치 도로의 아름다움을 가꾼다. 또한 사이판의 마나가하섬의 경우 입도세를 받는데, 자연환경 훼손을 복원시키는 비용이다. 과잉관광에 대하여 세계 주요국의 대응사례를 살펴보면 〈표 6-3〉과 같다.

표 6-3 세계 주요국(도시 및 관광지)의 과잉관광 대응방안

유형	국가 (도시 또는 관광지)	대응방안
도시	한국(제주도)	• 우도 렌터카 및 전세버스 출입금지 • 환경보전기금(관광세) 부과 및 입장료 부과
	이탈리아(베니스)	• 도시 일일입장 관광객 수 조절 • 차량 입차 및 대형 크루즈 입항 금지 • 역사지구 호텔 신축 금지
	스페인(바르셀로나)	• 공유숙박 관리 강화 및 신규호텔 라이선스 중단 • 주요 관광지 입장시간 규제 및 단체관광 금지
	네덜란드(암스테르담)	• 주요 관광지 외곽에 실시간 정보제공 안내판 설치 등을 관광객 분산 유도
	페루(마추비추)	• 관광총량제 도입을 통한 입장객 수 제한 • 현지 가이드 동행 의무제
관광명소	사이판(마나가하섬)	• 입도세를 징수하여 자연환경 훼손을 복원시키는 비용으로 충당
	한국 (국립공원관리공단)	• 입산시간 지정제 및 탐방 예약제 실시 • 그린 포인트를 활용한 쓰레기 관리
정주형 마을	한국(북촌한옥마을)	• 관광 허용시간 도입 • 관광버스 주정차 단속 강화

자료: 한국문화관광연구원, 2018에서 저자 일부 수정.

02 친환경적 관광개발

1) 친환경적 관광개발의 필요성

오늘날의 관광개발에 대한 이슈는 환경문제이다. 이러한 환경문제를 해결하고자 국가 간 또는 국제기구에서 여러 가지 선언과 대안을 제시하고 있다. 1992년 리오데자네이로에서 개최된 유엔환경개발회의(UNCED)의 지구정상회담에서 지구헌장에 환경과 개발에 관한 '리우선언'을 채택하여 지속가능한 원칙을 따르도록 하였으며, 1994

년 지구환경회의에서 이 선언을 구체적으로 발전시켰다. 주요내용으로는 생태계의 보존, 생물학적 다양성의 보존, 세대 내는 물론 세대 간의 형평성 고려, 환경적 · 사회적 · 경제적인 문제의 통합 등을 들고 있다.

2007년 10월 '제2차 기후변화와 관광에 관한 국제 컨퍼런스'에서 발표된 UNWTO(세계관광기구), UNEP(유엔환경프로그램), WMO(세계기상기구)의 공동연구에 의하면 2005년 전 세계 CO_2 배출량의 약 40%는 항공기 이용에 따른 것이었으며, 그 다음으로 차량이용(32%), 숙박시설이용(21%), 여행활동(4%) 순으로 나타났다. 각 산업계 전반의 기후변화 완화노력과 함께, 일반관광객들도 보다 효율적인 비행경로 이용, 교통수단 대체(선박 · 철도), 여행 중의 에너지 절약을 통한 CO_2 절감노력이 요구되고 있는 실정이다.

2) 친환경적 관광개발의 개념

환경파괴를 초래하는 대량관광(mass tourism)을 극복하고자 1990년대부터 친환경적 관광개발에 대한 관심이 대두되었는데, 그 개념이 대안관광(alternative tourism) 또는 지속가능한 관광(sustainable tourism)개발이다. 대안관광 및 지속가능한 관광의 개발은 관광의 부정적인 비판에 대하여 대응하기 위하여 창조되었다. 즉 대안관광 및 지속가능한 관광은 관광의 대중화에 따라 관광지에서 파생되는 자연 · 경관 · 문화재 등의 파괴, 소음, 교통체증 등의 폐해를 가능한 최소화 하면서 관광의 경제적 효과를 그 지역에 미치게 함으로써 관광객도 만족할 수 있는 관광의 형태이다.

대안관광 및 지속가능한 관광의 구체적인 형태로는 녹색관광(green tourism), 생태관광(ecotourism)과 농촌관광(rural tourism, agricultural tourism) 등을 들 수 있다. 이와 같은 관광형태는 미래관광의 키워드라고 할 수 있다.

3) 친환경적 관광개발의 방향

관광자원의 보호 · 보존 · 보전 관광개발에 있어서 선행조건은 최대한 관광자원을 보호 · 보존 · 보전하는 일이다. 보호(protection)란 관광자원이 더 이상 훼손되지 않도록 막는 것을 말하고, 보존(preservation)이란 관광자원을 보호하고 유지하는 것을 말하며, 보전(conservation)이란 관광자원을 보호하고 유지하여 후세까지 남아 있도록 하기 위함이다.

즉 훼손된 문화재는 더 이상 훼손되지 않도록 보호해야 하고, 방치된 문화재는 복원을 통해서 유지할 수 있도록 해야 하며, 이를 통해서 현재의 관광자원을 후세에까지 잘 보전해 줄 의무가 있는 것이다.

조화와 공평한 개발 관광개발은 지역의 특색을 살리되 지역사회의 사회문화적 · 생태학적 그리고 환경과의 조화가 필요하며, 관광개발로 얻어지는 경제적인 혜택은 모든 관계자에게 균등히 배분될 수 있도록 해야 한다. 관광개발로 인하여 지역사회가 종종 갈등을 빚는 경우가 있다.

관광객의 인식제고 관광개발은 관광개발자의 몫만은 아니다. 관광객은 보다 성숙된 관광활동을 통해서 관광지를 보호하고 보존할 의무가 있다. 즉 관광객은 관광을 누릴 자유만 있는 것이 아니라 환경을 보호하고, 방문지에서 그 지역주민의 생활양식과 가치관을 존중해야 할 의무도 있는 것이다. 북미 국립공원을 포함한 많은 자연관광 지역에는 "사진 이외는 아무것도 가져가지 말고, 발자국 이외에는 아무것도 남기지 말라"(Take nothing but photographs, leave nothing but footprints)라는 표지판이 붙어 있는데, 환경보호와 관련하여 시사하는 바가 크다.

4) 친환경 관광의 유형

지속가능한 관광

지속가능한 관광의 개념 지속가능한 관광이란 환경과 관광개발은 서로 상반되는 것이 아니라 상호 의존적인 것으로 파악하여 환경을 보전함으로써 먼 장래에까지 지속가능한 관광을 실현시킬 수 있다고 하는 개념이다. 지속가능한 관광개발의 방법으로는 ① 관광객 수의 제한(대량관광의 지양), ② 관광개발은 가능한 눈에 보이지 않게(친환경적 개발 또는 주변과 조화), ③ 소음・매연 등의 방지, ④ 박물관화의 방지 등을 들 수 있다.

구체적인 예를 들면 관광목적지로부터 먼 곳에 주차장을 설치하여 관광객이 몰고 온 차를 주자시켜 관광목적지 내에 소음과 매연, 그리고 교통혼잡 및 사고 등을 예방하고, 주차장에서 관광목적지까지의 이동은 전기자동차 또는 버스, 자전거, 마차 등을 이용하게 하며, 관광목적지 내에서의 건축물은 주변환경과 조화로운 3층 이내로 건설하는 것 등을 들 수 있다. 또한 관광목적지 내에서는 가능한 태양열을 사용하고, 친환경적 농수산물을 제공하며, 관광기념품은 전통 수공예품을 판매하는 것을 들 수 있다.

지속가능한 관광개발의 모델 지속가능한 관광개발은 지역사회의 생활의 질 향상, 관광객에게 양질의 관광경험 제공, 그리고 지역사회와 관광객을 위한 양질의 환경 유지를 목적으로 한다. 지속가능한 관광개발의 이해관계자는 관광객, 환경보호론자, 지역주민과 지역대표자, 관광사업자 등으로 구성되며, 특히 지역주민은 관광계획 및 개발, 관광경영과 관련된 의사결정에 관심을 갖고 있으므로 지역주민의 참여는 다양한 방법으로 장려되어야 한다.

그림 6-2 지속가능한 관광개발의 모델

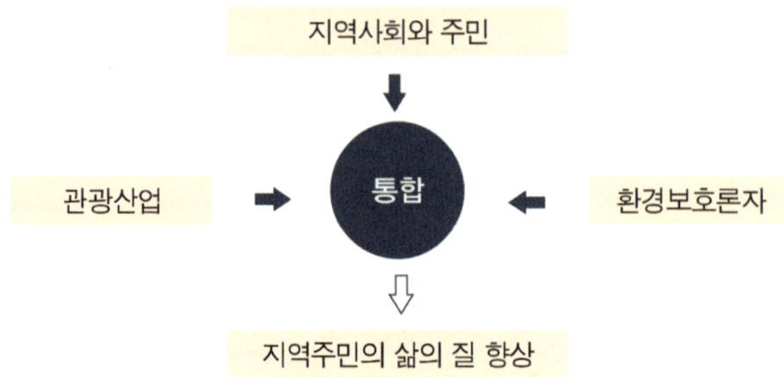

자료: 한국관광공사, 1997: 9에서 저자 수정.

지속가능한 관광개발의 원리 지속가능한 관광개발을 위해서는 다음과 같은 원리가 적용되어야 한다.

- 자연환경은 당대의 것만이 아니라 미래의 세대가 공유할 수 있어야 한다.
- 관광활동과 개발은 지역의 규모와 특성 등을 고려해야 한다.
- 개발에 따른 편익은 방문자와 지역사회 간에 조화를 이루어야 한다.
- 환경의 자산가치 측정과 수용능력에 대해서 연구가 있어야 한다.
- 지속가능한 개발에 필요한 법적・제도적 장치가 뒷받침되어야 한다.

생태관광 생태관광이란 생태(ecology)와 관광(tourism)의 합성어로서 자연보전을 위한 활동을 주목적으로 하며, 관광객에게 환경보전의 학습기회를 제공하고 관광으로 인한 수익은 지역의 생태계 보전이나 지역주민에게 되돌아가는 관광의 한 형태를 말한다. 이와 같은 생태관광은 대량관광에 대한 환경파괴의 대안관광으로 지속가능한 관광을 실현할 수 있는 최적의 대안으로 간주되고 있다.

버클리(Buckley, 1994)는 생태관광을 엄밀하게 정의하고 있는데, 자연을 기반으로 하는 관광(natural-based tourism), 지속가능하게 운영되는 관광(sustainably-run tourism), 보전을 지지하는 관광(conservation-supporting tourism), 환경인식을 제고하는 관광(environmentally-aware tourism)의 공통분모를 생태관광이라 정의하였다.

한때 오염에 죽었던 울산 태화강이 생태하천으로 변모하여 연어가 회귀하고 있다. 생태관광자원으로서 모델을 보여주고 있는데, 11월부터 12월 중순까지 연어회귀의 모습을 볼 수 있으며, 일반인의 채취는 금지되어 있다. 태화강 중류지점에 망을 쳐 연어를 채취한 다음 연구소에 보내어 안전하게 산란시키고, 그 치어를 다시 방류하여 지속적인 연어의 회귀를 도모하고 있다.

생태관광은 관광활동 내에서 전문적인 틈새시장으로서 여기에는 자연적 · 사회적 및 지역사회 가치와 일치하며, 진정한 자연환경에서 문화 및 환경적 상호작용을 촉진하는 관광형태(녹색관광 · 자연기반관광 · 농촌관광)라 할 수 있으며, 구체적으로는 첫째, 상대적으로 교란이 없는 자연지역으로의 환경에 책임을 묻는 여행 둘째, 자연을 즐기고, 공부하고, 감사하는 여행 셋째, 환경을 보존하고 촉진하는 여행 넷째, 지속가능한 발전과 자연환경의 결합하는 여행 다섯째, 생태적으로 민감한 지역에서 자연자산과 자원을 사용하여 해당 지역에 미치는 영향을 최소화하면서 독특한 방문경험을 창출하는 것이라고 할 수 있다(Dorobantu Maria Roxana, 2012).

국내에서 생태관광에 대한 관심을 가지게 된 것은 2008년 문화체육관광부와 환경부가 공동으로 '생태관광 활성화 방안'을 수립하는 것에서 시작된다. 이후 환경부에서는 2013년부터 환경적으로 보전가치가 있고 생태자원을 체험할 수 있는 지역을 '생태관광지역'으로 지정하고 있다. 현재 총 29개 생태관광지역이 지정 · 운영되고 있다.

그림 6-3 **생태관광의 틀**

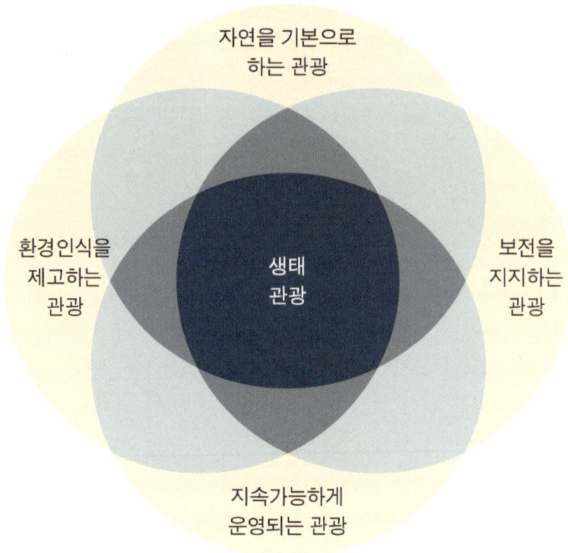

자료: R. Buckley, 1994; 환경부, 2009 재인용.

그림 6-4 **생태관광의 모델**

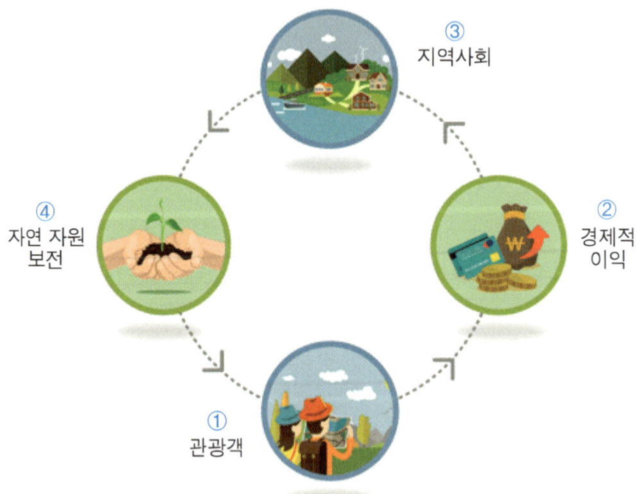

자료: 환경부.

그림 6-5 전국 생태관광지역 현황

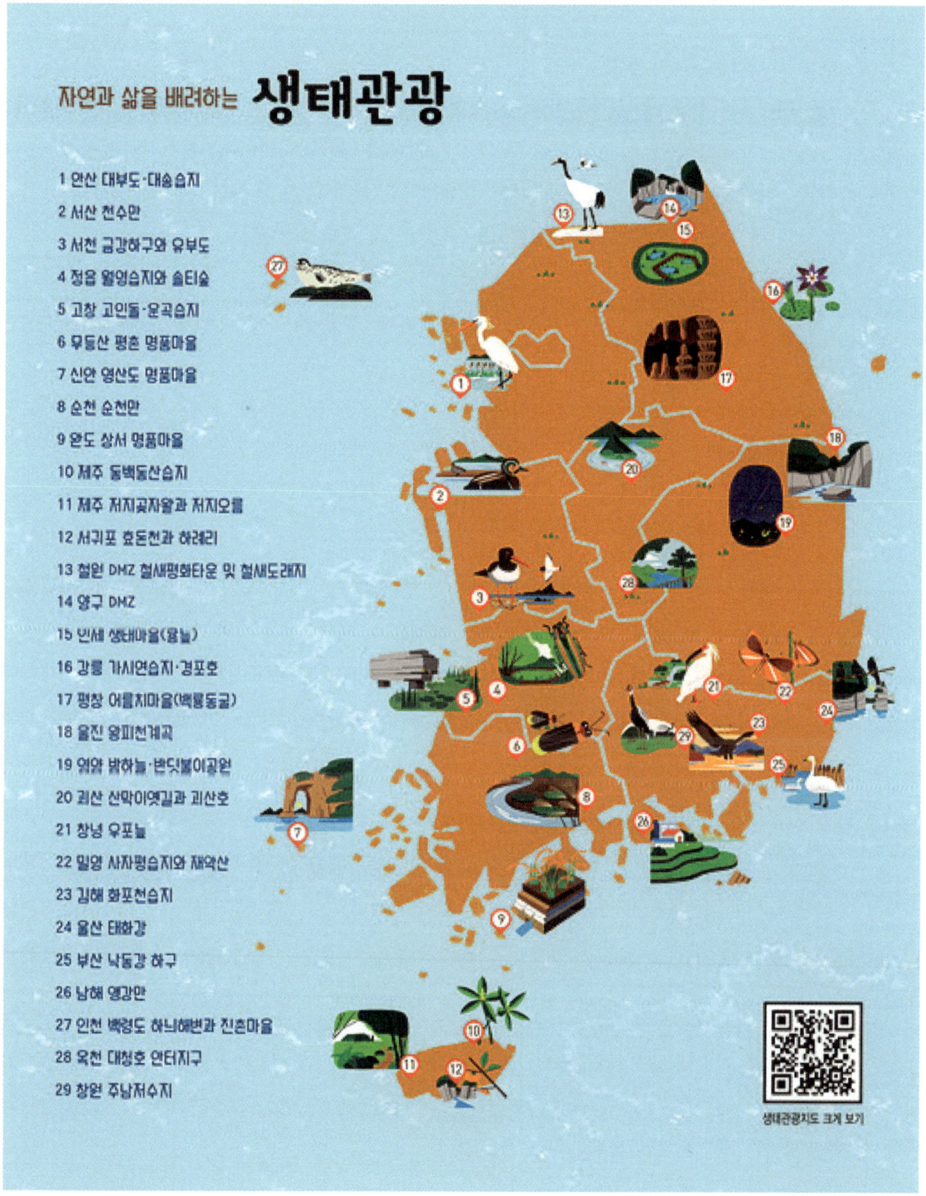

자료: 한국생태관광협회.

생태관광의 유형은 〈표 6-4〉와 같이 크게 자연경관지역, 야생동물서식지, 식물자생군락지, 해양 및 수자원, 문화자원관광으로 구분할 수 있다.

표 6-4 생태관광의 유형

구분	생태관광자원 유형
자연경관지역	산지・재, 계곡・골, 기암・동굴, 자연휴양림 등
야생동물서식지	철새도래지, 어류서식지, 곤충서식지, 조류서식지, 포유류서식지
식물자생군락지	희귀멸종식물 자생지, 고산지대 식생군락지, 천연기념물
해양 및 수자원	하천, 습지, 저수지, 갯벌체험
문화자원	생태관광지역 내 문화재・유적, 축제 및 생태체험, 전통마을, 민속관광

자료: 임원현, 2008에서 저자 일부 수정.

농촌관광

농촌관광의 개념 녹색관광(green tourism)의 일환인 농촌관광(rural tourism, agricultural tourism)은 농촌을 체험하도록 하는 관광형태인데, 프랑스를 비롯한 유럽 지역에서는 오래 전부터 실시하여 왔다. 우리나라 농림부(2004)에서는 농촌관광을 "농촌의 자연경관과 전통문화, 생활과 산업을 매개로 한 도시민과 농촌주민 간의 체류형 교류활동이며, 도시민에게는 휴식・휴양과 새로운 체험공간

표 6-5 유럽 주요국가의 농촌관광 현황

구분	프랑스	독일	영국	오스트리아
주요조직	농촌관광진흥센터	독일농업협회	농가휴가협회	농장휴가협회
본격화 시기	1949년	1960년대 말	1983년	1960년대 말
참여농가	2만 농가	2만 농가	1만 4,000여 농가	1만여 농가
정부지원	1988년 농업적응법을 마련하여 농림부・환경부 등이 주축이 되어 농촌관광 상설화의 출범	1983년 농업관광 관련법을 개정하여 농가민박에 보조금 및 저리융자	농산물 가공 및 판매, 식당・숙박시설에도 보조금 지급	정부의 농장휴가협회 재정지원, 세제혜택 및 저리융자

자료: 한국농촌경제연구원.

을 제공하고, 농촌에는 농산품 판매(1차), 가공산업(2차), 숙박 및 음식 등 서비스 판매(3차) 등의 소득원을 제공하는 지역활성화의 운동"이라고 정의하고 있다.

따라서 농촌관광은 농업과 관련된 활동을 체험하고, 그 지역의 특산물을 직구입 하는 등의 쇼핑이 가능한 친환경적 관광이라고 할 수 있으며, 최근 도시민들의 웰빙추구와 옛날 및 옛것에 대한 향수의 증대에 따라 각광을 받고 있는 관광의 형태라고 할 수 있다.

농촌관광의 체험 프로그램 농촌관광의 체험 프로그램으로는 ① 영농체험, ② 가공체험, ③ 문화체험, ④ 생태체험, ⑤ 레저체험 등이 있는데, 구체적으로 〈표 6-6〉과 같다.

표 6-6 농촌관광의 체험 프로그램

구분	내용
영농체험	모내기, 벼베기, 타작, 씨앗 뿌리기 및 모종심기, 각종 과일 및 열매 따기, 식물캐기(고구마 등), 비닐하우스 재배 등
가공체험	김치담그기, 두부・장・떡・한과 만들기, 술빚기 등
문화체험	농악, 탈춤, 지역민속 놀이, 허수아비 만들기, 수공예품제작 등
생태체험	곤충, 하천 물고기, 야생화, 갯벌, 동굴, 별자리관찰 등
레저체험	낚시, 트래킹, 래프팅, 등산, 승마, 소달구지 타기 등

농촌관광의 효과 농촌관광은 농촌의 지역주민은 관광개발을 통해 새로운 부가소득을 창출하고, 도시민에게는 농촌을 체험할 수 있다는 점에서 양자의 입장이 일치되고 있다. 특히 시골을 모르고 자란 아이들을 둔 가정에서는 교육적 효과뿐만 아니라 재미도 있어 가족 나들이로 더욱 사랑을 받고 있으며, 주 5일 근무제의 정착과 더불어 근교 가족체험관광으로서 각광을 받고 있다. 농촌관광의 효과를 경제적 효과, 사회・문화적 효과, 환경적 효과로 구분하여 구체적으로 살펴보면 〈표 6-7〉과 같다.

표 6-7 농촌관광의 효과

구분	효과
경제적 효과	• 농가소득의 증대 －1차: 농산품 판매 －2차: 지역 농산물을 활용한 가공품 판매(예 건강식품, 술, 곶감, 과자, 김치 등) －3차: 숙박 및 음식 등 서비스 판매 • 지역 특산물의 개발 및 판로개척 • 고용기회의 창출 • 자치단체 등 관공서의 지원
사회 · 문화적 효과	• 지역 인구감소 억제 • 지역 이미지의 상승 • 도 · 농 간 문화교류의 확대 • 생활편의 시설의 현대화 • 도로 및 상 · 하수도 정비 • 정보화 구축(인터넷 홍보 및 예약, 농산물의 인터넷 판매 등)
환경적 효과	• 경관보전 및 난개발 방지 • 농지 보전 및 생태공간의 확보 • 환경에 대한 교육의 장 제공

한국의 녹색관광마을 한국의 녹색관광마을은 각 지방자치단체로부터 우수 녹색관광마을을 추천받은 후 현장답사자료를 바탕으로 전문가들이 모여 선정한 마을을 말한다. 대부분 재미있는 체험과 더불어 가족 간의 추억을 쌓고 옛 향수도 반추해볼 수 있는 농어촌 체험 프로그램으로 구성되어 있다. 주요 녹색관광마을을 소개하면 〈표 6-8〉과 같다.

표 6-8 한국의 주요 녹색관광마을

지역	체험내용
경기도 미리내 마을	짚공예체험과 허브향기 목욕을 할 수 있다. 농사체험과 천연염색체험 등 프로그램이 매우 다양하게 개발되어 있다.
경남 밀양시 평리마을	산이 높고 물이 깨끗해서 여름철 피서를 겸한 농촌체험마을로 안성맞춤이다. 마을 주변에 이팝나무 가로수가 많아 사진작가들이 많이 찾고 있다.
섬진강 다무락 마을	장작불로 대통밥을 짓고, 황토로 손수건을 물들이는 체험을 할 수 있다. 농가 중에 민박을 하는 가구들은 펜션 스타일로 잘 꾸며져 있다.
충북 단양 한드미 마을	마을 안에 주차장 · 방갈로 · 캠프장 등의 편의시설이 갖춰져 있고, 주변 소백산 자락의 울창한 숲과 계곡을 따라 돌아오는 등산코스도 개발되어 있다.

강원도 평창 배두둑 마을	여름에 래프팅을 즐길 수 있고, 겨울에는 산토끼잡기 행사가 진행된다. 자연경관이 수려해 수달 등 천연기념물이 서식하는 무공해 환경을 자랑한다.
강원도 대기리 마을	낮에는 야생화 탐사를 하고, 밤에는 은하수 헤아리기를 체험할 수 있다.

문화체육관광부 · 한국관광공사의 농촌관광 장려광고

로컬관광 '로컬관광'(local tourism)이란 현지 맛집 등 먹거리와 특산품 체험, 그리고 현지에서만 경험할 수 있는 문화 및 역사 프로그램 등 그 지역 고유의 콘텐츠를 체험하는 관광을 말한다. 이러한 로컬관광은 지역 고유의 관광 콘텐츠를 통해 방문객의 욕구를 충족시켜 주면서 지역주민의 소득 및 일자리를 창출은 물론, 궁극적으로는 지역경제의 활성화를 가져다준다.

로컬관광 성공사례: 제주 해녀의 부엌

제주 해녀들의 삶을 모티브로 한 공연을 보면서 해녀들이 직접 채취한 신선한 제주 해산물로 만든 요리를 먹는 프로그램인 '해녀의 부엌'이 해녀문화를 알리는 역할을 톡톡히 하고 있다. 제주 종달어촌계가 운영하는 '해녀의 부엌'은 지역 특산물을 기반으로 벤처기업과 제주 어촌특화지원센터가 협업해 어촌계 소득 증대, 해녀 문화 홍보, 지역민 역량 강화 등 상생협력 추진의 성공사례로 꼽힌다.

자료: 해녀의 부엌 홈페이지.

관광관련 자격시험 대비 연습문제

1. 다음 중 관계가 없는 것 하나는?

① Alternative Tourism　② Mass Tourism
③ Sustainable Tourism　④ Green Tourism

2. 다음 중 생태관광(ecotourism)이 아닌 것은?

① 갯벌체험 ② 탐조관광
③ 동굴관광 ④ 아쿠아리움관광

3. 관광수용력에서 고려하지 않아도 되는 것은?

① 생태학적 수용력 ② 문화적 수용력
③ 물리적 수용력 ④ 사회적 수용력

4. 오버투어리즘의 극복방안으로 가장 바람직한 것은?

① 방문객 사전 예약제 및 입장료 징수 ② 비자의 제한
③ 방문객의 원천 봉쇄 ④ 휴식년제 도입

5. "Take nothing but photographs, leave nothing but footprints"의 의미는 무엇과 관련이 있는가?

① 관광경제 ② 관광개발 ③ 관광환경 ④ 관광교통

6. 지속가능한 관광(sustainable tourism)의 개념이 아닌 것은?

① 관광객 수의 제한 ② 관광개발은 가능한 눈에 보이지 않게
③ 소음 · 매연 등의 방지 ④ 박물관 추진

7. 농촌관광의 경제적 효과 중 3차 농가소득에 해당하는 것은?

① 숙박 및 음식 등 서비스 판매 ② 지역 농산품을 이용한 가공품 판매
③ 지역 농산품 판매 ④ 주변 관광지 연계소득

8. 농촌관광의 사회 · 문화적 효과가 아닌 것은?

① 지역 인구감소 억제 ② 생활편의 시설의 현대화
③ 정보화 구축 ④ 전원주택의 유입

참고문헌

농림부(2004), 농촌관광지원을 위한 경영지원 방안, 정책자료.

임원현(2008), 생태경관자원의 관광자원화 방안, 경북관광포럼.

한국관광공사(1997), 환경적으로 지속가능한 관광개발.

한국문화관광연구원(2018), 오버투어리즘 현상과 대응방향.

Buckley, R(1994), "A Framework for Ecotourism," *Annals of Tourism Research*, 21(3).

Cox, Linda J. & Morton Fox(2003), "Agriculturally Based Leisure Attractions," *The Journal of Tourism Studies*, 14(1): 49～58.

Dorobantu Maria Roxana(2012), "Considerations about Ecotourism and Nature-Based Tourism-Realities and Perspectives," *International Journal of Academic Research in Economics and Management Sciences September*, 1(5): 215～221.

Ecotourism Society(1992), *Definition and Ecotourism Statistical Fact Sheet*, Virginia: Alexandris.

Gets, D.(1983), "Capacity to Absorb Tourism: Concepts and Applications for Strategic Planning," *Annals of Tourism Research*, 10(2): 105～118.

Goeldner, Charles R., Brent Ritchie, Jr. & McIntosh(2001), *Tourism*, John Wiley & Sons, Inc.

Gunn, Clare A.(1994), "Environmental Design and Land Use," *Travel, Tourism, and Hospitality Research*, John Wiley & Sons, Inc., 243～258.

Johns, A.(1992), "Is There a Real Alternative Tourism?," *Tourism Management*, 13(1): 102～103.

Manning, E. & D. Dougherty(1995), "Sustainable Tourism," *Cornell Hotel and Restaurant Administration Quarterly*, 36: 29～42.

McDonald, Roberta & Jolliffe(2003), "Cultural Rural Tourism," *Annals of Tourism Research*, 30(2): 307～321.

Murphy, P.(1994), "Tourism and Sustainable Development," *Global Tourism*, Butterworth-Heinemann, 274～290.

O'Reilly, A.M.(1986), "Tourism Carrying Capacity," *Tourism Management*, 7(4): 254~258.

Pigram, J.T.(1990), "Sustainable Tourism: Policy Considerations," *Journal of Tourism Studies*, 1(2): 2~8.

Williams, Peter W.(1994), "Frameworks for Assessing Tourism's Environmental Impact," *Travel, Tourism, and Hospitality Research*, John Wiley & Sons, Inc., 425~436.

________________ & Alison Gill(1998), "Tourism Carrying Capacity Management Issue," *Global Tourism*, Butterworth-Heinemann, 231~246.

World Tourism Organization(1993), *Sustainable Tourism Development: Guide for Local Planners.*

____________________________(1997), *International Tourism: A Global Perspective.*

memo

chapter 7

관광자원과 개발

학습목표

1. 관광자원이란 무엇이며, 분류체계는 어떻게 되어 있는가?
2. 유네스코의 세계유산이란 무엇인가?
3. 관광개발이란 무엇이며, 어떻게 할 것인가?
4. 우리나라의 관광개발은 어떻게 이루어지는가?

관광기초

제1장 관광의 이해
제2장 관광발전사

관광주체

제3장 관광자 행동

관광매체

제8장 관광교통
제9장 관광숙박과 외식산업
제10장 여행업
제11장 테마파크와 리조트
제12장 카지노와 국제회의 산업

관광객체

제5장 관광과 문화
제6장 관광과 환경
제7장 관광자원과 개발

관광환경

제4장 관광의 경제적 · 사회적 영향
제13장 관광정책

01 관광자원의 개요

1) 관광자원의 정의

관광자원에 대한 정의는 관광자원의 대상과 범위 및 관광자원의 성격에 따라 국가별 · 기관별 · 학자별로 다양하게 전개되고 있다. 이를 종합해보면 관광자원(tourist attraction)이란 "관광객의 관광욕구를 충족시켜주거나 관광행동을 유발하게 하는 매력성(attraction)과 신기성(novelty)을 갖춘 유 · 무형의 관광대상"이라고 정의할 수 있다. 즉 관광자원이 되려면 매력성과 신기성을 갖추어야 하는데, 관광객이 시간과 비용을 들여서라도 보고 즐길만한 매력이 있어야 하고, 평범하거나 일상적인 것이 아니라 독특하고 차별화된 신기함을 지녀야 한다는 것이다. 관광자는 이와 같은 관광자원을 통하여 경관을 관찰하거나, 참여하여 활동을 하거나, 기억을 위하여 경험을 하게 된다. 관광자원은 다음과 같은 특성을 지니고 있다.

- 관광자원은 자연자원, 인문자원 또는 유 · 무형 등 그 범위가 광범위하다.
- 관광자원은 개발을 통해서 가치를 향상시킬 수 있다.
- 관광자원은 시간과 가치관의 변화에 따라 변할 수 있다.
- 관광자원은 보호 및 보존할 필요성이 있다.

2) 관광자원의 분류

관광자원의 분류 역시 관점과 기준에 따라 학자별로 다양하게 분류하고 있는데 정리하여 몇 가지를 소개하면 다음과 같다.

자연 · 인문에 의한 분류 이 분류법은 관광자원을 크게 나눌 때 주로 사용되는데

눈이 오지 않는 동남아시아 국가의 관광객들에게 눈은 매력적인 관광자원이다. 한국의 겨울관광상품이 고물가의 일본이나 시설이 낙후된 중국 스키장에 비해 충분한 경쟁력이 있다고 할 수 있다.

관광자원이 자연적으로 생성되었는지, 인문적으로 생성되었는지 등으로 구분하는 것이다. 자연자원이란 지형(산 · 바다 · 계곡 · 호수 · 강 · 섬 · 사막 · 폭포 등), 동식물, 기후, 온천 등을 말하고, 인문자원이란 인간에 의하여 만들어지거나 파생된 유 · 무형의 문화재, 생활(삶의 현장), 풍속, 예술, 문화, 종교, 축제 등을 말한다.

특히 기후를 이용한 관광자원은 동남아관광객에게 우리나라의 단풍과 눈을 들 수 있으며, 생활(삶의 현장)을 이용한 관광자원으로는 제주도의 해녀모습 및 체험을 들 수 있다.

유형 · 무형에 의한 분류 이 분류방식도 관광자원을 크게 나눌 때 사용하는데, 관광자원이 형체가 있는 유형의 관광자원과 형체가 없는 무형의 관광자원으로 나눈 것이다. 유형 관광자원은 유형의 자연자원과 유형의 인문자원을 말하고, 무형 관광자원은 무형의 자연자원(기후 등)과 무형의 인문자원(생활 · 풍속 · 예술 · 문화 · 종교 · 축제) 등을 말한다.

자원의 성격에 의한 분류 많은 학자들은 단순 2분법에 의한 분류가 관광의 다양한 현상을 수용하지 못하는 한계가 있음을 인지하고 자원의 성격에 따라 분류하고 있다. 〈표 7-1〉에서 알 수 있듯이 한국과 일본학자들은 자연관광자원 · 문화관광자원 · 사회관광자원 · 산업관광자원 · 위락관광자원 등으로 세분화하였는데, 자원 자체를 정태적으로 분류하였다. 이들의 분류체계를 살펴보면 자연관광자원은 공통적으로 한 기

표 7-1 주요학자별 관광자원의 분류

학자	분류	종류
津田昇	자연관광자원	기후, 풍토, 풍경, 온천, 천연자원, 동식물, 도시공원
	문화관광자원	유형문화재, 무형문화재, 민속자원, 기념물
	사회관광자원	인정, 풍속, 행사, 국민성, 생활, 예술, 문화, 교육
	산업관광자원	공장시설, 농업시설, 사회공공시설, 견본시
末武直義	자연관광자원	관상적 자원(지형, 지질, 생물, 기상 등), 보양적 자원(지형, 기상, 온천)
	인문관광자원	문화적 자원(문화유산, 문화적 시설), 사회적 자원(사회형태, 생활형태)
	산업관광자원	농업(농장, 목장 등), 어업(어획방법, 해산물가공시설), 공업(공장시설, 기계설비), 상업(견본시, 전시회 등)
김진섭	자연관광자원	지형, 지질, 천문, 기상, 동물, 식물
	문화관광자원	유형문화재, 무형문화재, 민속문화재, 기념물
	사회관광자원	인정, 풍속, 행사, 국민성, 생활, 예술, 문화, 교육 등
	산업관광자원	공장시설, 농장・목장시설, 공항・항만・댐 등의 사회공공시설
김홍운	자연관광자원	산악, 화산, 고원, 폭포, 계곡, 산림, 동식물, 온천, 지형, 동식물, 천문, 기상 등
	문화관광자원	고고학적 유적, 사적, 건축물, 유・무형 문화재, 기념물, 민속자료, 민속예술제, 박물관, 미술관 등
	사회관광자원	인정, 풍속, 행사, 국민성, 생활, 예술, 문화, 교육, 종교 등
	위락관광자원	캠프상, 수영장, 놀이시설, 레지다운, 수렵장, 쇼핑센터, 카지노, 나이트클럽, 경마장 등
건(Gunn)	자연자원 의존형	해변, 피크닉장소, 캠핑장소, 일반경관지역, 특수경관지역, 암석채취장소, 화석채취장소, 사냥지역, 낚시지역, 스키・동계스포츠지역, 스노우모빌지역, 보트장・카누장・항해장, 동계휴양지(북부), 동계휴양지(남부), 하계휴양지, 캠프 조직・단체, 마리나 보트계류장, 야생지, 동물관찰지역, 수로, 휴가촌, 전망대, 사력채취장소, 자전거탐방지역, 자연오솔길, 탐조지역, 동굴탐사지역, 스쿠버・해저탐험지역, 마리나 요트계류장, 자연경관 주유지역
	문화자원 의존형	고고학적 유적, 박물관, 역사유적 및 복원지, 최초의 사건발생지, 특수 인종적 문화, 과학적 불가사의, 제조공장, 장엄한 건물, 성지, 문화적 주유관광지, 관광목장, 전설유래지
	인공시설자원 의존형	콘서트・드라마・연극장, 공예품 전시장, 도시캠핑장소, 대형 운동경기장, 골프장, 테마공원, 쇼핑센터, 나이트클럽, 호텔・모텔, 관광음식점, 정보센터・휴식처, 놀이터, 친척 및 친구 집, 축제 퍼레이드・경마장, 회의장, 운동경기장
류(Lew)	자연관광자원	풍광(산・해변・평야・사막・섬), 랜드마크(지리적・생물학적), 생태학적(기후・국립공원・자연보호구역)
	자연・인문 중간형 관광자원	관찰형(농업시설・동식물원 등), 레저형(공원・리조트), 참여형(산악・수상・야외 활동을 할 수 있는 장소)
	인문관광자원	거주지 인프라(교육, 과학, 종교, 삶의 방식, 민속 등), 관광인프라(관광목적지 및 루트, 숙박, 음식점), 레저상부구조(공연・스포츠활동・위락시설・박물관・공연축제・음식 등)

터키의 신비한 버섯골짜기 카파도키아(Cappadocia). 기이한 지형의 대표적인 자연관광자원이라고 할 수 있다.

준으로 분류하고 있는데, 문제는 문화 · 사회 · 산업 · 위락 등의 인문관광자원을 어떻게 규정할 것인가? 또한 인문자원 중에 인공자원을 어떻게 분류할 것인가도 과제이다. 그리고 문화관광자원을 역사 및 문화재 위주의 유형자원으로, 사회관광자원을 풍속 · 축제 · 국민성 · 생활 · 예술 · 문화 · 교육 등의 무형자원으로 주로 규정하고 있는데, 문화와 사회의 경계가 모호하다는 것도 문제로 지적할 수 있다.

건(Gunn, 1979)은 자연자원의존형과 문화자원의존형 및 인공시설자원의존형, 류(Lew, 1994)는 자연관광자원과 자연 · 인문의 중간형 관광자원 및 인문관광자원으로 분류하였는데, 관광자의 관광활동에 초점을 둔 동태적 분류라고 할 수 있다. 그러나 건(Gunn)의 분류는 관광자원이 친척 및 친구의 집 등과 같이 지나치게 확대되어 있고, 산업관광자원이 배제되었다는 점에서 다소의 약점이 있다. 류(Lew)의 경우는 산업관광자원에 대한 언급은 없지만 비교적 정리가 잘 된 느낌을 주고 있다.

따라서 본서에서는 류(Lew)의 분류기준을 기초로 하여 자연관광자원과 인문관광자원으로 나누고, 자연관광자원과 인문관광자원의 성격이 복합된 것을 자연 · 인문 중간형 관광자원으로 분류하고자 하며, 산업 및 공공시설의 관광자원을 포함시켜 다음 〈표 7-2〉와 같이 정리하였다.

표 7-2 관광자원의 분류

자연관광자원	• 풍광형: 산, 바다, 계곡, 호수, 강, 섬, 동굴, 사막, 폭포, 지형 등 • 생태형: 기후, 동식물, 국립공원, 자연보호구역 • 온천형
자연 · 인문 중간형 관광자원	• 관찰형: 농업시설(농장 · 목장), 동식물원 등 • 레저형: 위락공원, 리조트 등 • 참여형: 산악활동, 수상활동, 기타 야외활동 장소
인문관광자원	• 문화 인프라: 고고학적 유산과 유물, 건축물(옛터, 유명한 건물, 도시전체), 예술 · 조각 · 공예품 · 미술, 축제, 이벤트와 공연, 음악과 춤(고전, 민속, 현대), 드라마(영화 · 연극), 종교, 의복, 토속음식, 교육, 박물관 등 • 관광 및 레저 인프라: 호텔, 테마파크, 카지노, 크루즈, 스포츠 시설 및 경기장, 유흥 및 관광음식점 등 • 산업시설 및 공공 인프라: 각종 산업시설, 전시회장, 쇼핑센터, 공공건물, 댐, 다리, 교통시설 등

뉴질랜드의 세계 최초 번지점프대. 광물을 나르는 다리였으나 폐광 후 번지점프대로 활용하여 관광상품화하였다.

호주 시드니의 하버 브릿지. 다리의 최상단 철제 위로 워킹을 할 수 있도록 하여 관광자원화하였다. 유료이며, 안전교육 및 일정장비를 갖추어야 하고, 안전요원이 동행하게 된다.

02 신관광자원 및 명소 마케팅

1) 신관광자원의 개념

21세기는 문화가 주도하는 '문화산업'이 크게 주목되고 있다. 최근 국제관광의 패턴도 과거 자연풍경과 유적지를 순회하는 정적인 관광의 형태에서 스포츠, 축제, 민속 및 문화체험 등 동적인 이벤트 관광형태로 바뀌고 있다. 이와 같이 전통적 관광자원이 자연자원과 문화유적처럼 과거로부터 전래되어 고착화된 정적인 것이라면, 신관광자원(new tourist attraction)은 현대에 와서 새롭게 부각된 문화나 산업을 말한다. 대표적인 신관광자원으로는 ① 한류의 관광자원화, ② 명소의 관광자원화, ③ 의료관광 등을 들 수 있다.

따라서 과거 문화유산이 부족하거나 존재하더라도 외래관광객의 주목을 끌지 못한다면 현대에 와서 신관광자원을 개발하여 관광객을 유치할 필요성이 있다.

난타 공연은 대표적인 신 관광자원으로서 2009년에 서울 명동에 전용극장이 생긴 이후, 서울 정동 및 충정로에 추가로 개관하였고, 2013년에는 태국 방콕에도 극장을 개관하였으며, 2014년 국내외 누적관객 1,000만명을 돌파하였다.

2) 한류의 관광자원화

한류(韓流, 중: 한리우)는 중국과 동남아 지역에서 유행하는 대중문화열풍을 가리키는 말이다. 1999년 중국의 베이징(北京) 『청년보』(青年報)라는 언론에서 처음 사용한 말로서 한국의 대중문화가 매섭게 파고든다는 뜻의 한류(寒流)의 동음이의어인 '한류'(韓流)로 통용되면서 본격적으로 자리매김하였다(KTO, 2003). 처음 드라마에서 시작된 열풍이 가요・영화・게임・의류 등으로 확산되면서 한국에 대한 친밀도가 급격히 높아졌고, 이런 현상은 한국제품을 선호하게 하는 새로운 문화형태로 나타나고 있다. 이와 같은 한류열풍은 홍콩・베트남・싱가포르・태국・몽골 그리고 러시아 지역까지 확산되며, 영화・가요・게임・의류・음식 및 각종 제품 등 다양한 분야에 걸쳐 확대되고 있다.

따라서 한류 관광상품은 한국의 영화・드라마 등 다양한 문화 콘텐츠를 관광상품화한 것으로서, 한국의 관광산업뿐만 아니라 한국에 대한 국가 이미지를 제고시켜 한국제품에 대한 구매의욕을 높이고, 나아가 국제문화교류는 물론, 국가경제발전에 큰 동력이 되고 있다. 이러한 차원에서 한류현상이 일시적인 거품현상으로 끝나지 않고, 한국의 문화를 각국에 널리 소개할 수 있는 기틀을 마련할 수 있도록 장기적이고 체계적인 대책이 요구되고 있다.

표 7-3 한류의 시대적 변천

구분	시기	내용
제1한류	2000년대 초중반	드라마와 가요 등
제2한류	2000년대 후반부터	의료관광
제3한류	2010년대부터	한식의 세계화, 막걸리와 김치 등 전통문화, K-pop

3) 명소의 관광자원화

명소란 특정 장소나 건물의 매력성이 있는 곳을 말하며, 신관광자원 차원에서 명소는 과거의 유명 유적지나 건물이 아니라 현대에 와서 새롭게 조명된 곳을 말한다. 이러한 명소는 마케팅을 통해서 관광객을 유인할 수 있는데, 명소마케팅(place marketing)이란 특정 장소나 건물의 매력성을 소비자의 욕구와 결합시켜 관람을 창출하거나 유지하고자 하는 활동을 말한다. 예를 들어 홍콩은 도심건축물의 야경을 명소 마케팅으로 전개하고 있는데, 저녁 8시가 되면 주요건물에서 환상의 레이저쇼를 펼쳐 관광객을 유인하고 있다.

홍콩의 야경 및 레이저쇼

특히 영화 · 드라마의 촬영지는 명소로서 각광을 받고 있는 관광자원이다. 우리나라에서 최초로 영화 · 드라마의 촬영지로서 명소가 된 곳은 정동진이라고 할 수 있는데, 드라마 '모래시계'의 무대가 되었던 곳이다. 이전의 정동진은 한가한 어촌에 불과했으나 드라마의 방송 이후 정동진 무박2일 관광열차가 생겨났으며, 현재는 불야성을 이루는 관광지로 변모하였다. '모래시계' 이후 영화 '쉬리'의 제주도 해안가 '쉬리벤치,' 드라마 겨울연가의 남이섬과 춘천, 영화 '실미도'의 실미도 등이 명소로 탈바꿈하였다.

촬영 당시의 정동진

현재의 정동진

4) 의료관광

의료관광의 개념　의료관광은 의료와 관광이 복합된 것으로, 그 주체인 의료관광객(medical tourist)이 의료를 전후로 관광을 하는 외국인을 지칭한다. 의료관광이란 "자국을 떠나 외국의 의료기관에서 의료와 보건지도를 받거나 양호 및 간호 등의 서비스를 받고, 그 전후 여가시간을 통하여 방문국에서 관광행위를 한 후, 다시 거주지로 돌아오는 현상"이라고 정의할 수 있다.

의료관광산업 현황　우리나라 의료관광산업은 2000년대 초중반 드라마와 가요 중심의 문화 콘텐츠가 동남아시아를 비롯한 중동지역 확산되어 한류관광이 붐을 이룬 것이 계기가 되어 2000년대 중후반부터 태동하기 시작하였다. 이 시기에는 우리나라 스타들의 외모를 닮고 싶어 하는 미용성형 목적의 의료관광이 주를 이루었다. 물론 국내 의료진의 우수한 의술도 한 몫을 하였다.

의료 서비스산업에 대한 국가 간의 경쟁이 치열해지자 정부도 부가가치가 높은 의료관광객 유치경쟁력 강화를 위해 2009년 1월 '외국인환자 유치에 대한 등록법'(의료법 제27조의 2항)을 신설하여 의료관광객 유치 및 알선행위를 허용하면서부터 의료관광산업은 본격화되기 시작하였다. 이전에는 의료기관 및 의료인이 의료비 할인, 금품 및 교통편의 제공 등 환자를 유치하기 위한 일체의 소개나 알선 및 유인행위를 하는 것을 원칙적으로 금지하고 있었다.

이후 의료의 목적이 다변화되면서 의료관광산업은 활성화되기 시작하였고, 문화체육관광부에서도 이를 적극 뒷받침하기 위하여 2009년 3월 관광진흥법에 의료관광 활성화 조항을 신설하였다. 이와 같이 우리나라 의료관광산업은 2009년 의료법 개정으로 외국인환자 유치행위가 허용된 이래 메디컬비자 도입, 유치기관 등록제, 의료기관의 숙박업 및 부대사업 인정 등 의료관광 활성화를 위한 다양한 지원정책에 힘입어 오늘날 아시아 주요 의료관광산업 국가로 부상하고 있다.

의료관광산업의 중요성 우리나라에서 의료 서비스를 받기 위해 방문하는 숫자와 그에 따른 수입도 매년 증가하고 있다. 의료관광객의 수는 2010년 81,789명, 2011년 110,000명, 2012년 155,672명, 2013년에는 211,218명을 기록하였고, 연간수입도 2012년 7,263억원을 기록한데 이어 2015년 1조 6,203억원, 2020년에는 3조 4,465억에 날할 것으로 예측되고 있다. 특히 의료관광객은 체류기간이 길고, 체류비용이 커서 21세기 고부가가치 관광산업으로 주목받고 있으며, 일자리 창출에도 크게 기여하는 것으로 나타나고 있다. 보건복지부는 2020년에 100만 명의 환자가 오면 진료 및 관광 수입으로 2조 9,000억 원을 벌고, 5만 4,000명에 달하는 일자리를 만들 수 있을 것으로 추정하고 있다.

이와 같은 성장의 배경에는 정부의 지원뿐만 아니라 선진 의료수준과 의료 인프라 및 관광인프라, 그리고 상대적으로 저렴한 요금에 기인하고 있다고 할 수 있다.

의료관광산업의 효과 경제적인 측면에서 살펴보면 의료관광목적지로서 우리나라의 경우 의료관광객의 1인당 평균 의료비는 186만원이고, 이들을 통한 1인당 관광수입은 평균 의료비의 약 1.3배, 즉 240만원으로 나타나고 있다. 따라서 의료관광 1인당 약 426만원의 외화를 획득하는 셈이다. 또한 의료관광객의 유입은 이들을 서비스하기 위한 의료기관, 외국인환자유치업체, 관광사업체 등 의료와 관광산업분야의 고용이 창출된다. 그리고 사회문화적 측면에서는 의료기술의 발달촉진, 의료서비스의 국제화 등을 도모할 수 있다.

03 유네스코와 유산

1) 유네스코와 유산의 개요

유네스코의 세계유산은 전 세계 인류가 지키고 보존해야 할 관광자원이라고 할 수 있다. 세계유산의 지정은 1960년 3월 '아스완 하이댐'(Aswan High Dam) 건설로 수몰 위기에 있었던 이집트의 '아부심벨(Abu Shimbel) 궁전'을 구제하려는 운동이 계기가 되었으며, 세계적으로 귀중한 문화재와 기념물을 보호 및 보존할 목적으로 캠페인이 전개되어 유산들의 보호 및 복구에 착수했다. 결국, 유네스코는 1972년 이집트의 아스완 하이 댐 건설로 인하여 수몰 위기에 놓인 고대 누비아 유적들(고대 이집트 문명으로서 람세스 2세가 세운 아부심벨 대신전과 소신전, 프톨레마이오스 왕조 시대에 세운 필레 신전 등의 대표적 유적)을 보호하기 위하여 '유네스코의 세계 문화 및 자연유산 보호협약'사업을 시작하였다.

그 후 1989년 '전통 문화 및 민속 보호에 관한 유네스코의 권고'를 시작으로, 유네스코는 산업화와 지구화 과정에서 급격히 소멸되고 있는 무형유산을 보호하고 계승하기 위하여 2003년 제32차 유네스코 총회를 통해 최초의 무형유산보호 국제협약인 '무형문화유산보호 국제협약'을 채택하였다. 그리고 세계기록유산의 경우 1992년 '세계의 기억'(MOW: Memory of the World) 사업이라는 이름으로 시작되어 전쟁과 사회적 변동, 그리고 자원의 부족으로 소멸 위기에 놓인 인류의 중요한 기록들을 보호하고 보존하는 일을 시작하였다.

아스완댐과 아부 심벨 궁전. 아스완댐을 건설하는 과정에 아부 심벨 지역의 나일강 수위(水位)가 60m 정도 높아짐으로 인해 이 거대한 아부 심벨 신전이 수몰될 위기에 놓이게 되었으나 유네스코의 헌신적인 노력과 건축기술의 도움으로 1963년부터 시작한 복원작업은 1966년에 위쪽으로 약 70m 지점의 거리에 인공동산을 만든 다음 이 신전을 조각조각 떼어내어 원형 그대로 옮기고 복원시켜 지금의 모습이 되었다.

이와 같이 문화유산 및 자연유산까지 포함하여 인류의 유산을 답사하는 관광을 헤리티지 투어리즘(heritage tourism)이라고 한다.

2) 유산의 종류와 현황

유네스코의 유산은 크게 세계유산(문화유산 · 자연유산 · 복합유산), 무형문화유산, 세계기록유산 등 3가지로 분류되며, 그 내용을 표로 정리하면 〈표 7-4〉와 같다.

표 7-4 유네스코 유산의 종류

유산		내용
세계유산	문화유산	• 기념물: 기념물, 건축물, 기념 조각 및 회화, 고고 유물 및 구조물, 금석문, 혈거 유적지 및 혼합유적지 가운데 역사 · 예술 · 학문적으로 탁월한 보편적 가치가 있는 유산 • 건조물군: 독립되었거나 또는 이어져 있는 구조물들로서 역사상 · 미술상 탁월한 보편적 가치가 있는 유산 • 유적지: 인공의 소산 또는 인공과 자연의 결합의 소산 및 고고유적을 포함한 구역에서 역사상 · 관상상 · 민족학상 또는 인류학상 탁월한 보편적 가치가 있는 유산
	자연유산	• 무기적 또는 생물학적 생성물들로부터 이룩된 자연의 기념물로서 관상상 또는 과학상 탁월한 보편적 가치가 있는 것. • 지질학적 및 지문학(地文學)적 생성물과 이와 함께 위협에 처해 있는 동물 및 생물의 종의 생식지 및 자생지로서, 특히 일정 구역에서 과학상 ·

	자연유산	보존상·미관상 탁월한 보편적 가치가 있는 것. • 과학, 보존, 자연미의 시각에서 볼 때 탁월한 보편적 가치를 주는 정확히 드러난 자연지역이나 자연유적지
	복합유산	• 문화유산과 자연유산의 특징을 동시에 충족하는 유산
무형문화유산		• 공동체, 집단 및 개인이 자신의 문화유산의 일부분으로 인식하는 관습, 표현, 지식 및 기술 • 이와 관련된 전달 도구, 사물, 공예품 • 문화 공간
세계기록유산		• 영향력, 시간, 장소, 인물, 주제, 형태, 사회적 가치, 보존 상태, 희귀성 등을 기준으로 선정 • 일국 문화의 경계를 넘어 세계의 역사에 중요한 영향력을 끼쳐 세계적인 중요성을 갖거나 인류 역사의 특정한 시점에서 세계를 이해할 수 있도록 두드러지게 이바지한 경우 • 전 세계 역사와 문화의 발전에 큰 기여를 한 인물 및 인물들의 삶과 업적에 관련된 기록유산

유네스코 유산은 2023년 기준 세계유산이 1,199점, 무형문화유산 677건, 세계기록유산 494건 등이 등재되어 있다.

3) 유네스코 유산의 등재기준

세계유산의 등재기준 세계유산은 '탁월한 보편적 가치'(OUV: Outstanding Universal Value)를 갖고 있는 부동산 유산을 대상으로 한다. 따라서 세계유산 지역 내 소재한 박물관에 보관한 조각상·공예품·회화 등 동산 문화재나 식물·동물 등은 세계유산의 보호대상에 포함되지 않는다. 어떤 유산이 세계유산으로 등재되기 위해서는 한 나라에 머물지 않고 탁월한 보편적 가치가 있어야 한다. 세계유산 운영지침은 유산의 탁월한 가치를 평가하기 위한 기준으로 다음과 같이 10가지 가치평가기준을 제시하고 있다. 기준 Ⅰ부터 Ⅵ까지는 문화유산에 해당되며, Ⅶ부터 Ⅹ까지는 자연유산에 해당된다. 이러한 가치평가기준 외에도 문화유산은 기본적으로 재질이나 기법 등에서 유산이 진정성(authenticity)을 보유하고 있어야 한다. 또한 문화유산과 자연유산 모두 유산의 가치를 보여줄 수 있는 제반 요소를 포함해야 하며, 법적·제도적 관리 정책이 수립되어 있어야 세계유산으로 등재할 수 있다.

표 7-5 세계유산 등재기준

구분		기준	사례
문화유산	I	인간의 창의성으로 빚어진 걸작을 대표할 것.	호주 오페라 하우스
	II	오랜 세월에 걸쳐 또는 세계의 일정 문화권 내에서 건축이나 기술 발전, 기념물 제작, 도시계획이나 조경 디자인에 있어 인간 가치의 중요한 교환을 반영할 것.	러시아 콜로멘스코이 성당
	III	현존하거나 이미 사라진 문화적 전통이나 문명의 독보적 또는 적어도 특출한 증거일 것.	태국 아유타야 유적
	IV	인류 역사에 있어 중요 단계를 예증하는 건물, 건축이나 기술의 총체, 경관 유형의 대표적 사례일 것.	종묘
	V	특히 번복할 수 없는 변화의 영향으로 취약해졌을 때 환경이나 인간의 상호작용이나 문화를 대변하는 전통적 정주지나 육지·바다의 사용을 예증하는 대표 사례	리비아 가다메스 옛 도시
	VI	사건이나 실존하는 전통, 사상이나 신조, 보편적 중요성이 탁월한 예술 및 문학작품과 직접 또는 가시적으로 연관될 것(다른 기준과 함께 적용 권장).	일본 히로시마 원폭돔
	* 모든 문화유산은 진정성(authenticity; 재질, 기법 등에서 원래 가치 보유) 필요		
자연유산	VII	최상의 자연 현상이나 뛰어난 자연미와 미학적 중요성을 지닌 지역을 포함할 것.	케냐 국립공원, 제주 용암동굴·화산섬
	VIII	생명의 기록이나 지형발전상의 지질학적 주요 진행과정, 지형학이나 자연지리학적 측면의 중요 특징을 포함해 지구 역사상 주요단계를 입증하는 대표적 사례	제주 용암동굴·화산섬
	IX	육상, 민물, 해안 및 해양 생태계와 동·식물 군락의 진화 및 발전에 있어 생태학적·생물학적 주요 진행과정을 입증하는 대표적 사례일 것.	케냐 국립공원
	X	과학이나 보존 관점에서 볼 때 보편적 가치가 탁월하고 현재 멸종 위기에 처한 종을 포함한 생물학적 다양성의 현장 보존을 위해 가장 중요하고 의미가 큰 자연 서식지를 포괄	중국 쓰촨 자이언트팬더 보호구역
공통	• 완전성(integrity): 유산의 가치를 충분히 보여줄 수 있는 충분한 제반 요소 보유 • 보호 및 관리체계: 법적, 행정적 보호 제도, 완충지역(buffer zone) 설정 등		

자료: 유네스코 유산 홈페이지.

무형문화유산의 등재기준 무형문화유산의 등재기준은 무형문화유산의 범위와 특징으로 설명할 수 있는데, 다음 〈표 7-6〉과 같다.

표 7-6 무형문화유산의 등재기준

구분	내용
무형문화유산의 범위 (협약 제2조 2항)	• 무형문화유산의 전달체로서 언어를 포함한 구전 전통 및 표현 • 공연예술(전통음악, 무용 및 연극 등) • 자연 및 우주에 관한 지식 및 관습 • 전통 기술
무형문화유산의 특징 (협약 제2조 1항)	• 세대와 세대를 거쳐 전승 • 인간과 주변 환경, 자연의 교류 및 역사 변천과정에서 공동체 및 집단을 통해 끊임없이 재창조 • 공동체 및 집단에 정체성 및 지속성 부여 • 문화 다양성 및 인류의 창조성 증진 • 공동체 간 상호 존중 및 지속가능 발전에 부합

세계기록유산 등재기준 세계기록유산의 주요 등재기준은 〈표 7-7〉과 같다.

표 7-7 세계기록유산의 주요 등재기준

구분	내용
유산의 진정성	• 해당 유산의 본질 및 기원(유래)을 증명할 수 있는 정품일 것.
독창적이고 비대체적인 유산	• 특정 기간 또는 특정 지역에 지대한 영향력을 끼쳤음이 분명한 경우 • 해당 유산이 소멸되거나 유산의 품질이 하락한다면 인류 유산의 발전에 심각한 해악을 끼치리라 판단되는 경우
세계적 관점에서 유산이 가지는 중요성	• 시간: 국제적인 일의 중요한 변화의 시기를 현저하게 반영하거나 인류 역사의 특정한 시점에서 세계를 이해할 수 있도록 이바지하는 경우 • 장소: 세계 역사와 문화의 발전에 중요한 기여를 했던 특정 장소와 지역에 관한 주요한 정보를 담고 있는 경우 • 사람: 전 세계 역사와 문화에 현저한 기여를 했던 개인 및 사람들의 삶과 업적에 특별한 관련을 갖는 경우 • 대상 · 주제: 세계 역사와 문화의 중요한 주제를 구현하고 있는 경우 • 형태 및 스타일: 뛰어난 미적 · 형식적 · 언어적 가치를 가지거나 형태 및 스타일에서 중요한 표본이 된 경우 ※위의 5가지 요소들 중에 반드시 한 가지 이상으로 그 중요성을 증명할 수 있어야 함.

보조 요건	• 희귀성: 독특하거나 희귀한 자료 • 원 상태로의 보존: 온전한 하나의 전체로서 보존되어 있는 경우 • 위협: 해당 유산이 각종 위험 요소에서 안전한가 또는 안전을 담보할 수 있는 경비조치가 적절한지 여부 • 관리계획: 해당 유산의 중요성에 비추어 적절한 보존 및 접근 전략의 존재 여부

4) 한국의 유네스코 유산

한국의 유네스코 유산은 세계유산, 무형문화유산, 세계기록유산 등 전 분야에 등재되어 있는데 이를 표로 정리하면 〈표 7-8〉과 같다.

표 7-8 한국의 유네스코 유산(2023년 등재기준)

구분	내용(등재연도)
세계유산 (15점)	종묘(1995), 석굴암과 불국사(1995), 해인사장경판전(1995), 창덕궁(1997), 수원화성(1997), 경주역사유적지구(2000), 고창・화순・강화의 고인돌 유적(2002), 제주 화산섬과 용암동굴(2007), 조선왕릉(2009), 한국의 역사마을: 하회와 양동(2010), 남한산성(2014), 백제역사유적지구(2015), 산사 및 한국의 산지승원(2018), 한국의 서원(2019), 한국의 갯벌(2021)
무형문화유산 (22건)	종묘제례 및 종묘제례악(2001), 판소리(2003), 강릉단오제(2005), 강강술래(2009), 남사당놀이(2009), 영산재(2009), 제주 칠머리당 영등굿(2009), 처용무(2009), 가곡(국악 관현반주로 부르는 서정적 노래, 2010), 대목장(한국의 전통 목조건축, 2010), 매사냥(살아 있는 인류 유산, 2010), 줄타기(2011), 택견(한국의 전통 무술, 2011), 한산모시짜기(2011), 아리랑(한국의 서정민요, 2012), 김장(김치를 담그고 나누는 문화, 2013), 농악(2014), 줄다리기(2015), 제주 해녀문화(2016), 씨름(한국의 전통 레슬링, 2018), 연등회(2020), 탈춤(2022)
세계기록유산 (18건)	훈민정음 해례본(1997), 조선왕조실록(1997), 불조직지심체요절(2001), 승정원일기(2001), 조선왕조의궤(2007), 고려대장경판 및 제경판(2007), 동의보감(2009), 일성록(2011), 5・18 광주민주화운동 기록물(2011), 새마을운동 기록물(2013), 난중일기(2013), 한국의 유교책판(2015), KBS특별생방송 '이산가족을 찾습니다' 기록물(2015), 국채보상운동 기록물(2017), 조선통신사에 관한 기록(2017), 조선왕실 어보와 어책(2017), 4・19혁명 기록물(2023), 동학농민혁명기록물(2023)

동양의 파르테논 신전이라고 불리는 종묘(조선왕조 역대 왕과 왕비의 신위를 모신 사당)와 제례 모습

조선왕실어보
(국립고궁박물관)

5) 세계유산의 등재의의와 효과

세계유산에 등재되는 것은 해당 유산이 어느 특정 국가 또는 민족의 유산을 떠나 인류가 공동으로 보호해야 할 가치가 있는 중요한 유산임을 증명하는 것이다. 저개발국의 경우 세계유산에 등재되면 세계유산기금 및 세계유산센터, 국제기념물유적협의회 등 관련 기구를 통해 유산보호에 필요한 재정 및 기술 지원을 받을 수 있다. 또한 국제적인 지명도가 높아지면서 관광객 증가와 이에 따른 고용기회 및 수입 증가 등을 기대할 수 있으며, 세계유산으로 등재되면 정부의 추가적인 관심과 지원을 받을 수 있으므로 지역 발전에도 도움이 된다.

특히, 세계유산으로 등재되면 세계유산이 소재한 지역공동체 및 국가의 자긍심이 고취되고, 자신들이 보유한 유산의 가치를 재인식함으로써 더 이상 유산이 훼손되는 것을 막고, 가능한 원 상태로 보존하는 데 크게 기여할 수 있다는 점이다. 단지 우리나라를 비롯해 선진국들은 세계유산으로 등재되어도 해당 유산 보존을 위해 세계유산위원회로부터 재정지원을 받는 경우는 거의 없다. 오히려 유네스코 신탁기금 등을 통해 저개발국 유산 보존에 기여할 수 있는 계기로 삼는 것이 보편적이다.

04 관광개발

1) 관광개발의 의의

관광지는 관광자의 욕구를 충족시켜 주는 공간으로서 관광자의 다양한 관광활동을 보장해 주어야 한다. 그러나 이용자의 측면의 편의만 강조할 것이 아니라 수용자의 입장도 고려되어야 한다. 즉 관광자를 위한 개발논리와 수용자의 보호논리를 어떻게 조정하고 통합해야 하는 것은 주요한 관건이라고 할 수 있다. 결국 관광지 개발은 자연적 또는 문화적 관광자원이 입지한 곳을 효율적으로 활용하여 이용자와 수용자 모두에게 그 가치를 높이기 위함이다.

관광지 개발은 관광계획으로부터 출발하는데, 관광계획이란 지식과 경험을 바탕으로 관광현상에 대하여 미래를 예측하고 타당성 있는 계획을 수립해 나가는 시스템적 종합화의 과정이라고 할 수 있다. 관광개발은 개발에 따른 부정적 요소를 제거하거나 최소화하는 정책과 계획이 필요하며, 그 지역의 경제적 · 사회적 · 문화적 그리고 환경적 삶의 질을 증대시키는 긍정적인 수단이 되어야 한다.

따라서 관광개발은 관광자와 관광개발자 그리고 지역사회 등 삼자의 이해를 바탕으로 전개되어야 한다.

2) 관광개발의 목적

관광개발의 목적은 개발의 주체가 공익성을 추구하는 공공부분이냐, 영리를 추구하는 민간부분이냐에 따라 달라질 수 있는데, 여기서는 공공부분에 대하여 언급하기로 한다.

지역경제의 발전 관광개발의 1차적인 목적은 지역경제의 활성화를 통한 발전에 있다. 즉 관광개발로 인하여 지역의 소득이 증대되고 고용이 창출되는 효과를 얻고자 하는 것이다.

복리후생의 증진 관광지의 개발은 국민의 건강증진, 문화욕구 충족, 노동재생산을 위한 재충전 등 일상생활권을 떠난 여가의 공간으로서 제공되어야 한다.

관광자원의 매력성 증대 현재의 관광자원은 관광개발을 통하여 매력성을 더 향상시킬 수 있다. 즉 접근시설, 편의시설, 위락시설 등을 추가함으로써 관광객이 보고 즐기며 체재를 할 수 기회를 제공하여 관광자의 만족을 극대화해야 한다.

관광자원의 보호 및 보존 관광개발을 통해서 훼손되었거나 방치된 문화재 등의 관광자원이 보호되고 복원되어 보존할 수 있는 계기가 되어야 한다.

3) 관광기반시설의 구축

관광기반시설은 관광수요를 확보하기 위한 관광개발의 핵심요소로서 하부구조(infrastructure)와 상부구조(superstructure)로 구분된다.

하부구조(Infrastructure) 도로 · 항만 · 공항 · 전기 · 통신 및 상 · 하수도 등 지표 이하의 시설을 말하며, 관광개발에서 가장 우선하여 개발되어야 한다.

상부구조(Superstructure) 관광자의 체재와 편의를 위한 시설로서 지표면 위의 숙박시설(호텔 등), 정보제공시설(관광안내소 및 관광표지 등), 각종 편의시설(음식점 · 쇼핑 · 유흥 · 상점 · 박물관 · 여행사 등) 등을 말한다.

4) 관광개발방식

관광개발의 방식에는 개발주체에 따라 공공주도형 · 민간주도형 · 지역주도형 · 혼합형 등의 유형으로 나눌 수 있다.

공공주도형 공공주도형 관광개발은 정부 · 지방자치단체 · 정부투자기관 등의 공공부분이 개발계획을 수립하고 시행하는 것을 말하는데, 사업시행단계에서 일정부분을 공공부분의 승인과 관리하에 민간부분에게 맡기는 경우도 있다. 공공주도형의 일반적인 개발방식은 부지를 매입하여 상 · 하수도와 전기 · 통신 등 기반시설을 구축하여 택지를 조성한 다음, 개별 관광시설은 민간에게 매각하여 민간사업자가 조성하게 하는 것이다. 예를 들면, 제주 중문과 경주 보문 관광단지의 개발을 들 수 있다.

이와 같은 공공주도형 관광개발은 개발목표가 외국관광객 유치 또는 국민복지관광 차원이며, 사업의 규모가 큰 편이다. 공공주도형 관광개발의 장점은 개발착수가 용이하고, 자금조달이 용이하지만, 단점으로는 운영의 효율성이 떨어지고, 예산편성이 경직되어 있다는 점이다.

민간주도형 민간주도형 관광개발은 민간사업자가 정부나 지방자치단체로부터 개발에 대한 사업의 승인을 받아 독자적으로 부지를 매입하여 조성하는 것을 말한다. 민간주도형 관광개발의 목표는 기업의 투자와 매출증대에 있으며, 장점으로는 운영의 능률성을 제고할 수 있고, 탄력적 투자와 창조성을 들 수 있으며, 단점으로는 지역주민의 의사를 충분히 반영하지 못하여 마찰을 빚을 우려가 있고, 비영리부분에는 투자를 하지 않을 수 있으며, 이익이 외부로 유출될 우려가 있다. 이와 같이 민간주도형 개발은 지역사회와의 조화가 문제인데, 이를 위해서는 원자재의 현지조달, 현지주민 고용, 현지산업 육성 등의 노력이 요구된다.

지역주도형 지역주도형 관광개발은 지역주민이나 단체가 자주적으로 개발한다는 측면에서는 의의가 있지만 자금조달과 기술력 및 정보의 부재 등 여러 부분에서 위험

요소가 따른다. 대안으로 공동투자방식이 있는데, 이 역시 영세성으로 인하여 대규모 개발에는 부적절하다고 할 수 있다.

혼합형 혼합형 관광개발은 앞에서 언급한 공공·민간·지역 세 가지 개발주체 중에서 두 개 이상의 개발주체가 책임과 권리를 공유하여 개발하는 방식이다. 이 방식은 단독개발의 단점은 보완할 수 있지만, 계획과 집행과정에서 주체 간 의견이 대립될 가능성이 있다.

표 7-9 공공 및 민간주도형 관광개발의 비교

개발주체	장점	단점
공공주도형	• 개발착수 용이 • 자금조달 용이 • 비영리부분 투자가능	• 운영의 비효율성 • 예산운용의 경직성
민간주도형	• 운영의 능률성 • 탄력적 투자 • 창조적 개발	• 지역주민의 의사 배제 • 비영리부분 투자 인색 • 이익의 외부유출
지역주도형	• 지역의 자주성 확보 • 지역 공동이익 추구	• 자금조달의 한계 • 기술력 부족 • 정보의 부재
혼합형	• 자금과 기술의 협력	• 개발주체 간 의견대립

5) 우리나라의 관광개발계획

우리나라에서는 관광개발기본계획과 권역별 관광개발계획으로 나누어 관광지 개발을 계획하고 있다. 국가가 관광자원을 효율적으로 개발·관리하기 위하여 문화체육관광부장관은 매 10년마다 관광개발기본계획을 수립해야 하고, 권역별 관광개발계획은 국가의 관광개발기본계획에 의거하여 도지사가 5년에 1회의 계획을 수립해야 한다.

6) 관광지 · 관광단지 · 관광특구

관광지 관광지는 관광자원이 풍부하고, 관광객의 접근이 용이하며, 개발제한요소가 적어 개발이 가능한 지역과 관광정책상 관광지로 개발하는 것이 필요하다고 판단되는 지역을 대상으로 한다. 이곳에 관광객의 관광활동에 필수적인 진입도로, 주차장, 상·하수도, 식·음료대, 공중화장실, 오수처리시설, 관리사무소, 관광지 안내도 등 기반시설과 야영장, 어린이 놀이시설, 청소년 수련시설, 체력단련장, 샤워·탈의장, 물품보관소 등 편익시설을 공공사업으로 추진하고 그 외 이용관광객의 편의를 위한 관광휴양·오락시설(운동·오락시설, 휴양·문화시설), 숙박시설, 상가시설 등은 민간자본을 유치하여 개발하는 사업이다.

관광단지 관광단지는 관광산업의 진흥을 촉진하고 국내외 관광객의 다양한 관광 및 휴양을 위하여 각종 관광시설을 종합적으로 개발하는 관광거점 지역을 말한다. 또한 관광단지 지정을 위한 면적기준을 현행 100만 제곱미터에서 50만 제곱미터로, 관광단지 설치 시설기준을 4종에서 3종으로 완화(공공편의시설, 숙박시설, 운동·오락시설, 휴양·문화시설에서 공공편의시설, 숙박시설, 운동·오락시설 또는 휴양·문화시설)하였고, 앞으로 관광단지는 건강·교육·체험 등 다양한 관광수요를 특징으로 하는 최근의 관광 패러다임 변화에 맞춰 관광단지를 특성화하여 개발함으로써 지역 관광산업의 동력으로 활용할 계획이다.

관광특구 관광특구는 외국인 관광객 유치 촉진을 위하여 관광시설이 밀집된 지역에 대해 야간 영업시간 제한을 배제하는 등 관광활동을 촉진하고자 1993년에 도입된 제도이다. 「관광진흥법」 제2조에서는 "외국인 관광객의 유치 촉진 등을 위하여 관광활동과 관련된 관계 법령의 적용이 배제되거나 완화되고, 관광활동과 관련된 서비스·안내체계 및 홍보 등 관광여건을 집중적으로 조성할 필요가 있는 지역으로서 관광진흥법에 의하여 지정된 곳"이라고 정의하고 있다.

관광특구 지정요건은 문화체육관광부령이 정하는 상가・숙박・공공편익시설, 휴양・오락시설 등의 요건을 갖추고 외국인 관광객의 수요를 충족시킬 수 있는 지역으로, 당해 지역의 최근 1년 간 외국인 관광객이 10만명(서울특별시는 50만명) 이상(문화체육관광부장관이 고시하는 통계전문기관의 통계)이어야 하며, 임야・농지・공업용지・택지 등 관광활동과 관련이 없는 토지가 관광특구 전체 면적의 10%를 초과하지 않아야 한다.

관광관련 자격시험 대비 연습문제・

1. 관광자원을 자연자원과 인문자원으로 나눌 때 다음 중 인문자원에 해당하지 않는 것은?

① 온천 ② 예술 ③ 축제 ④ 문화재

2. 다음 중 그 성격이 다른 관광자원은 무엇인가?

① 의료관광 ② 한류 ③ 난타공연 ④ 문화재

3. 우리나라의 무형유산 중 세계유산으로 지정된 것이 아닌 것은?

① 제주해녀문화 ② 제사
③ 줄다리기 ④ 농악

4. 세계유산의 설립배경이 된 문화재(관광자원)는?

① 이집트의 피라미드 ② 이집트의 아부심벨 신전
③ 이탈리아의 피사의 탑 ④ 이탈리아의 폼페이 유적

5. 문화유산 및 자연유산까지 포함하여 인류의 유산을 답사하는 관광을 무엇이라고 하는가?

① Heritage Tourism ② Ethnic Tourism
③ Agriculture Tourism ④ Social Tourism

6. 다음 중 우리나라의 세계문화유산으로 지정된 것이 아닌 것은?

① 종묘 ② 수원화성
③ 창덕궁 ④ 경복궁

7. 세계유산 중 우리나라의 자연유산은?

① 환선굴 ② 제주 화산섬 · 용암동굴
③ 우포늪 ④ 순천만

8. 다음 중 우리나라의 세계기록유산으로 지정된 것이 아닌 것은?

① 대동여지도 ② 훈민정음
③ 승정원일기 ④ 조선왕조실록

9. 다음 우리나라의 무형유산 중 세계유산에 등록되지 않은 것은?

① 안동탈춤 ② 종묘제례
③ 판소리 ④ 강릉 단오제

10. 세계유산인 산사, 한국의 산지 승원으로 지정된 사찰이 아닌 것은?

① 통도사 ② 부석사
③ 법주사 ④ 해인사

11. 공공주도 관광개발의 장점이 아닌 것은?

① 운영의 능률성 ② 개발착수 용이
③ 자금조달 용이 ④ 비영리부분 투자가능

12. 관광개발의 목적이 아닌 것은?

① 지역경제의 발전 ② 복리후생의 증진
③ 관광사업자의 영리 ④ 관광자원의 보호 및 보존

13. 관광산업의 진흥을 촉진하고 관광객의 다양한 관광 및 휴양을 위하여 각종 관광시설을 종합적으로 개발하는 관광거점지역으로써 관광진흥법에 의하여 지정된 곳을 무엇이라고 하는가?

① 관광지 ② 관광단지
③ 관광특구 ④ 관광명소

14. 외국관광객의 유치촉진 등을 위하여 만든 것은?

① 관광지 ② 관광단지
③ 관광특구 ④ 관광명소

15. 관광특구의 법적 요건이 아닌 것은?

① 최근 1년간 외국인관광객의 수가 10만명 이상일 것(서울특별시 제외)
② 서울특별시는 최근 1년간 외국인관광객의 수가 100만명 이상일 것
③ 문화체육관광부령이 정하는 상가・숙박・공공편익시설, 휴양・오락시설 등의 요건을 갖추고 외국인 관광객의 수요를 충족시킬 수 있는 지역일 것
④ 임야・농지・공업용지 또는 택지 등 관광활동과 직접적인 관련성이 없는 토지의 비율이 10%를 초과하지 않을 것

참고문헌

Archer, Brian & Chris Cooper(1998), "The Positive and Negative Impacts of Tourism," *Global Tourism*, 2nd ed., Butterworth-Heinemann, 63~81.

Bonink, C. & G. Richards(1992), *Cultural Tourism Development and Government Policy*, MA Dissertation, Rijksuniversiteit Utrecht.

Culpan, Refik(1987), "International Tourism Model for Developing Economies," *Annals of Tourism Research*, 14: 543.

Gunn, Clare(1979), *Tourism Planning*, New York: Crane, Russak & Company, Inc.

__________(1988), *Tourism Planning*, 2nd ed., New York: Taylor & Francis.

Hudman, Lioyd E. & Donald E. Hawkins(1989), *Tourism in Contemporary Society: An Introductory Text*, New Jersey: Prentice-Hall.

Hughes, G.(1995), "Redefining Cultural Tourism," *Annals of Tourism Research*, 23(3): 707～709.

Inskeeper, Edward(1991), "Tourism Planning, An Integrated and Sustainable Development Approach," *VNR Tourism and Commercial Recreation Series*, Van Nostrand Reinhold, 38～40.

Lew, Alan A.(1994), "A Framework of Tourist Attraction Research," *Travel, Tourism, and Hospitality Research*, John Wiley & Sons, Inc., 291～304.

Mcintosh R.W. & C.R. Goldener(1990), *Tourism: Principles, Practices, Philosophies*, New York: Wiley and Sons.

Richards, G.(1996), "Production and Consumption of European Cultural Tourism," *Annals of Tourism Research*, 23(2): 27～36.

memo

chapter 8

관광교통

학습목표

1. 관광교통수단은 어떤 것들이 있는가?
2. 교통수단별 역사는 어떻게 발전하여 왔는가?
3. 교통수단별 장단점은 무엇인가?
4. 교통수단별 문제점과 개선 및 육성방안은 무엇인가?

관광기초

제1장 관광의 이해
제2장 관광발전사

관광주체

제3장 관광자 행동

관광매체

제8장 관광교통
제9장 관광숙박과 외식산업
제10장 여행업
제11장 테마파크와 리조트
제12장 카지노와 국제회의 산업

관광객체

제5장 관광과 문화
제6장 관광과 환경
제7장 관광자원과 개발

관광환경

제4장 관광의 경제적 · 사회적 영향
제13장 관광정책

01 관광교통의 개념

1) 관광교통의 의의

관광교통은 관광의 주체인 관광자와 관광의 객체인 관광자원을 연결시켜 주는 관광매체의 기능을 한다. 즉 관광교통은 관광자의 이동을 충족시켜 주는 수단으로서 크게 기차・자동차・버스 등의 육상교통, 항공기 등의 항공교통, 여객선 및 유람선 등의 해상교통으로 나눌 수 있다. 이러한 교통수단은 각각의 특성과 장단점이 있는데, 관광객은 이동거리・접근방법・여행목적에 따라 적절한 교통수단을 선택하게 될 것이다.

교통수단들이 기본적으로 갖추어야 할 다섯 가지 요소는 ① 안전성(safety), ② 안락성(comfort), ③ 신속성(speed), ④ 편의성(convenience), ⑤ 경제성(economy)이라고 할 수 있다.

그림 8-1 교통수단의 분류체계

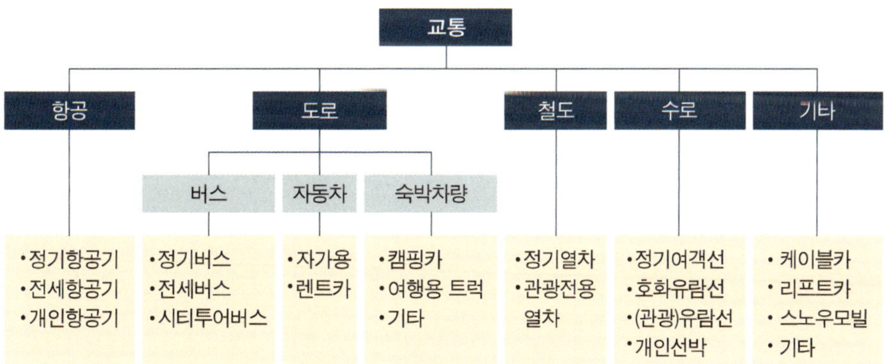

자료: Goeldner, Ritchie & Mcintosh, 2001: 137을 참고하여 저자 재작성.

2) 관광교통의 문제점

관광교통은 다음과 같은 문제점을 안고 있는데, 이를 해결하기 위한 다양한 관광정책이 요구된다.

혼잡 대량교통에 따른 혼잡성으로서, 특히 최성수기 기간 동안은 도로와 공항이 매우 혼잡한데 이 때문에 시간과 에너지가 낭비되고, 출발이 연기되는 등 여러 문제가 발생한다.

안전과 보안 안전과 보안의 문제는 관광자의 생명과 직결된다는 점에서 관광교통의 가장 기본적인 요청사항이다. 특히 항공기 공중납치(hijacking)와 테러방지를 위한 안전조치가 요구된다.

환경 교통량의 증가는 자연환경과 생활환경을 해롭게 하여 관광자를 더 이상 수용하지 못하는 결과를 초래할 수 있다. 따라서 교통계획에 의해서 시설을 확충하고자 할 때는 경제적·사회적·문화적·자연자원 비용을 예상하여야 한다.

계절적 한계 관광은 특정 계절에 몰리는 경향이 있는데, 즉 교통수요를 어떻게 적절하게 배분하는가와 비수기를 어떻게 극복하느냐는 관광교통정책과 관광사업체의 주요과제라고 할 수 있다.

02 육상교통

1) 기차

기차의 역사 영국의 스티븐슨은 와트가 발명한 증기기관을 이용하여 1825년 스톡톨과 달링턴 사이에 기관차 '로코모션호'의 시운전을 성공하여 세계에서 처음으로 여객과 화물의 수송을 위한 영업이 시작되었다. 유럽에 이어 미국도 대륙 오지를 개척하기 위하여 1950년대 1만 4,500km, 1990년대 26만km의 철도가 개통되어 세계 제1의 철도망을 구축하였다. 유럽이나 미국은 19세기 말 철도망이 거의 완성되었으나, 아시아 · 아프리카 지역에서는 중국과 일본을 제외하고는 20세기에 들어서 건설이 시작되었다. 이 시기의 기차는 가장 유효한 관광교통수단이었다. 우리나라의 경우 1899년 3월 18일 제물포와 노량진 간 33.2km의 경인선 개통되어 철도의 역사가 시작되었고, 1905년 경부선 개통, 1906년에는 경의선이 개통되어 기차에 의한 이동이 본격화되었다.

그러나 제2차 세계대전 이후 자동차의 급속한 보급 및 항공기의 등장으로 인하여 기차산업은 사양길에 접어들었고, 기차를 이용한 관광은 자동차와 항공기에 밀리게 되었다. 따라서 기차산업은 채산성이 없는 노선을 대폭 폐지하고 동력을 증기로부터 경제효율이 좋은 전기나 내연기관으로 바꾸어 쾌적한 승차감과 빠른 속도, 여객유치를 위한 설비를 갖추는 등 안전과 서비스 향상에 노력하였는데, 1957년 운행을 개시한 유럽국제특급열차가 대표적인 예이며, 세계 각국에서는 쾌속 · 쾌적의 서비스를 위하여 고속철도를 개발하고 있다.

기차의 특성 기차는 레일 위를 주행하므로 고속주행을 할 수 있어 항공기를 제외한 가장 신속한 교통수단이라고 할 수 있으며, 타 교통수단보다 안전성이 뛰어나다. 또한 비행기나 선박은 기상조건에 크게 영향을 받고, 버스와 자동차 역시 도로 교통체증에 의한 연착이 발생할 수 있으나 기차는 정시성을 확보할 수 있으며, 대량인원 및 장거리 수송이 가능한 특징을 가지고 있다. 그리고 버스와 자동차 등 타 교통수단에 비하여 상대적으로 저렴한 비용으로 이동할 수 있으며, 이동 중에 식당 및 라운지, 화장실 등을 자유롭게 사용할 수 있는 것도 장점이다. 그러나 기차는 철로가 연결되어 있지 않는 곳에는 갈 수 없으므로 코스가 한정되어 있는 것이 단점이다.

유럽의 기차 유럽의 기차여행은 유럽 각 나라의 작은 시골마을도 쉽게 여행할 수 있고, 야간열차를 이용하여 시간과 돈을 아낄 수 있으며, 유럽의 아름다운 경관을

표 8-1 유럽의 기차종류

종류	내용
유로피안 패스 (European Passes)	유레일 패스(Eurail Pass)와 유레일 셀렉트패스(Eurail Selectpass)로 나누어지는데, 유레일 패스는 17개국(이탈리아·독일·스위스·프랑스·스페인·오스트리아·네덜란드·벨기에·룩셈부르크·아일랜드·포르투갈·그리스·스웨덴·노르웨이·덴마크·핀란드·헝가리)에서 무제한 탑승이 가능한 승차권이고, 유레일 셀렉트패스는 유럽 22개국 중 3~5개 국을 선택하여 탑승할 수 있는 승차권이다.
내셔널 & 리저널 패스 (National & Regional Pass)	짧은 기간 동안 한나라 또는 가까운 나라를 하나로 묶어 무제한으로 열차를 탑승하며 여행하는 승차권(예 프랑스 패스, 이탈리아 패스, 스위스 패스 등)
포인트 투 포인트 티켓 (Point to Point Ticket)	유럽의 8천여 개 도시 중 두 도시를 골라 왕복으로 사용하는 오픈 티켓
프리미어 트레인 (Premier Train)	안전하고 빠른 고속열차 티켓(예 유로스타, TGV, 탈리스 등)
호텔 트레인 (Hotel Train)	편안한 침대칸이 제공되는 야간기차 티켓

창문너머로 여유롭게 감상할 수 있는 것이 특징이 있다.

유럽의 기차종류는 〈표 8-1〉과 같다.

미국의 기차 미국의 철도인 암트랙(Amtrack)은 미국(America)과 철도(Track)의 합성어이다. 이 철도는 정부와 민간이 합작하여 운영하고 있고, 알래스카·하와이·사우스다코타·와이오밍 주를 제외한 46개주 500여 개의 도시를 연결하고 있으며, 기차 안에는 침대칸·식당칸·휴게실 등의 편의시설을 갖추고 있다. 관광객들은 암트랙 패스를 이용하여 편리하게 미국여행을 할 수 있다.

세계 각국의 고속철도 일본의 고속철도인 신간선은 1964년에 개통되었고, 1970년대부터 전국 신간선 정비법 제정을 시작으로 전국적인 철도망을 구축·운영하고 있다. 일본의 신간선은 구간속도 200Km/h 이상으로 달려야 하며, 일반도로와 평면에서 교차하지 않아야 하는 규정을 두고 있다. 프랑스는 1981년에 TGV, 독일은 1991년에 ICE를 개통하였고, 스페인은 AVE를 1992년 프랑스의 TGV의 기술을 바탕으로 완공하였다.

우리나라도 2004년도에 TGV의 기술을 도입하여 고속철도인 KTX(Korea Train Express)가 개통하였는데, 고속철도의 기준을 평균속도 200km, 최대속도 300km 선을 기준으로 하였을 때 일본 · 프랑스 · 독일 · 스페인 다음으로 5번째 개통하였으며, 서울-부산 간을 여러 역을 거치면서 2시간 50분에 주파한다.

표 8-2 세계 각국의 고속철도

연도	국명	고속철도명	비고
1964	일본	신간선	고속철도의 기준은 국제적으로 규정화되어 있지 않지만 통상적으로 평균속도 200km 이상, 최대속도 300km 이상이다.
1981	프랑스	TGV	
1991	독일	ICE	
1992	스페인	AVE	
2004	한국	KTX	

관광열차 관광열차는 단순히 목적지 간의 이동이 아니라 철도를 이용하여 테마형으로 개발한 관광상품을 말한다. 우리나라의 테마형 관광열차 상품은 1980년대 말 서비스 개선과 철도의 수입증대를 위하여 개발되기 시작하였는데, 관광사업과 연계하여 코레일 팩(Korail pack)이라는 패키지상품을 만들었다. 이때 등장한 상품으로는 1986년 설악산 신혼열차 · 서울 · 경주 · 여수 등의 관광지를 연계하는 효도관광열차 등이 이었다.

처음에는 철도사업의 여행분야 참여로 인하여 여행업계 고유업무에 대한 침해라는 반발이 있었으나, 시간이 흐름에 따라 여행업의 기타 관광사업체의 협조로 인하여 발전하게 되었다. 이후 철도관광은 체험관광, 안보열차, 등산, 동굴탐사, 맥주열차, 진학상담 및 인생이야기 열차, 사랑의 영화열차 등 건전하고 추억에 남는 테마형태로 발전하였다. 그러나 대체교통수단의 발달, 관광전용열차의 시설노후화, 상품의 단순성, 연계수송 시스템의 부족 등으로 인하여 지속적인 발전을 하지 못하고 한계에 이르렀다. 그러던 중 1998년 드라마 모래시계의 열풍으로 인하여 개발된 무박 2일의 정동진 해돋이관광열차 상품이 성공을 거두면서 테마형 관광열차에 대한 관심이 다시 고조되기 시작하였다.

최근에도 기차를 활용한 다양한 관광상품이 등장하고 있는데, 소개하면 〈표 8-3〉과 같다.

표 8-3 기차를 활용한 관광상품

상품명	내용
바다열차	강릉 · 동해 · 삼척을 잇는 58km 해안선 구간을 달리는 열차. 총 3개의 객차로 되어 있으며, 바다를 한눈에 담을 수 있도록 넓은 차창을 최대한 확보하여 개조하였다.
기차펜션	강원도 정선 구절리에는 기차를 고정시켜 펜션으로 개조하여 숙박을 할 수 있도록 하였다.
유람선 기차	호텔식 관광열차 '해랑'은 땅위의 유람선이라고 불린다. 객실마다 침대 · 샤워실 · 소파 · TV · 오디오 등 편의시설이 갖추어져 있으며, 2박 3일 전국일주 코스와 1박 2일 동 · 서해안 코스가 있다.
열차카페	객차 1량을 스낵공간, 노래방시설인 미니 콘서트룸, 테라피룸, PC방 등을 갖춘 것으로서 장항선 · 호남선 · 전라선 등에서 운영하고 있다.

〈바다열차〉 〈유람선기차〉 〈기차펜션〉 〈열차카페〉

기차를 활용한 관광상품들

한편 관광지 내에 관광목적을 위한 철도로서 등산철도와 유람철도 등이 있으며, 산악관광과 자연관광을 위한 것으로 모노레일(monorail), 강선철도(cable car), 보통삭도(ropeway), 특수삭도(ski lift) 등이 있는데, 관광객들이 즐겨 이용하는 철도관광의 한 형태라고 할 수 있다.

향후 관광열차는 관광객의 문화관광에 대한 욕구의 증대에 따라 활성화 될 것이며, 또한 KTX와 타 교통수단과의 연계 코스 개발, 한·일공동 승차권제도, 남·북간 철도의 연결 등으로 인하여 더욱 발전할 것으로 기대된다. 특히 1997년 아셈회의에서 합의한 아시아 철도망의 구축은 코레일 패스(Korail-pass) 한 장으로 유럽까지 여행하는 날이 멀지 않을 것임을 예고하고 있으며, 남북철도·아시아철도·유럽철도가 이어지는 21세기에는 또 한 차례의 철도 르네상스가 도래할 것으로 예상된다.

레일바이크 레일바이크(rail bike)란 철로 자전거를 말하며, 일반적으로 철로 폐선을 활용하여 관광상품화한 것이다. 우리나라 최초의 레일바이크를 운용한 곳은 1995년 경북 문경이다. 원래 점촌 시내에서 문경읍과 가은읍을 경유하는 철도는 석탄을 실어 나르는 역할을 위해 건설된 것이다. 그러나 탄광이 없어지고 자동차와 버스가 늘어나면서 철도는 그 사용가치를 잃었다. 폐쇄된 철로를 이용하기 위한 아이디어로 철도 자전거 관광상품이 개발되었다.

이후 2005년 강원도 정선에서도 철로 폐선을 활용하여 레일바이크를 운영하고 있

표 8-4 국내 주요 레일바이크 운영사례

지역	내용
문경 레일바이크	제1코스는 진남역(출발) - 불정역 방향 2km(왕복 4km)이며, 제2코스는 불정역(출발) - 주평방면 1.8 km(왕복 3.6km)이다. 경북 팔경 중 제1경으로 꼽히는 진남교반과 시원함을 느낄 수 있는 강과 터널이 달리는 내내 눈을 즐겁게 해준다.
정선 레일바이크	운행구간은 정선선 종착역이었던 구절리역에서 정선아리랑의 발상지인 아우라지역까지 7.2km로 소요시간은 50분 정도이다. 레일바이크는 노추산계곡·자께골 등 심산유곡에서 흘러나온 물이 모여 굽이굽이 흐르는 송천을 따라 놓인 철길의 비경 속을 달리게 된다. 정선은 레일바이크 수입만 연간 20억원 정도 올리고 있다.
섬진강 기차마을 레일바이크	섬진강 기차마을은 곡성군이 1998년 폐쇄된 전라선 13.2km에 2005년 관광용 증기기관차를 도입하였으며, 2009년에 레일바이크를 투입해 섬진강변 풍광을 감상할 수 있게 한 관광지다.

으며, 2009년에는 전남 곡성의 섬진강 기차마을에 증기기관차와 함께 레일바이크 관광상품을 만들어 운영하고 있다. 이와 같은 레일바이크는 탑승수입뿐만 아니라 이들의 숙박 · 식음료 · 특산품 구매 등을 통하여 해당 지역의 경제활성화에 기여하는 등 효자관광상품으로 각광을 받고 있다.

문경 레일 바이크

정선 레일 바이크

섬진강 레일 바이크

자료: 해당 군 홈페이지.

2) 자동차

승용차 자동차의 보급은 관광여행을 보편화시켰다. 자동차 여행의 장단점을 정리하면 〈표 8-5〉와 같다.

표 8-5 자동차 관광여행의 장단점

장점	단점
• 자유로운 일정이 가능하다. • 관광목지에 가장 근접한 곳까지 이동이 가능하다. • 관광지 내에서 자유로운 이동도 가능하다. • 소규모 가족단위의 경우 여행경비를 절약할 수 있다.	• 대량수송이 불가능하다. • 운전자의 육체적 · 정신적 피로감을 유발한다. • 안전성과 안락성이 타 교통수단보다 저하된다. • 코스의 회귀성(자동차에서 내려서 관광을 하고 난 후에는 반드시 자동차로 돌아와야 함)

캠핑카(Camping Car) 장기간 드라이브 여행을 할 수 있도록 여러 가지 설비를 갖춘 자동차를 말한다. 차내에는 침대와 부엌이 갖추어져 있으며, 욕실과 화장실이 붙어 있는 것도 있다. 캠핑카는 국토가 넓은 미국이나 육지로 외국에 갈 수 있는 유럽에서는 일찍부터 보급되어 사회전반에 레저용 차량으로 확산되어 있는데, 국내도 머지않아 보편화 될 것으로 예상된다. 캠핑카의 장점은 자유로운 이동과 차내에서 숙식이 가능하다는 점이다.

캠핑카의 가격은 5,500만원 선에서 7,000만원 대이지만, 렌트 서비스를 통해 이용할 수도 있다.

3) 렌터카

렌터카의 의의 렌터카(rent-a-car, rental car)란 사용료를 지불하고 자동차를 빌려 쓰는 제도로서 현대 자동차여행에 큰 비중을 차지하고 있다. 렌터카는 1920년대부터 북미와 유럽에서 자가용 자동차 붐이 형성되고, 자동차 전용도로와 고속도로 등이 건설되면서 발전하기 시작하였다. 세계 3대 렌터카회사인 허츠(Hertz)는 1918년에, 아비스(Avis)는 1946년에, 버젯(Burget)은 1947년에 사업을 시작하여 오늘날 다국적기업으로 발전하였다. 특히 렌터카는 1960년대 이후 항공산업과 연관이 많은데, 비즈니스고객들이 사무실에서 공항으로 이동할 때 렌터카를 이용하고, 목적지의 공항에 내리면 역시 같은 회사의 렌터카를 이용하여 업무를 보고, 역순으로 자기의 사무실로 회귀하였다. 즉 항공기와 렌터카의 연계성(fly and drive)이 렌터카의 큰 장점이었다.

우리나라는 1975년 (주)대한렌트카가 30대의 차량으로 서울에서 자동차대여사업 면허를 취득하여 영업한 것이 효시이다. 이후 렌터카는 공항과 도심의 호텔을 중심으로 성행하였고, 자가용 이동이 불가능한 제주도 관광지에서의 렌터카는 유효한 관광교통수단으로 각광을 받고 있다. 향후 KTX의 전 구간이 완공되면 KTX 역사를 연계한 렌터카의 활용도는 더욱 높아질 것으로 예상된다.

렌터카관광의 장단점 렌터카를 이용한 여행의 장점은 여행일정을 조정할 수 있으며, 여행 중 정차가 편리하고, 출발시간이 자유로우며, 짐과 장비를 쉽게 운반할 수 있다. 또한 세 사람 이상이 이용하게 되면 상대적으로 경비가 절약되며, 목적지에 도착하면 자동차 이용에서 벗어날 수 있는 점 그리고 편리한 예약 및 반납이 가능하다는 점이다. 단점으로는 불규칙적인 여행으로 인한 운전자의 피로와 정신적 긴장의 누적과 외국에서 렌터카를 이용할 경우 도로체계 등 상이한 교통문화에서 오는 사고 위험이 초래될 수 있다.

렌터카의 이용자격 국내 렌터카의 이용자격에 대한 조건은 만 21세 이상에 운전경력 1년 이상으로서 국내 또는 국제운전면허를 소지한 자이다. 외국에서 렌터카를 이용하려면 반드시 국제운전면허증의 취득이 필수적인데, 국제운전면허를 취득하기 위해서는 여권과 운전면허(한국)증을 소지한 자이어야 한다. 우리나라도 1971년에 국제도로교통에 관한 조약에 가입하여 전 세계 대부분의 나라에서 국제운전면허증이 통용되고 있다.

세계 3대 렌터카의 로고

4) 전세 관광버스

전세 관광버스(charter tour bus)는 각종 단체가 원하는 관광목적지를 이동하는데 유효한 관광교통수단으로서 타 교통수단보다도 상대적으로 개인당 요금이 저렴한 편이며, 계약내용에 따라 여정과 관광활동이 보장이 되는 것이 장점이다. 특히 국외여행에서 전세 관광버스는 관광 가이드를 동반하여 버스 내에서 뿐만 아니라 현지 관광지에서 자세한 관광안내를 받을 수 있는 이점이 있다.

단점으로는 ① 일부 기사의 자질부족에 따른 대고객 서비스의 결여, ② 팁(tip) 강요, ③ 지입제 운영에 따른 소속감 부족 및 사고발생시 보험처리문제, ④ 운전기사의 과로 및 차량정비 불량 등에 의하여 안전상의 문제 등이 제기된다. '지입제'란 개인차주가 운수업체의 명의를 빌려서 운송사업을 하고 일정액의 '지입료'를 내는 운수업계의 관행을 말한다.

5) 시티투어 버스

시티투어 버스(city tour bus)는 해당 지역의 유명 관광지를 순환하는 버스로서, 저렴하고 체계적으로 관광을 할 수 있을 뿐만 아니라 가이드의 동행이나 자동안내 시스템에 의하여 자세한 안내를 받을 수 있다는 점에서 개별고객 및 가족단위의 관광객으로부터 각광을 받고 있다. 우리나라의 관광사업법에서는 시티투어를 "시내순환관광업으로 규정하여 여객자동차운수사업법에 의한 여객자동차 운수사업면허를 받은 자로서 버스를 이용하여 관광객에게 시내 및 그 주변 관광지를 정기적으로 순회하면서 관광을 할 수 있도록 하는 업"으로 정하고 있다.

유럽 일부 도시에서 운행 중인 시티라마(Cityrama), 시드니의 익스플로어(Explorer), 도쿄의 하토버스투어(Hato Bus Tour), 홍콩의 더 빅 버스(The Big Bus) 등 세계 유명 도시의 시티투어 버스는 그 도시의 관광명물로 자리잡고 있다. 우리나라에서도 시티투어 버스가 활성화되기 위해서는 ① 관광코스의 매력 및 효율성 제고, ② 안락하고 편안한 전용버스의 마련(2층 버스 및 2층 오픈 버스), ③ 전문 가이드 양성 또는 통역기기 설비, ④ 접근의 용이성, ⑤ 체계적인 홍보, ⑥ 해당 지방자치단체의 적극적인 관심과 지원 등이 요구된다.

우리나라에서는 현재 서울을 비롯한 유명 도시 및 관광지에 40여 개의 시티투어 버스를 운행하고 있다.

유럽 일부 도시에서 운행 중인
시티라마(Cityrama)

홍콩의 더 빅 버스(The Big Bus)

도쿄의 하토버스(Hato Bus)

시드니의 익스플로러(Explorer)

03 항공교통

1) 항공교통의 의의

항공교통은 1903년 라이트형제가 동력에 의한 비행을 성공한 후 1919년 독일에서 8명의 승객을 태우고 6,000m 상공을 비행함으로서 첫 상업화의 시대를 열었고, 1927년 뉴욕-파리 간 5,800km의 대서양 무착륙 횡단비행이 실현되어 항공여행의 대중화 계기를 마련하게 되었다. 이후 항공제작기술의 발전에 힘입어 제트여객기의 출현 및 B747과 같은 대형 점보기가 개발되어 관광객 대량수송에 지대한 영향을 미치게 되었다. 항공교통은 국제관광에 있어서 관광자와 관광목적지 사이에 가장 유효한 교통수단이라고 할 수 있다.

2) 항공교통의 특징

고속성 항공기는 교통수단 중에서 가장 빠르므로 시간적 거리를 단축시켜 준다. 항공기의 속도는 1950년대 273km/hour, 1960년대 500km/hour, 1970년대 760km/-hour로 향상되어 그 후 초음속 항공기까지 등장하였다.

정시성 이변이 없는 한 항공기는 정해진 스케줄대로 정시에 출발하고 도착하는데, 기상조건, 승객의 탑승지연, 공항의 혼잡 등의 사정으로 인하여 정시성을 확보하지 못하는 경우도 있다.

안전성 항공기는 거리 및 운행빈도에 비하여 타 교통수단보다도 사고율이 적어 안전한 것으로 평가되고 있다. 항공교통의 안전은 항공기의 기술적 요인, 정비기술의 문제, 기장의 실수, 기상조건 등에서 발생하는데, 최근에는 첨단 항공기설계 및 항법장치 등을 통하여 과거보다 안정성이 매우 높아졌다.

대한항공은 인천-뉴욕 노선 등 중장거리 노선에 투입할 최신형 항공기 B777-300ER에 넓고 편안한 좌석을 채택한 이 항공기의 일등석 좌석 한 개당 제작비용은 2억 5,000만원으로 기존의 일등석(1억원)보다 두 배 이상 비싸다. 이와 같이 항공사는 점점 좌석의 편의와 고급화를 지향하고 있다(대한항공).

쾌적성 항공기는 타 교통수단보다도 쾌적한 시설을 갖추고 있으며, 고품질의 인적 서비스도 제공된다. 그러나 항공교통은 요금이 고가이고, 공항에 접근하거나 공항과 관광목적지를 연계하기 위해서는 다소의 시간을 낭비한다는 점이 단점으로 작용한다. 그리고 안전성 부분에 있어서도 최근 국제정세의 불안에 따라 공중납치(hijacking) 등 테러에 무방비 노출되어 결코 안전을 장담할 수 없으며, 쾌적성 부분에 있어서도 항공기좌석의 대부분을 차지하고 있는 일반석(economy class)의 경우 앞뒤 좌우간의 폭이 좁아 불편한 점도 있다.

3) 항공사업의 분류

운항형태에 의한 분류 항공사업은 운항형태에 따라 정기운항과 부정기운항으로 나눌 수 있다.

정기운항 정기운항은 미리 정해진 특정의 노선을 공표된 시간표에 따라 규칙적으로 운항하는 것을 말한다. 이와 같이 노선에 따라 정기적으로 운항하는 항공기를 정기항공기(scheduled service flight)라고 한다.

부정기운항 부정기운항은 노선이나 스케줄의 제한을 받지 않고 수요자와의 계약에 의하여 운항이 가능한 지역 어디든지 운항하는 것을 말한다. 이와 같이 단체 그룹에 의하여 항공기 전체가 전세된 항공기를 전세항공기(charter service flight)라고 한다.

운송객체에 의한 분류 항공사업은 운송객체에 따라 여객운송사업과 화물운송사업으로 나눌 수 있다.

여객운송사업 사람의 수송을 주목적으로 하는 운송사업을 말한다.

화물운송사업 화물수송을 주목적으로 하는 운송사업을 말하는데, 과거의 운송사업은 여객 중심이었으나 최근 항공화물은 연평균 9.6% 성장하여 여객운송 증가율 7.3%에 비하여 높은 성장률을 보이고 있어 화물운송사업의 중요성이 증대되고 있다.

국제항공운송협회(IATA)는 매년 세계항공운송통계를 발표하고 있는데, 여객수송실적은 킬로미터당 여객수(RPKs: Revenue Passengers Kilometers), 화물수송실적은 킬로미터당 톤수(FTKs: Freight Tonne Kilometers)를 기준으로 하고 있다.

운송지역에 의한 분류 항공사업은 운송지역에 따라 국내항공운송사업과 국제항공운송사업으로 나눌 수 있다.

국내항공운송사업 국내항공운송사업은 자국의 영역 내에서 항공기를 이용하여 여객 및 화물을 운송하는 사업을 말한다. 우리나라의 국내항공운송사업은 대한항공과 아시아나항공의 2개 국적사가 담당하고 있으며, 노선이 대부분 1시간 이내의 단거리여서 수익성이 취약한 편이다.

국제항공운송사업 국제항공운송사업은 각국의 항공법과 양국 간에 체결된 2국 간의 항공협정에 의하여 여객 및 화물을 운송하는 사업을 말한다. 우리나라는 약 80개 국과 항공협정을 체결하여 130개 노선에 국적항공사가 취항하고 있으며, 외국의 45개 항공사도 우리나라에 취항하고 있다.

4) 항공관련 국제기구

항공사업은 국제적으로 많은 제약이 따르고, 각종 협의 등의 필요한데, 이를 다루는 대표적인 단체는 다음과 같다.

국제민간항공기구(ICAO: International Civil Aviation Organization) 국제민간항공기구는 항공에 관한 UN의 전문국제기구로서 국제민간항공의 균형 있는 발전을 도모하고, 항공안전의 확보를 위하여 국제민간항공조약 및 세부규정 등을 통하여 각 회원국이 안전하게 국제항공을 운항할 수 있도록 노력하는 단체이다. ICAO는 1944년에 창립되었고, 본부는 캐나다 몬트리올에 있으며, 우리나라는 1952년에 가입하였다. 현재 전 세계 185개국 정부가 회원으로 참여하고 있고, 3년마다 총회를 개최하여 국제민간항공의 발전과 항공안전향상을 위하여 논의하는데, 채택된 결의안에 대해서 회원국은 이행의 의무가 있다. 구체적인 업무내용은 다음과 같다.

- 국제민간항공의 안전 및 건전한 발전의 도모
- 항공기에 관한 기술적인 기준의 확립(항공기, 항공기조종사, 항공로, 비행장, 관제탑 등)
- 국제민간항공법의 통일 및 법제화(예 모든 민간 항공기에 블랙박스 탑재 의무화)
- 평화적 목적을 위한 항공기의 설계 및 운항기술의 장려
- 안전 · 정확 · 능률 등 경제적인 항공운항에 대한 국가 간의 요구에 대응

블랙박스(Black Box)

모든 민간항공기의 꼬리 밑에는 '블랙박스'가 설치되어 있다. 블랙박스는 검정색이 아니라 쉽게 찾을 수 있도록 밝은 형광 오렌지색으로 칠해져 있으며, 비행기 운항상태에 대한 정보를 담은 '비행자료 기록장치'(FDR: Flight Data Recorder)와 조종실 대화를 기록하는 '조종실 음성녹음장치'(CVR: Cockpit Voice Recorder)가 들어 있다. 두 장치의 자료를 읽어내면 사고 직전 비행기에서 일어났던 거의 모든 일을 확실하게 알아낼 수 있다.

최초의 FDR는 호주 항공연구소에 근무하던 데이비드 워런에 의해 1958년 만들어졌다. 대부분의 비행기사고는 사고당시 상황을 알려줄 수 있는 증인이나 생존자가 거의 없다. 비행기연료의 전문가였던 화학자 워런은 비행기 추락사고의 원인을 조사하던 중 비행자료를 자동으로 기록하는 장치가 필요하다는 아이디어를 생각해 냈다. 이후 1962년에 국제민간항공기구(ICAO)는 모든 민간항공기에 블랙박스 설치를 의무화하도록 하였다.

블랙박스 자체는 엄청난 충격에도 파괴되지 않도록 제작돼 있다. 화재가 발생해서 온도가 섭씨 1,000도 이상 올라가더라도 30분 정도는 견뎌야 하고, 6,000m 바다 속에서도 30일 이상 자료를 보존할 수 있어야만 한다. 정해진 주파수의 전파를 발생시켜서 블랙박스를 쉽게 찾을 수 있도록 해주는 장치도 포함돼 있다. 블랙박스에서 발생되는 신호를 추적해서 사고비행기의 잔해를 찾는 경우도 있다.

국제항공운송협회(IATA: International Air Transport Association) 국제항공운송협회는 1945년 창립되었고, 본부를 캐나다의 몬트리올과 스위스의 제네바에 두고 있는 항공사업과 관련된 순수 민간조직체이다. 설립목적은 국제간의 운임·운항·정비·정산(精算) 업무 등 상업적·기술적 활동을 하는 데 있다. IATA의 가맹회원이 되는 자격은 ICAO 가맹국 중 정기항공사업에 종사하고 있는 민간항공회사이고, 국제선을 갖고 있는 회사는 정회원(active member), 국내선만 갖고 있는 회사는 준회원(associate member)이 될 수 있으며, 현재 준회원 34개사를 포함하여 196개 항공관련 단체 및 기업이 참여하고 있다.

04 해상교통

1) 해상교통의 의의

해상교통이란 선박을 이용하여 이동하는 것으로서 고대부터 무역과 전쟁을 위하여 발전해 왔다. 이후 항공기의 출현 이전까지는 내륙지역을 제외하고 국내뿐만 아니라 국제 간의 이동에 있어서 해상교통은 유효한 수단이었다.

선박의 종류는 분류기준에 따라 다양한데, 일정한 목적지를 단순하게 왕복운송하는 여객선(passenger ship)과 관광을 목적으로 하는 유람선(cruise)으로 나눌 수 있다. 관광유람선은 연안지역의 관광지를 당일 둘러보는 일반유람선과 선박에서 숙박이 가능하고 식음료·위락 등 관광객을 위한 다양한 편의시설을 갖춘 호화유람선으로 구분할 수 있다.

해상교통의 특징은 여객선의 경우 요금이 저렴하고 대량수송이 가능한 점이 장점이나, 이동시간이 길어 지루하고, 기상에 크게 영향을 받는다는 점은 단점이라고 할 수 있다. 호화유람선의 경우 선내에 다양한 편의시설과 엔터테인먼트 기능이 갖추어져 있고, 안락하고 낭만적인 여행이 가능한 점이 장점이나, 출발지점까지 접근이 용이하지 않고 여행시간의 여유가 필요하며, 고가인 것이 단점이다.

표 8-6 여객선과 유람선의 차이

구분		내용	예
여객선	일반여객선	A지점에서 B지점 간 사람의 단순 이동이 목적	• 포항 – 울릉도 • 육지 – 섬(국내)
	페리(ferry)	A지점에서 B지점 간에 여객은 물론, 화물·차량 등을 함께 나르는 선박	• 부산 – 제주 • 부관페리(부산 – 시모노세키)
	호화여객선	A지점에서 B지점 이동이 목적이지만, 선상에서 다양한 엔터테인먼트가 가능함	• 영국 – 미국(타이타닉)
유람선	일반유람선	주로 해상의 지연경관을 관광하는 것이 목적이지만, 선상에 엔터테인먼트의 기능이 없음	• 거제도 일주 유람선 • 해운대 – 오륙도 유람선
	호화유람선	여러 관광목적지를 관광할 뿐만 아니라 선상에서 다양한 엔터테인먼트가 가능함	• 지중해 호화유람선 • 북유럽 호화유람선

2) 호화유람선의 개요

호화유람선의 역사 19세기 이전의 해상교통의 수단은 대부분 범선이었으나 19세기 초 증기기관의 발명으로 인하여 동력선이 등장하게 되었다. 즉 증기기관의 발달은 선박제조기술의 발전을 진전시켰고, 속도 등에 있어서 눈부신 향상을 가져왔다. 따라서 19세기 초 대서양 연안 각국의 선박회사들은 객선 내부의 설비개선과 속도향상 그리고 서비스 수준제고 등을 통한 격렬한 경쟁관계에 돌입하게 되었다.

이와 같이 크루즈는 19세기 초 유럽과 미국 사이의 대서양을 횡단하는 대형 호화여객선에서부터 그 시원을 찾을 수 있으며, 이후 단순이동이 아니라 관광목적을 위한 크루즈가 등장하게 되었다. 1936년에는 대서양 정기 크루즈인 81,123톤급의 퀸 메리(Queen Marry)호가 등장하여 선내에 모든 편의시설과 오락시설을 갖춘 호화 크루즈의 전성기를 맞이하게 되었다. 1960년대를 전후하여 제트비행기의 출현으로 인하여 호화유람선 사업은 사향의 길로 접어들었으나, 1980년대 이후 코스의 다양한 상품개발 및 시설과 서비스의 개선 등을 통하여 다시 호황의 시대를 맞이하고 있다.

세계크루즈협회(CLIA: Cruise Lines International Association)에 따르면 호화크루즈 여행의 시장점유율 기준 유명 지역으로는 캐리비언 연안(시장점유율, 46%), 지중해 연안(11%), 알라스카(8%), 바하마(6%), LA-멕시코 연안(5%), 기타 등으로 되어 있다. 현

타이타닉의 최후

그날은 일요일이었다. 날씨는 맑았고 파도는 잔잔했다. 빙산이 떠다니고 있다는 첫 무전이 들어온 것은 이날 아침. 오후엔 불과 32km 떨어져 있던 캘리포니안호로부터 수 차례 경고가 날아들었다. 전문은 다급했다. "빙산에 둘러싸여 옴짝달싹도 할 수 없다!" 그러나 선장 에드워드 스미스는 속도를 늦추라는 말은 끝내 하지 않았다. 그 무렵 대서양을 운항하는 여객선들은 속도경쟁에 사활을 걸고 있었다. 어떻게든 예정된 시간에 닻을 내려야 했다. 빙산에 한눈을 팔 겨를이 없었다. 선장은 200만 마일 무사고 항해기록을 갖고 있는 베테랑이었다. 초호화여객선 타이타닉. 4만 6,329t에 선체 길이만 272m. 보잉 747기 4대를 나란히 연결해 놓은 것과 맞먹는 그야말로 '타이탄'(Titan)이었다. 떠다니는 궁전이었으며, 불침선임을 장담했다.

그러나 영국 사우샘프턴을 떠나 미국 뉴욕으로 처녀항해에 나선 배는 어이없이 침몰하고 만다. 승객 2,224명 가운데 1,515명이 수장됐다. 1912년 4월 14일 자정 무렵부터 다음날 새벽 사이의 일이었다. 배가 처음 빙산과 부딪쳐 생긴 틈새는 옷가지로도 틀어막을 수 있을 정도로 작았다. 3cm가 채 안 되었다. 승무원들이 침착하게 대처했더라면 구조선이 도착할 때까지 2시간여는 버틸 수 있었다고 한다. 그런데 유달리 미신에 집착하는 뱃사람들이 왜 하필 타이타닉이라고 했을까.

그리스신화의 티탄(타이탄)은 지옥 저 끝, 햇볕도 안 드는 깊은 연못 타르타로스에 갇히지 않았던가. 타이타닉의 최후는 '타이탄의 저주'였던가. 4,000m 해저로 가라앉은 배는 73년이 지나서야 잔해가 발견된다. 미국의 해양학자 로버트 밸러드가 수중음파탐지기를 이용해 두 동강이 난 채 곧추서 있는 타이타닉호를 찾아냈다

출항 당시의 타이타닉호(http://kr.blog.yahoo.com)

재 전 세계에서 3백 50여 척의 크루즈가 취항하고 있고, 연간 크루즈관광객은 2천만 명 정도이다.

세계적으로 유명한 크루즈회사로는 ① 아시아를 제외하고 세계 전역을 누비고 있으며, 총 29척의 호화유람선을 보유하고 있는 세계 최대의 로얄캐리비언 인터내셔널·샐러브리티 크루즈(Royal Caribbean International & Celebrity Cruises), ② 아시아-태평양을 위주로 크루즈 라인을 형성하고 있는 스타크루즈(Star Cruises), ③ 총 11척의 유람선을 보유하고 있으며, 지중해·에게해·흑해 등의 지역을 중심으로 운항하고 있는 로얄 올림픽 크루즈(Royal Olympic Cruises), ④ 총 10척의 최신 유람선을 보유하고 있으며, 지중해·북유럽·흑해 등 다양한 유럽노선을 운항하고 있는 코스타 크루즈(Costa Cruises) 등이 있다.

크루즈의 개념 우리나라의 한국관광공사에서는 크루즈여행을 운송보다는 "순수 관광목적의 선박여행으로 숙박·음식·위락 등 관광객을 위한 시설을 갖추고 수준 높은 관광상품을 제공하면서 수려한 관광지를 안전하게 순항하는 여행"이라고 정의하고 있다. 이와 같이 크루즈(cruise)는 단순히 목적지 간을 오가는 여객선이 아니라 유람을 목적으로 관광객을 모집하여 운항하는 선박으로서 크루즈여행이란 이러한 위락여행객들이 크루즈를 타고 각지의 매력적인 항구를 방문하는 동안 선상에서 각종 위락시설을 향유하고 해안 항해여행을 하는 것을 말한다. 크루즈를 일명 '떠다니는 리조트' 혹은 '떠다니는 호화 호텔'이라고 표현하기도 하는데, 선박 자체가 휴양지이고 관광지인 것이다.

크루즈여행의 묘미는 여행객들이 행선지 이동시 따로 짐을 꾸리지 않아도 되며, 이동시간이 숙소에 머무르는 시간과 동시에 이루어져 아침에 눈을 뜨면 새로운 목적지가 눈앞에 펼쳐진다는 점, 또한 바다 한가운데서 다양한 엔터테인먼트 활동이 가능하다는 점이다.

크루즈의 분류 크루즈는 선박의 규모나 운항지역 및 목적에 따라 다음과 같이 분류할 수 있다.

대형 크루즈(Mega Cruises) 70,000톤 이상에 1,500명 이상을 수용할 수 있는 크루즈를 말한다. 대형 크루즈는 통상적으로 떠다니는 리조트라고 불리고, 선상에서 다양한 엔터테인먼트를 즐길 수 있다. 대형 크루즈는 대부분 태평양·대서양 등을 유람한다는 점에서 오션 크루즈(ocean cruise)라고도 한다.

중형 크루즈(Midsize Cruises) 200명에서 1,500명을 수용할 수 있고, 주로 유럽과 지중해와 같이 일정 지역을 선택하여 1주일 전후의 기간을 항해하며, 대형 크루즈보다는 작은 규모의 여흥과 식사 등이 제공되지만 대형 크루즈보다는 오히려 고급스러운 시설을 자랑한다.

소형 크루즈(Small Cruises) 200명 이하의 승객을 수용하고, 다양한 크루즈의 경험은 덜하지만 보다 친밀함을 제공하며, 대부분 고학력·초호화·모험 등 세분화된 시장에서 이용하는 크루즈를 말한다.

특수 크루즈(Speciality Cruises) 스쿠버다이빙·고고학·고래투어·생물학 등 전문분야를 관찰하거나 경험하기 위한 크루즈를 말한다. 이러한 크루즈는 기본음식과 주류만을 제공하도록 설비되어 있고, 해당 분야의 전문가나 동호인 등이 주로 이용하며, 대부분 정기적 운항이 아니라 전세로 운항하기 때문에 전세 크루즈(charter cruise)라고도 한다.

세계 최대 호화유람선 Oasis of the Seas호

3) 크루즈 기항의 경제적 효과와 육성방안

크루즈 기항의 경제적 효과 크루즈선이 기항하는 항구는 항만이용료를 비롯하여 선박용품 및 식자재 구입, 관광지 입장료, 쇼핑 등 다양한 부분에서 수익을 올릴 수 있는데, 일본 요코하마항의 경우 크루즈선 1척이 입항할 때 평균 20억 원의 수익을 올리고 있다.

크루즈의 유치방안 최근 고부가가치 관광산업으로 떠오르고 있는 크루즈를 자국에 기항하도록 유도하기 위해 세계 각국이 노력하고 있다. 크루즈의 기항을 유도하기 위해서는 가장 먼저 크루즈전용 터미널의 설치가 요구된다. 이미 싱가포르·말레이시아·일본의 각 항구도시는 크루즈 전용터미널을 건설하여 적극적으로 유치하고 있으나, 우리나라는 인프라가 부족한 실정이다. 최근 부산 영도구 동삼동 매립지 일대에 5만t급 대형 유람선이 접안할 수 있는 국제 크루즈전용 부두를 건설하였으나 5만t급 이상의 크루즈는 유치할 수 없으며, 또한 시내 및 주요 관광지의 접근이 용이하지 않아 경쟁력이 떨어지는 것으로 나타나고 있다.

크루즈 전용부두는 평균 10층 이상의 높이인 유람선이 쉽게 접안할 수 있도록 7~8층 높이의 선착장을 별도로 시공하고 관광객 편의를 위해 화물터미널과 분리하는 등 일반 부두와 다르게 건설된다는 점에서 우리나라도 경쟁력이 있는 크루즈전용 부두의 건설이 하루속히 요구된다.

우리나라 국토해양부는 해운법을 개정하여 크루즈산업 인·허가권 절차 등을 규정하고, 관계부처와 협의하여 크루즈관광객의 입국절차 간소화와 선내 카지노 허가기준 개선 등을 추진하고 있으며, 이를 통해 외국선사의 정기노선을 국내에 유치하고 장기적으로 한·일·중 등을 잇는 국제 크루즈항로와 제주도·울릉도·홍도 등을 잇는 연안항로를 개발·육성해 나갈 방침이다.

국제관광산업의 성장률이 연평균 4.3%인 데 비하여 크루즈산업은 연평균 성장률이 8%를 상회하고 있고, 크루즈관광 수요가 국민소득 2만 달러를 전후하여 폭발적으로 증가하는 점 등을 고려할 때 우리나라 크루즈산업의 향후 전망은 밝다고 할 수 있다.

관광관련 자격시험 대비 연습문제 ·

1. Hijacking이란?

① 도로에서 자동차 세워 타기 ② 항공기 공중납치
③ 자전거여행 ④ 무전여행

2. 기차여행의 장점이 아닌 것은?

① 안정성 ② 정시성 ③ 대량수송 ④ 코스의 다양성

3. Rail Bike란?

① 철로 오토바이 ② 철로 자전거 ③ 케이블카 ④ 산악 자전거

4. 다음 중 독일의 고속철도는?

① ICE ② TGV ③ Amtrack ④ AVE

5. 우리나라 고속철도인 KTX의 원어는 무엇인가?

① Korea Travel Express ② Korea Train Express
③ Korea Travel Extreme ④ Korea Train Extreme

6. 코스의 회귀성이 가장 큰 단점인 교통수단은?

① 비행기 ② 자동차 ③ 기차 ④ 관광버스

7. 다음 중 렌터카 회사가 아닌 것은?

① Avis ② Hertz ③ Budget ④ TGV

8. 유럽 일부 도시에서 운행 중인 시티라마(Cityrama)의 성격은?

① 전세버스 ② 시티투어버스 ③ 렌터카 ④ 케이블카

9. **국제민간항공기구(ICAO)의 주요업무가 아닌 것은?**

① 국제민간항공의 안전 및 건전한 발전의 도모
② 항공기에 관한 기술적인 기준의 확립
③ 국제민간항공법의 통일 및 법제화
④ 항공기의 운임에 대한 논의

10. **A지점에서 B지점 간에 여객은 물론, 화물 · 차량 등을 함께 나르는 선박을 무엇이라고 하는가?**

① 페리 ② 여객선 ③ 유람선 ④ 호화유람선

11. **외국의 크루즈가 입항할 때 발생되는 수입의 내용이 아닌 것은?**

① 관광지 입장료 ② 항만이용료
③ 식자재 수입 ④ 숙박료수입

참고문헌

김재원(2009), 항공사경영시스템, 북넷.

김제철 · 예충열(2002), 항공화물수송의 경쟁력 강화방안, 교통개발연구원.

Cook, Roy A., Laura J. Yale & Joseph J. Marqua(2002), *Tourism*, Prentice-Hall.

Goeldner, Charles R., Brent Ritchie, Jr. & McIntosh(2001), *Tourism*, John Wiley & Sons, Inc.

Loverseed, H.(1996), "Car rental in the USA," *EIU Travel and Tourism Analyst*, 4: 4~19.

Morrison, A.M.(2002), *Hospitality and Travel Marketing*, Delmar.

Peisley, T.(1991), "The Cruise Ship Industry to the 21st Century," *EIU Travel and Tourism Analyst*, 2: 4~25.

www.airport.co.kr

www.knto.or.kr

www.mct.go.kr

chapter 9

관광숙박과 외식산업

학 습 목 표

1. 관광숙박산업은 어떻게 발전하여 왔는가?
2. 관광숙박시설에는 어떤 것들이 있는가?
3. 호텔의 경영과 사업은 어떻게 이루어지는가?
4. 외식산업은 어떻게 발전하여 왔는가?
5. 외식산업에는 어떤 것들이 있는가?
6. 외식업의 경영과 사업은 어떻게 이루어지는가?

관광기초

제1장 관광의 이해
제2장 관광발전사

관광주체

제3장 관광자 행동

관광매체

제8장 관광교통
제9장 관광숙박과 외식산업
제10장 여행업
제11장 테마파크와 리조트
제12장 카지노와 국제회의 산업

관광객체

제5장 관광과 문화
제6장 관광과 환경
제7장 관광자원과 개발

관광환경

제4장 관광의 경제적 · 사회적 영향
제13장 관광정책

01 호텔

1) 호텔의 정의

호텔은 18세기 이후 영국의 산업혁명에 의하여 인구의 도시화 집중과 대량이동에 따라 인(inn)의 형태에서 발전된 숙박시설이다. 호텔(hotel)이란 용어는 라틴어 호스피스(hospes)에서 유래되었는데, 이방인·외국인 등 손님을 보호해주는 일종의 숙소·대피소·수용소라는 의미이다. 호스피스(hospes)에서 파생된 단어 호스피티움(hospitium)은 환대(hospitality)라는 뜻인데, 이방인·외국인 등 손님을 환영하여 친절하게 영접하는 숙소(수용소)를 의미하였다. 여기서 병원(hospital), 호텔(hotel), 호스텔(hostel)이라는 단어가 파생되었다. 오늘날 호텔산업을 환대산업이라고 하는 이유도 여기에 있다. 또한 병원(hospital)의 어원도 그 맥을 같이 하는데, 호텔과 비교해 보면 환자와 고객, 병실과 침실, 병실과 객실에 식사제공, 침대시트 등의 린넨 등 유사한 기능을 가지고 있음을 알 수 있다.

호텔의 정의는 법적인 시설규정과 이용자의 측면에서 살펴볼 수 있다. 먼저 법적인 시설규정 차원은 세계 각국이 대부분 일정한 시설을 갖추는 것으로, 자국의 법령으로 호텔을 규정하고 있다. 우리나라의 경우 관광진흥법 시행령에 의하면 관광호텔업을 "관광객의 숙박에 적합한 시설을 갖추어 이를 관광객에게 이용하게 하고 숙박에 부수되는 음식·운동·휴양·공연·오락 또는 연수에 적합한 시설을 함께 갖추어 이를 이용하게 하는 업"으로 규정하고 있다.

이용자의 측면에서는 호텔의 개념은 이용목적에 따라 달라질 수 있는데, 즉 비즈니스 고객이라면 호텔을 집을 떠난 또 하나의 집(home away from home), 집처럼 아늑한 느낌(feel at home) 등과 같이 자신의 집처럼 편안하면서 안전하기를 원하고, 낯설지 않게 환대해 주기를 원할 것이다. 반면에 위락목적의 고객이라면 일상생활에서 벗어나서 자유롭고 색다른 것을 경험해 볼 수 있는 신기성(novelty)을 요구할 것이다.

따라서 호텔을 법적인 시설규정과 이용자의 측면을 고려하여 정의하면 "호텔이란 거주지를 떠나 객실·식음료·부대시설 등 호텔시설을 이용하고자 하는 고객에게 환대나 신기성을 제공하여 욕구를 충족시켜 주고, 그 대가를 받아 경영을 하는 서비스 기업이다"라고 할 수 있다.

2) 호텔의 기능

근대적 개념의 호텔기능 근대적 개념의 호텔기능은 집을 떠나 여행을 하는 여행객들에게 단지 숙박·음식·안전을 충족시켜 주는 단순한 공간이었다.

현대적 개념의 호텔기능 현대적 개념의 호텔기능은 이용객의 국제화·대중화·다양화에 따라 기존의 숙식이나 안전의 기능 외에 여가·오락·휴식·문화·건강·사교·비즈니스공간 등 복합적인 기능을 가지고 있고, 공공성과 지역사회와 함께 할 수 있는 프로그램도 갖추고 있다.

3) 호텔의 분류

위치에 의한 분류

도심지 호텔 도심지 호텔(downtown hotel, city hotel)은 도시 중심가에 위치하여 주로 비즈니스고객이나 레스토랑·연회장 등의 식음료고객들이 주로 찾는다. 영업상의 특징은 주중 객실점유율이 주말보다 높은 편이며, 식음료매출이 다른 지역의 호텔보다 비교적 높다. 도심지 호텔 중에서도 비즈니스고객들을 위하여 각종 사무시설이나 적합한 편의시설을 갖춘 호텔을 비즈니스 호텔(business hotel) 또는 커머셜 호텔(commercial hotel)이라고 한다. 비즈니스 호텔 중에서도 장기체재고객을 위한 호텔을 레지덴셜 호텔(residential hotel)이라고 하고, 단기체재고객을 위한 호텔을 트랜지언트 호텔(transient hotel)이라고 한다.

리조트 호텔 리조트 호텔(resort hotel)은 해안·호수·온천·산악 등의 휴양지에 위치하여 휴가나 휴양을 즐기려는 고객들이 주로 이용한다. 영업상의 특징은 성수기와 비수기, 주말과 주중의 객실점유율 차이가 극명하게 존재하여 경영상 어려운 점이 있다.

에어포트 호텔 에어포트 호텔(airport hotel)은 공항 근처에 위치하여 익일 비행기를 탑승하려는 고객이나 항공사의 승무원들이 주로 이용한다.

시포트 호텔 시포트 호텔(seaport hotel)은 항만·부두 근처에 위치하여 선박을 이용하는 고객이나 선원들이 주로 이용한다.

스테이션 호텔 스테이션 호텔(station hotel)은 철도역 근처에 위치하여 철도를 이용하는 고객들이 주로 이용한다. 항공기가 대중화되기 전에는 유럽이나 미국에서 성행하였다.

모텔과 모터 호텔 모텔(motel)은 'Motor'와 'Hotel'의 합성어로서 자동차여행객을 위하여 고속도로나 국도 주변에 위치한 호텔인데, 대부분 객실 수가 50실 미만이며, 객실 이외에는 특별한 시설이 없어 가격이 저렴하다. 모터 호텔(motor hotel)은 모텔이 진화된 것으로 객실수가 50~70실 규모이며, 모텔보다 고급스럽고 커피숍 등 편의시설을 갖추고 있다.

등급에 의한 분류 호텔은 규모나 시설 및 서비스수준에 따라 등급화 되어 있다. 크게는 고급 호텔(deluxe hotel)과 보통 호텔(standard hotel) 급으로 구분되지만, 대부

표 9-1 관광호텔의 등급 및 표시

등급	별의 수
5성급	★★★★★
4성급	★★★★
3성급	★★★
2성급	★★
1성급	★

분 국가에서는 자국의 법에 따라 세분화하고 있다. 우리나라 관광호텔업의 등급은 2015년부터 규모나 시설 및 서비스수준 등에 따라 5등급으로 구분하고 별(star)로 표시하고 있다.

관광법규상의 분류

관광호텔업 관광객의 숙박에 적합한 시설을 갖추어 관광객에게 이용하게 하고 숙박에 딸린 음식・운동・오락・휴양・공연 또는 연수에 적합한 시설 등을 함께 갖추어 관광객에게 이용하게 하는 업으로서 법적 요건은 다음과 같다.

- 욕실이나 샤워시설을 갖춘 객실을 30실 이상 갖추고 있을 것
- 외국인에게 서비스를 제공할 수 있는 체제를 갖추고 있을 것
- 대지 및 건물의 소유권 또는 사용권을 확보하고 있을 것. 다만, 회원을 모집하는 경우에는 소유권을 확보하여야 한다.

수상관광호텔업 수상에 구조물 또는 선박을 고정하거나 매어 놓고 관광객의 숙박에 적합한 시설을 갖추거나 부대시설을 함께 갖추어 관광객에게 이용하게 하는 업으로서 법적 요건은 다음과 같다.

- 수상관광호텔이 위치하는 수면은 「공유수면 관리 및 매립에 관한 법률」 또는 「하천법」에 따라 관리청으로부터 점용허가를 받을 것
- 욕실이나 샤워시설을 갖춘 객실을 30실 이상일 것
- 외국인에게 서비스를 제공할 수 있는 체제를 갖추고 있을 것
- 수상오염을 방지하기 위한 오수 저장・처리시설과 폐기물처리시설을 갖추고 있을 것
- 구조물 및 선박의 소유권 또는 사용권을 확보하고 있을 것. 다만, 회원을 모집하는 경우에는 소유권을 확보하여야 한다.

충남 당진의 수상관광호텔

한국전통호텔업 한국전통의 건축물에 관광객의 숙박에 적합한 시설을 갖추거나 부대시설을 함께 갖추어 관광객에게 이용하게 하는 업으로서 법적 요건은 다음과 같다.

- 건축물의 외관은 전통가옥의 형태를 갖추고 있을 것
- 이용자의 불편이 없도록 욕실이나 샤워시설을 갖추고 있을 것
- 외국인에게 서비스를 제공할 수 있는 체제를 갖추고 있을 것
- 대지 및 건물의 소유권 또는 사용권을 확보하고 있을 것. 다만, 회원을 모집하는 경우에는 소유권을 확보하여야 한다.

한국전통호텔업-제주도 씨에스 호텔(Seaes Hotel). 한실과 양실로 구성되어 있다.

가족호텔업 가족단위 관광객의 숙박에 적합한 시설 및 취사도구를 갖추어 관광객에게 이용하게 하거나, 숙박에 딸린 음식·운동·휴양 또는 연수에 적합한 시설을 함께 갖추어 관광객에게 이용하게 하는 업으로서 법적 요건은 다음과 같다.

- 가족단위 관광객이 이용할 수 있는 취사시설이 객실별로 설치되어 있거나 층별로 공동취사장이 설치되어 있을 것
- 욕실이나 샤워시설을 갖춘 객실이 30실 이상일 것
- 객실별 면적이 19제곱미터 이상일 것
- 외국인에게 서비스를 제공할 수 있는 체제를 갖추고 있을 것
- 대지 및 건물의 소유권 또는 사용권을 확보하고 있을 것. 다만, 회원을 모집하는 경우에는 소유권을 확보하여야 한다.

호스텔업 배낭여행객 등 개별 관광객의 숙박에 적합한 시설로서, 샤워장·취사장 등의 편의시설과 외국인 및 내국인 관광객을 위한 문화·정보 교류시설 등을 함께 갖추어 이용하게 하는 업으로서 법적 요건은 다음과 같다.

- 배낭여행객 등 개별 관광객의 숙박에 적합한 객실을 갖추고 있을 것
- 이용자의 불편이 없도록 화장실·샤워장 등의 편의시설을 갖추고 있을 것. 다만, 이러한 편의시설은 공동으로 이용하게 할 수 있다.
- 외국인 및 내국인 관광객에게 서비스를 제공할 수 있는 문화·정보 교류시설을 갖추고 있을 것
- 대지 및 건물의 소유권 또는 사용권을 확보하고 있을 것

소형호텔업 관광객의 숙박에 적합한 시설을 소규모로 갖추고 숙박에 딸린 음식·운동·휴양 또는 연수에 적합한 시설을 함께 갖추어 관광객에게 이용하게 하는 업을 말하며, 등록기준은 다음과 같다.

- 욕실이나 샤워시설을 갖춘 객실을 20실 이상 30실 미만으로 갖추고 있을 것
- 부대시설의 면적 합계가 건축 연면적의 50퍼센트 이하일 것
- 두 종류 이상의 부대시설을 갖출 것. 다만, 단란주점영업, 유흥주점영업 사행행위를 위한 시설은 둘 수 없다.
- 조식 제공, 외국어 구사인력 고용 등 외국인에게 서비스를 제공할 수 있는 체제를 갖추고 있을 것
- 대지 및 건물의 소유권 또는 사용권을 확보하고 있을 것. 다만, 회원을 모집하는 경우에는 소유권을 확보하여야 한다.

의료관광호텔업 의료관광객의 숙박에 적합한 시설 및 취사도구를 갖추거나 숙박에 딸린 음식·운동 또는 휴양에 적합한 시설을 함께 갖추어 주로 외국인 관광객에게 이용하게 하는 업을 말하며, 등록기준은 다음과 같다.

- 의료관광객이 이용할 수 있는 취사시설이 객실별로 설치되어 있거나 층별로 공동취사장이 설치되어 있을 것
- 욕실이나 샤워시설을 갖춘 객실이 20실 이상일 것
- 객실별 면적이 19제곱미터 이상일 것
- 의료관광객의 출입이 편리한 체계를 갖추고 있을 것
- 외국어 구사인력 고용 등 외국인에게 서비스를 제공할 수 있는 체제를 갖추고 있을 것

4) 호텔사업의 특성

시설상의 특성

초기투자비용의 과다 호텔은 건물이나 시설자체가 하나의 상품이기 때문에 부분적·연차적 투자는 어렵고, 개관하기 전에 거액의 자본이 일시에 투자된다. 즉 호텔은 토지·건물·집기·비품 등 고정자산의 비중이 70% 정도로 높아서 초

기에 투자비용이 많이 든다.

시설의 조기 진부화 호텔의 시설은 고객이 이용하는 상품이기 때문에 훼손이나 마모가 빠르다. 낡은 시설로는 고객의 소구력이 약하므로 지속적으로 개보수를 해야 하는 어려움이 따른다.

비생산적인 공간의 확보 호텔의 로비(lobby)는 직접 수익을 올리는 영업공간이 아님에도 불구하고 공공장소로서 넓은 공간을 확보해야 하며, 그에 따른 고액의 투자비용도 소요된다.

경영상의 특성

인적 서비스 의존성 제조업은 대량생산을 하기 위해 기계에 의존하고 있으나, 호텔의 서비스는 기계가 대신할 수 없고 사람에 의하여 제공되므로 인적 의존성이 높다.

고정비의 과다 호텔은 인건비·냉난방비·시설관리유지비 등의 고정비가 높아 경영상 어려운 점이 있다. 즉 영업의 성과와 관계없이 고정비는 지속적으로 지출되어야 한다.

연중무휴 영업 호텔은 서비스업으로써 고객이 원하는 날짜에 언제든지 이용할 수 있도록 일년 365일 하루도 쉬지 않고 영업을 한다. 특히 객실판매부서의 경우 하루 24시간 영업을 하기도 한다.

성·비수기의 존재 호텔은 성수기(on season)와 비수기(off season) 또는 주말과 주중 등 영업이 특정 계절이나 특정일에 편중되는 경향이 있는데, 성수기에는 초과수요를 수용하지 못하여 사업기회를 상실하고, 비수기에는 수요가 적은데 비하여 높은 고정비는 지출되어야 하므로 경영상 어려운 점이 있다.

5) 호텔의 조직과 직무

호텔의 조직도 300실 이상의 대형 호텔을 기준으로 호텔의 조직도를 살펴보면 [그림 9-1]과 같다.

호텔부서별 직무 호텔부서별의 주요직무를 살펴보면 다음과 같다.

총지배인(GM: General Manager) 호텔의 경영상 최고책임자로서 호텔의 영업 전반에 대하여 지휘·통제를 한다.

부총지배인(Executive Assistant Manager) 총지배인을 보좌하고 부재시 대행을 한다. 영업이사가 겸직하기도 하고, 직제 자체가 없는 경우도 있다.

당직지배인(Duty Manager) 당직지배인은 총지배인의 직속으로서 총지배인을 대신하여 고객을 접객하고 대내적으로는 순찰업무를 한다.

기획심사부(Department of Planning & Audit) 기획심사부는 관리부나 영업부 등 특정 부서에 속한 것이 아니라 총지배인 또는 대표이사 직속의 별도 부서로 존재하며, 기획과와 심사과로 나누어진다. 기획과는 경영기획과 영업기획을 하며, 심사과는 영업전반에 대한 심사를 한다.

객실부(Room Divison) 호텔의 주상품인 객실을 생산하고 판매하는 부서이다. 객실판매를 담당하는 객실영업(front office)과에는 프런트데스크(front desk), 현관서비스, 예약실, 교환실, 비즈니스센터로 구성되어 있고, 객실생산을 담당하는 객실정비(housekeeping)과에는 객실정비(room maid), 린넨(linen)실, 세탁실 그리고 헬스클럽·사우나·수영장 등을 관리하는 휘트니스센터(fitness center) 등으로 구성되어 있다.

식음료부(Department of Food & Beverage) 음식과 음료(beverage)를 판매하

그림 9-1　호텔의 조직도

는 부서이다. 음식을 위주로 판매하는 식당과와 음료를 관리하고 판매하는 음료과 그리고 연회장에서 단체 연회행사를 담당하는 연회과로 나누어져 있다.

조리부(Department of Food Production) 음식을 생산하는 부서이다. 각 식당 종류별로 주방이 있으며, 제과・제빵을 만드는 베이커리, 기본적인 요리 아이템을 조리하여 각 주방에 공급하는 메인 주방(main kitchen), 기본적인 찬 음식을 각 주방에 공급하는 콜드 키친(cold kitchen), 모든 주방에 육류를 다듬어 제공하는 부처(butcher), 그리고 접시 등의 기물을 관리하고 세척하는 기물관리(steward)실로 구성되어 있다.

판촉부(Department of Sales & Marketing) 호텔의 상품을 판매・촉진시키고 홍보를 담당한다. 객실상품을 주로 판매하는 객실판촉과와 연회행사를 유치하는 연회판촉과 그리고 대외홍보업무와 인쇄물 제작을 담당하는 홍보과로 구성되어 있다. 호텔에 따라서는 마케팅실을 별도로 두기도 한다.

인사・총무부(Department of Human Resources / General Affairs) 인사・총무부는 직원 채용・배치・관리 그리고 교육을 담당하는 인사과, 경비・공무・후생복지를 담당하는 총무과 그리고 호텔 내의 전산망을 담당하는 전산실로 구성되어 있다.

경리부(Department of Accounting) 경리부는 호텔회계・수납・여신 업무를 담당하는 경리과, 재산 및 비품을 관리하는 관재과, 구매 및 창고를 담당하는 구매과로 구성되어 있다.

시설부(Department of Engineering) 시설부는 기계・냉동・열관리를 하는 기계과, 전기와 음향・조명을 담당하는 전기과, 목공・도장・미장 등을 담당하는 영선과로 구성되어 있다.

02 콘도미니엄과 펜션

1) 콘도미니엄

콘도미니엄의 개념 콘도미니엄(condominium)은 유럽에서 시작된 숙박형태로서 객실 내에서 취사를 할 수 있는 것이 가장 큰 특징이다. 기본형태는 호텔을 객실단위로 분양하며, 구입자는 본인이 쓰지 않는 기간에 관리회사에 객실의 관리・운영을 위탁하여 임대료수입의 일부를 받는다. 우리나라는 1980년 경주 보문단지 내에 한국콘도미니엄이 설립된 뒤 후 많은 기업이 콘도미니엄 사업에 참여하여 가족단위의 관광휴양 숙박시설로 정착되었다.

콘도미니엄은 공유제(ownership)와 회원제(membership)로 운영되는데, 공유제는 객실을 분양받아 사용권과 지분소유권을 모두 가지고 있는 데 비하여 회원제는 소유권은 없고 단지 시설이용권만 가지고 있는 경우를 말한다.

콘도미니엄의 법적 기준 우리나라의 관광진흥법상의 휴양콘도미니엄업은 관광객의 숙박과 취사에 적합한 시설을 갖추어 이를 당해 시설의 회원・공유자 및 기타 관광객에게 제공하거나, 숙박에 부수되는 음식・운동・오락・휴양・공연 또는 연수

표 9-2 콘도미니엄의 법적 기준

구분	법적 기준
객실	• 같은 단지 안에 객실이 30실 이상일 것 • 관광객의 취사체재 및 숙박에 필요한 설비를 갖추고 있을 것
매점	매점 또는 간이매장이 있을 것. 다만, 여러 개의 동으로 단지를 구성할 경우에는 공동으로 설치할 수 있다.
문화체육 공간	공연장・전시관・미술관・박물관・수영장・테니스장・축구장・농구장 그 밖에 관광객의 이용에 적합한 문화체육공간을 1개소 이상 갖출 것. 다만 수 개의 동으로 단지를 구성할 경우에는 공동으로 설치할 수 있으며, 관광지・관광단지 또는 종합휴양업의 시설 안에 있는 휴양콘도미니엄의 경우에는 이를 설치하지 아니할 수 있다.

에 적합한 시설 등을 함께 갖추어 이를 이용하게 하는 업을 말하며, 세부등록기준은 〈표 9-2〉와 같다.

2) 펜션

펜션의 개념 펜션(pension)은 프랑스를 중심으로 유럽국가에서 은퇴한 노인들이 연금(pension)을 이용하여 전원지역에 민박형의 숙박시설을 짓고, 관광객을 대상으로 영업을 하는 것에서 유래되어 대중화된 숙박시설이다. 일본은 1980년 초에 유럽으로부터 처음으로 도입하여 유럽풍의 소규모 민박시설로서 정착하였으며, 우리나라의 경우는 1999년부터 펜션이 본격적으로 도입되기 시작하였는데, 몇 년 사이 급속히 팽창하고 있다.

펜션은 가족단위에 적합한 건전한 레저·숙박시설로서 자신의 별장과 같은 편안한 분위기와 다양한 자연체험이 가능한 공간이며, 주변의 레포츠시설 및 관광지를 연계할 수 있어 동적인 체험관광을 추구하는 관광자에게 적합하고, 대부분 전원 등지에 입지하고 있으므로 도심생활을 일탈하고 싶은 도시인들에게는 자연친화적인 레저문화를 즐길 수 있는 숙박시설이라고 할 수 있다. 또한 주인의 따뜻한 환대 서비스를 받을 수 있는 것도 장점이다. 이와 같이 펜션은 향후 호텔·콘도·여관·민박 등의 대안숙박시설로서 가족지향적이고, 체험지향적이며, 자연친화적인 숙박시설로서 각광을 받을 것으로 예상된다.

따라서 펜션은 전원풍의 분위기에 야외 및 체험활동을 위한 시설을 갖추고 가정적인 서비스를 제공하는 소규모 레저용 숙박시설(이정학, 2003)로 정의할 수 있다.

B & B의 개념 유럽의 펜션에 해당하는 숙박시설을 미국을 비롯한 영어권 국가에서는 B & B(Bed & Breakfast)라고 한다. 객실은 5~10실 규모이고, 주인이 직접 조식을 서비스하며, 일체의 편의시설은 없다.

관광펜션업의 기준 급속도로 팽창하는 펜션을 관리하고, 관광사업체로서 제도권으로 흡수하기 위하여 2004년부터 관광진흥법상에 펜션을 관광편의시설업으로 지정하였다. 법규상의 관광펜션업은 숙박시설을 운영하고 있는 자로서 자연·문화체험관광에 적합한 시설을 갖추어 이를 관광객에게 이용하게 하는 업을 말하며, 그 지정기준은 다음과 같다.

- 자연 및 주변환경과 조화를 이루는 3층 이하의 건축물일 것
- 객실이 30실 이하일 것
- 취사 및 숙박에 필요한 설비를 갖출 것
- 바비큐장·캠프파이어장 등 주인의 환대가 가능한 1종류 이상의 이용시설을 갖추고 있을 것(다만, 관광펜션이 수 개의 건물 동으로 이루어진 경우에는 그 시설을 공동으로 설치할 수 있다)
- 숙박시설 및 이용시설에 대하여 외국어 안내표기를 할 것

펜션은 호텔과 콘도미니엄의 대안숙박시설로서 친환경적 가족중심의 숙박시설로 각광을 받고 있다.

03 외식산업

1) 외식의 개념

우리의 식생활은 가정 내에서 마시고 먹는 '가정 내의 식생활'과 가정 이외의 지역에서 마시고 먹는 '가정 외의 식생활'로 구분할 수 있는데, 전자를 '내식'(內食)이라고 하고, 후자를 '외식'(外食)이라고 한다.

외식은 일반적으로 가정을 벗어나 밖에서 음식을 먹는 것으로 인식되어 왔다. 그러

나 집에서 완제품 음식을 주문하여 먹는다든지, 출장연회 등 다양한 소비형태의 발전으로 인하여 가정 내의 식생활에서도 외식의 개념이 도입되었다. 따라서 현대적 의미의 외식이란 가정의 식생활과 가정 내의 외식적 내식까지 포함하는 개념을 말한다. 이를 도식화하면 [그림 9-2]와 같다.

그림 9-2 **내식 · 외식의 분류**

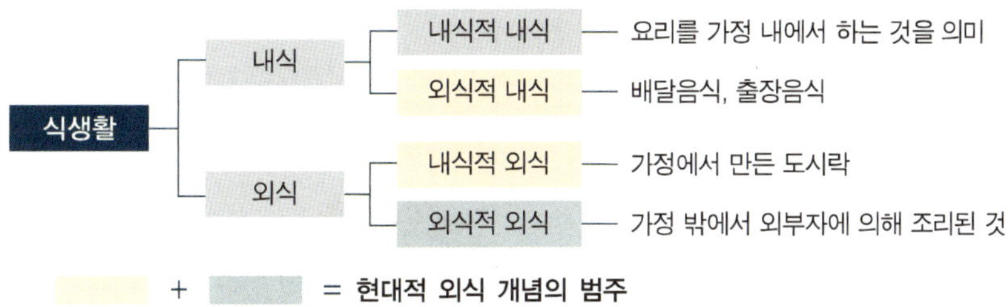

자료: 도이토시오(土井利雄)의 내식 · 외식 분류를 저자 재구성.

2) 외식산업의 성장요인

사회적 요인 여성의 사회진출, 핵가족화 및 독신자 증가 등 가족구조의 변화, 노동시간 감소에 따른 여가시간의 증대, 생활관 및 가치관의 변화, 자가용 보급, 신세대 출현 등의 요인을 들 수 있다.

경제적 요인 국민소득 및 가계의 가처분소득 증가에 의한 경제적 여유는 외식을 즐기는 직접적인 요인으로 작용하고 있다.

기술적 요인 주방기기의 현대화 및 컴퓨터기기 보급에 따른 관리의 과학화, 해외 유명 브랜드 도입 및 기술제휴, 저장 및 포장기술의 발전 등이 외식의 수요를 자극하고 있다.

문화적 요인 오늘날의 외식은 식욕충족이라는 단순한 개념에서 벗어나 가족단위 대화의 공간, 여가의 일부, 단조로운 일상생활을 탈피할 수 있는 이벤트성 등 문화생활의 일부분으로서 인식되고 있다.

3) 외식의 역사

서양 외식의 역사 서양 외식의 역사는 기원전 4850~715년 경으로 거슬러 올라간다. 당시 이집트의 왕족들은 새로운 음식과 경험을 하고자 유명 지역을 여행하였고, 기원전 900~200년경 그리스제국 사람들은 다양한 음식을 만드는 방법과 지식을 습득하고자 이집트·인도·페르시아·바빌론 등지를 여행을 하였으며, 기원전 500~서기 300년경 로마사람들은 그리스를 정복하여 그들의 음식과 조리법을 가져왔으며, 그것을 예술의 형태로 승화시키기도 했다.

중세기에는 여행 자체가 무산되었으므로 음식에 대한 노하우와 기술의 발전이 멈추었던 시기이다. 13세기 말 마르코폴로는 중동과 중국을 여행하여 유럽으로 소금과 후추와 같은 향료를 가져왔으며, 여행과 무역에 관심을 가지게 되었고, 새로운 음식에 대한 욕망과 발견의 계기를 만들었다. 14~16세기 이탈리아의 공주(Caterina de Medici)는 프랑스 왕자와 결혼을 하였는데, 이탈리아 음식뿐만 아니라 포크와 냅킨과 같은 에티켓을 소개하였다. 16~17세기 유럽사람들은 미국이나 서인도로 여행을 하면서 초콜릿·칠리·콩·옥수수·토마토·감자 등과 새로운 음식을 추가적으로 가져가기도 했다. 1651년 피에르 프랑코(Pierre Francois)는 최초의 요리책을 출간하였는데, 프랑스 귀족이 요리를 만드는 데 대하여 실제적이고 자세히 설명을 하였고, 1765년 파리의 터번(tavern) 주인인 부랑저(Boulanger)는 최초로 레스토랑을 개업하였다. 1898년 호텔리어 리츠(Rits)와 당대 최고의 주방장 에스코피에르(Escoffier)는 런던에 사보이호텔(Savoy Hotel)을 개업하여 고급 레스토랑도 운영하였는데, 당시 일요일에는 영업을 하지 않는 개념을 파괴하였다. 이후 호텔의 급성장에 힘입어 호텔의 레스토랑이 외식사업을 주도하게 되었다.

맥도날드는 1955년 맥도날드 형제가 간편하고 빠른 식사를 위하여 개발하였고, 이후 외식 프랜차이즈 사업의 장을 열었다.

1955년 맥도날드(McDonald)의 오픈은 프랜차이징과 고객 서비스에 대한 혁신적인 경영을 최초로 보여 주었고, 오늘날 전 세계 121개 국에 3만 개의 매장을 보유한 최대규모의 회사로 성장하였다.

한국 외식의 역사 1900년 이전 우리나라의 외식은 관리와 보부상 등을 중심으로 타 지역으로 이동하는 과정에서 주막 등의 숙박장소에서 외식을 하였는데, 오늘날 개념의 외식과는 거리가 있었다. 20세기에 들어서면서 전문음식점들이 생겨나기 시작하였는데 1901년에 강호천(江戸川), 1905년에는 '미야고'와 '식도원'(食道園)이 개업하였다. '미야고'는 건평이 200평 정도로 규모가 컸으며, 식도원은 800명을 수용할 수 있는 대연회장을 갖추어 한국 요리점의 시조로 불리게 되었다.

1902년에는 손탁의 사저인 일명 '손탁호텔'이 건립되었는데, 이 호텔 안의 프랑스식 레스토랑은 우리나라 최초의 서양식 식당이었으며, 1914년 조선호텔, 그리고 이 무렵 건립된 각 철도호텔에도 레스토랑이 등장하여 당시 권력층과 부유층이 자주 이용하였다. 또한 1918년에는 1888년 인천에 건립되었던 우리나라 최초의 호텔인 대불호텔이 중국인에게 매각되어 '중화루'라는 중국음식점으로 개조되어 개업하기도 했다. 이후 1950년대까지 크고 작은 식당들이 개업을 하였지만 일반서민들의 식생활은 주로 가정 내에서 해결하였다.

우리나라의 외식이 본격화되기 시작한 것은 1960년대부터이며, 밀가루 위주의 식생활이 유입(UN 원조품)되면서 개인업소와 노점상 등이 출현하였다. 당시 국민소득은 1인당 GNP 100~210달러였으며, 짜장면 · 떡볶이 · 부대찌개 등 분식이 주를 이루었고, '뉴욕제과'와 같은 서구식의 외식업체가 등장하기도 했다.

1970년대에 들어와서는 영세성의 요식업이 출현하였고, 경제발전과 더불어 식생활 수준 향상에 따라 영양가와 맛을 추구하였으며, 한식 · 분식 · 중식 중심의 대중음식점이 우후죽순으로 출현하였다. 또한 1970년대는 해외 브랜드 도입 및 프랜차이즈 외식업의 태동기이기도 하다. 이때 등장한 프랜차이즈 외식업으로는 1979년 10월 25일 개점한 롯데백화점 소공점내 '롯데리아'였다. 당시 1인당 GNP는 250~1,600달러였다.

1980년 초반은 영세 체인 외식업이 난립하였고, 아메리카나(1980년), 버거킹(1980년), KFC(1984년), 피자헛(1984년) 등 해외 유명브랜드 진출이 가속화되었다. 당시 1인당 GNP 1,600~2,200달러였다. 1980년대 후반의 식생활은 외식화, 가공식품화의 활성화, 건강식에 대한 관심고조, 다이어트식 등의 발달로 인하여 외식산업의 성장이 가속되었고, 패스트푸드 및 프랜차이즈 중심으로 시장이 확대되었으며, 패밀리 레스토랑이 도입되었다. 이 시기에 등장한 업체로는 맥도날드(1986년), 코코스(1988년), 크라운베이커리(1988년), 놀부보쌈(1988년) 등이었고, 당시 1인당 GNP는 2,200~4,100달러였다.

1990년대 초반은 외식산업의 전환기로서 중・대기업의 신규진출 가속화 및 해외 유명 브랜드가 도입되었고, 시즐러(1993년)와 스카이락(1994년) 등 근대화된 시스템이 출현하였다. 1990년대 후반은 IMF시대로 인하여 외식산업의 최대 위기를 맞이하여 외식산업 혼돈의 시대라고 할 수 있다. 그 가운데 퓨전 푸드의 출현으로 음식의 무국적화 시대를 맞이하였고, 가격파괴점이 속출하였지만 마르쉐(1996년)나 아웃백스테이크(1997년)와 같은 고단가 음식점의 신장세는 지속되었다.

2000년대는 전문적인 한국고유의 음식점이 활성화되기 시작하였고, T/O(Take Out) 서비스가 확대되었으며, 기능성 식품과 건강지향(well-being) 음식 및 다이어트식품 등의 사업이 가속화되었다.

4) 외식사업의 분류

외식사업의 분류는 레스토랑의 형태에 따라 구분할 수 있는데, 분류방식이나 기준에 대하여 통일된 것은 없다. 즉 기관별・학자별로 다양하게 나타나는데 모건(Morgan, 1993)은 레스토랑의 편익시장을 세분화하여 패밀리 레스토랑, 스테이크 하우스, 캐주얼 레스토랑으로 나누었고, 워커(Walker, 1999)는 패스트푸드(퀵서비스) 레스토랑, 패밀리 레스토랑, 테마 레스토랑, 민속 레스토랑, 캐주얼 다이닝 레스토랑, 디너하우스 레스토랑 등으로 나누었다.

미국 레스토랑협회(NRA: National Restaurant Association)에서는 풀 서비스(평균 객단가 10달러 이하), 풀 서비스(평균 객단가 10달러 이상), 제한된 서비스(패스트푸드) 등 3가지로 나누고 있다.

〈표 9-3〉은 미국 레스토랑협회의 분류 및 영업비율을 나타낸 것이다.

표 9-3 미국 레스토랑협회의 업태별 영업비율

영업구분 \ 업태	Full-Service(average check under $10)	Full-Service(average check $10 and over)	Limited-Service (fast food)
좌석당 음식판매액	$4,328	$4,696	$7,673
좌석당 알콜음료판매액	$554	$1,416	–
하루 평균 좌석회전율	2.0	1.0	4.0
풀타임 직원 1인당 판매액	$36,162	$43,233	$41,046

자료: National Restaurant Association, 2001.

우리나라에서는 통계청의 한국표준산업분류에 의하면 업종과 업태에 따라 한식점업, 중국음식점업, 일본음식점업, 서양음식점업, 기관구내 식당운영, 정식류를 제공하는 기타 일반식당, 자급식 음식점업, 피자 및 햄버거 전문점, 분식 및 김밥 전문점, 이동식 식당운영, 기타 간이 체인 음식점 등으로 분류하고 있다.

외식사업을 취급 메뉴와 서비스를 중심으로 분류하면 ① 패스트푸드점, ② 패밀리 레스토랑, ③ 전문 레스토랑, ④ 토속 레스토랑, ⑤ 뷔페 레스토랑 등으로 구분할 수 있다.

패스트푸드점 패스트푸드(fast food)란 주문하면 곧 먹을 수 있다는 뜻에서 나온 말이다. 조리는 오븐에서 데우는 정도로 간단하고, 소수의 인원으로 고객의 주문에 신속하게 응대할 수 있으며, 셀프 서비스와 저가격대가 특징이다. 간편하고 빠르다는 점과 젊은 층의 양식화 경향에 따라 수요가 몇 년 사이 증가되었지만, 최근 웰빙문화와 과당경쟁에 따라 침체기를 맞고 있다.

패스트푸드점의 특징은 대부분 프랜차이즈 시스템에 의하여 ① 식음료상품의 정형화, ② 맛과 서비스의 표준화, ③ 레스토랑 운영의 매뉴얼화, ④ 셀프 서비스 등이며, 대표적인 브랜드로는 맥도날드·롯데리아·KFC 등을 들 수 있다.

패밀리 레스토랑 패밀리 레스토랑(family restaurant)이란 패스트푸드보다 가격이 높은 대신 여유 있는 테이블 서비스와 함께 식사를 즐길 수 있는 것이 장점이다. 가격대별 다양한 음식과 정중한 서비스, 차별화된 인테리어와 분위기, 각종 프로모션과 이벤트 실시 등이 특징이다. 대표적인 브랜드로는 마르쉐 · TGIF · 아웃백 · 베니건스 등이 있다.

전문 레스토랑 전문 레스토랑(special restaurant)은 단일품목 위주 또는 한 · 양 · 일 · 중식과 같이 특정 종류의 메뉴를 전문적으로 취급하는 레스토랑을 말한다. 예를 들어 단일품목 위주의 전문 레스토랑으로는 피자 · 스파게티 · 냉면 · 닭고기 · 돼지고기 · 해산물 등의 전문점을 들 수 있으며, 특정 종류의 메뉴를 전문적으로 취급하는 레스토랑으로는 한 · 양 · 일 · 중식당 등을 들 수 있다.

토속 레스토랑 토속 레스토랑(ethnic restaurant)이란 그 지역 고유의 전통음식이나 특산물을 재료로 하여 음식을 판매하는 곳을 말한다.

뷔페 레스토랑 뷔페 레스토랑(buffet restaurant)은 음식의 종류를 다양하게 준비해 놓고 고객이 셀프로 식사하는 레스토랑을 말한다.

표 9-4 외식사업의 분류별 특징

구분	패스트푸드점	패밀리 레스토랑	전문 · 토속 레스토랑	뷔페 레스토랑
서비스형태	셀프서비스	셀프 또는 테이블 서비스	테이블 서비스	셀프 서비스
제공시간	1분 이내	15분 이내	10분 이내	즉석
객단가	2천원~4천원	1만원~2만원	4천원~몇 만원	3만원 전후
주메뉴	햄버거 · 치킨	스테이크 · 샐러드	업종에 따라	양식 · 씨푸드 등
메뉴구성	가벼운 메뉴	정식 · 일품요리	정식 · 일품요리	뷔페
표적고객	어린이, 10대 학생층	가족단위	대중	대중
체류시간	30분 전후	60분 전후	30~60분	60~90분
업체 예	맥도날드, 롯데리아, KFC	마르쉐, TGIF, 아웃백, 베니건스	스파게티 · 냉면 · 육고기 · 해산물 등의 전문점, 한 · 양 · 일 · 중식당, 지역 토속음식점	각종 뷔페 레스토랑

5) 외식사업의 문제점과 전망

외식사업의 문제점 우리나라 외식산업의 규모는 통계청의 자료에 따르면 총사업체 수로는 50만 업체, 종사자 수는 1백 3십만명, 매출규모는 34조에 이르는 것으로 추산되고 있다. 그러나 외식산업의 외형적 성장에 비하여 경영상의 문제는 심각한 실정이다.

외식산업의 문제점으로는 첫째, 과잉공급에 의한 과당경쟁을 들 수 있다. 즉 외식을 하고자 하는 수요보다 식당의 수가 더 많다는 것이다.

둘째, 영세성을 들 수 있다. 우리나라 외식업체의 90% 이상이 자금구조가 열악한 것으로 나타났다. 따라서 과학적이고 체계적인 관리, 서비스품질의 향상, 장기적인 관점에서 운영계획 등이 어렵다는 것이다.

셋째, 인적 의존도가 높다. 외식산업의 특성상 공정에 있어서 자동화가 불가능하고, 인적 의존도가 높기 때문에 높은 인건비와 이직률 등도 경영악화의 한 요인으로 작용하고 있다.

넷째, 음식의 유행성 등으로 인하여 상품수명주기(PLC: Product Life Cycle)가 단축되고 있다는 점에서 투자대비 장기적 운영이 어렵다는 점이다.

외식사업의 전망 향후 외식산업의 전망을 요약하여 정리하면 다음과 같다.

- 업종・업태의 세분화가 더욱 심화되고, 해외 브랜드의 국내유입 등으로 외식산업의 성장속도가 가속화되어 영역마다 경쟁이 더욱 치열해질 것이다.
- 복고적 메뉴, 신토불이 메뉴 등 전통음식의 외식사업 진출이 확대될 것이다.
- 인터넷의 활용 등 정보사회 촉진에 따른 고객관리가 보다 체계적으로 이루어질 것이다.
- 외식의 프랜차이즈화가 진전될 것이고, 대기업의 외식사업 진출이 본격화 될 것이다.
- 센트럴 키친(C/K)의 증가와 이를 통한 반가공된 식재료의 물류화 및 통조림식품 등의 증가가 예상된다.

• 연구개발(R & D) 투자, 위생중점관리품목(HACCP) 적용 및 인재육성과 전문성 제고를 위한 교육·훈련 등이 더욱 강화될 것이다.
• 규모의 경제나 효율적인 경영전략을 추구할 것이며, 때로는 이 업종 간의 전략적인 제휴 및 이업종(편의점의 즉석식품과 패스트푸드점) 간의 경쟁도 치열하게 전개될 것이다.

전통음식의 외식사업화 – 국내 '죽' 전문 프랜차이즈 '본죽' 일본 진출

국내 '죽' 전문 프랜차이즈인 '본죽'은 일본 도쿄(東京)의 아카사카에 1호점을 낸다고 밝혔다. 아카사카 매장은 1·2층을 합해 총 60여평 규모로 메뉴와 인테리어 등은 국내 매장의 것을 그대로 접목시키게 된다. 본죽은 죽에 들어가는 소스와 반찬류 등 원부자재는 국내 물류센터로부터 직접 수급되고, 나머지는 현지에서 조달할 방침이다.

회사측은 현재 일본 내에서 한국음식들이 인기를 얻고 있는 점을 감안해 가격대를 국내보다 1.5배 정도 높게 책정, '고급 죽전문점'이라는 브랜드 이미지를 만들어갈 계획이다. 본죽의 김철호 사장은 "서울 명동 등 일본인관광객이 많은 지역에서 매출의 30~40%를 일본고객들이 꾸준히 차지하고 일본여행사 패키지 프로그램에도 본죽이 큰 호응을 얻고 있다"며 "일본시장의 가능성은 국내 영업을 통해 이미 충분히 검증을 거쳤다"고 말했다.

글로벌 브랜드전략을 추진 중인 본죽은 앞으로 미국·중국·캐나다·유럽연합(EU) 지역에도 현지법인 설립 또는 로열티를 받고 독립사업권을 부여하는 방식으로 해외 마케팅을 강화해나갈 계획이다.

자료: www.naver.com.

관광관련 자격시험 대비 연습문제

1. 우리나라 관광진흥법상 호텔업이 아닌 것은?

① 수상관광호텔업　　② 호스텔업
③ 관광펜션업　　④ 가족호텔업

2. 다음 중 우리나라 호텔 등급 및 표시가 올바른 것은?

① 무궁화로 표시하며, 5등급으로 구분하고 있다.
② 별(star)표시하며, 7등급으로 구분하고 있다.
③ 별(star)표시하며, 5등급으로 구분하고 있다.
④ 무궁화로 표시하며, 7등급으로 구분하고 있다.

3. 다음 중 관련이 없는 것 하나는?

① Downtown Hotel　　② Business Hotel
③ Commercial Hotel　　④ Resort Hotel

4. B & B 숙박시설의 의미는?

① Bread & Breakfast　　② Bed & Breakfast
③ Bed & Bread　　④ Bed & Buffet

5. 다음 중 관련이 없는 것 하나는?

① 유럽　　② 펜션
③ 주인이 직접 서비스　　④ B & B

6. 관광펜션의 법적 기준이 아닌 것은?

① 객실이 30실 이하　　② 취사 및 숙박시설
③ 매점　　④ 바비큐장 또는 캠프파이어장

7. 콘도미니엄의 법적 기준이 아닌 것은?

① 객실이 30실 이상 ② 취사 및 숙박시설
③ 매점 ④ 바비큐장 또는 캠프파이어장

8. 호텔사업의 경영상 특성이 아닌 것은?

① 인적 서비스 의존성 ② 변동비의 과다
③ 성 · 비수기의 존재 ④ 연중무휴영업

9. 다음 중 성격이 다른 레스토랑은?

① 마르쉐 ② TGIF
③ 아웃백 ④ 맥도날드

10. 우리나라 외식산업의 문제점이 아닌 것은?

① 과잉수요 ② 영세성
③ 인적 의존성 ④ 음식유행성

11. 외식업의 HACCP란 무엇을 관리하기 위한 것인가?

① 위생 ② 재고
③ 판매 ④ 원가

참고문헌

이정학(2002), 호텔경영의 이해, 기문사.

_____(2003), "관광펜션 이용자의 관여, 선택속성평가, 만족과 재이용의도 간의 관계 연구," 동아대학교 대학원 박사학위논문.

정광현(2003), "레스토랑 속성평가, 지각된 가격, 가치와 만족 및 재이용의도 간의 관계," 동아대학교 대학원, 박사학위논문.

한국관광협회(1985), 한국관광호텔발전사.

Angelo, R.M. & A.N. Vladimir(1994), *An Introduction To Hospitality Toady*, Educational Institute of The American Hotel & Motel Association.

Cook, Roy A., Laura J. Yale & Joseph J. Marqua(2002), *Tourism*, Prentice-Hall.

Gee, C.Y.(1994), *International Hotels*, Educational Institute of The American Hotel & Motel Association.

Hotel & Restaurant(2001. 4・7).

Labensky, Sarah R. & Alan M. Hause(1995), *On Cooking: A Textbook of Culinary Fundamentals*, Englewood Cliffs, N.Y.: Prentice-Hall.

Lattin, G.W.(1995), *The Lodging and Food Service Industry*, Educational Institute of The American Hotel & Motel Association.

Marriott, J.W., Jr. & K.A. Brown(1997), *The Spirit to Serve*, Harper Collins Publishers.

Morgan, Michael J.(1993), "Benefit Dimensions," *The Cornell H.R.A Quarterly*, 34(2): 40~45.

National Restaurant Association(2001), *Restaurant Industry Operations Report*.

Olson, Robert P.(1994), "Research Needs of the Restaurant Industry," *Travel, Tourism, and Hospitality Research*, John Wiley & Sons, Inc., 305~313.

Powers, T.(1995), *Introduction to Management in the Hospitality Industry*, John Wiley & Sons, Inc.

memo

chapter 10

여행업

학습목표

1. 여행업의 개념과 그 종류는 어떤 것들이 있는가?
2. 여행상품의 유통구조는 어떻게 이루어지는가?
3. 여행업의 경영과 사업은 어떻게 이루어지는가?

관광기초

제1장 관광의 이해

제2장 관광발전사

관광주체

제3장 관광자 행동

관광매체

제8장 관광교통

제9장 관광숙박과 외식산업

제10장 여행업

제11장 테마파크와 리조트

제12장 카지노와 국제회의 산업

관광객체

제5장 관광과 문화

제6장 관광과 환경

제7장 관광자원과 개발

관광환경

제4장 관광의 경제적 · 사회적 영향

제13장 관광정책

01 여행업의 개요

1) 여행업의 정의

우리나라 관광진흥법에서는 여행업을 "여행자 또는 운송시설·숙박시설 기타 여행에 부수되는 시설의 경영자 등을 위하여 당해 시설이용의 알선이나 계약체결의 대리, 여행에 관한 안내, 기타 여행의 편의를 제공하는 업"으로 정의하고 있다. 즉 여행사(travel agent)는 여행자와 항공사·호텔 및 투어 오퍼레이터 등의 관광공급자(suppliers) 사이에 알선이나 대리역할을 해주고 수수료(commission)를 받아 경영하는 관광유통업이다. 여행사를 항공사의 매표대리점이라고 부르는 이유도 여행사가 항공권의 유통기능을 담당하기 때문이다.

따라서 여행사는 스케줄·관광루트·교통·숙박·화폐·가격·여행규정·목적지 정보 등에 대하여 지식을 습득하고 있는 전문가 및 상담원으로서 여행자의 시간과 비용을 절감해 주는 업무를 수행한다고 할 수 있다.

2) 여행업의 종류

관광법규상 여행업은 종합여행업, 국내외여행업, 국내여행업 등으로 구분된다.

종합여행업 국내외를 여행하는 내국인 및 외국인을 대상으로 하는 여행업으로서 사증(査證: 비자)을 받는 절차를 대행하는 행위를 포함한다.

국내외여행업 국내외를 여행하는 내국인을 대상으로 하는 여행업으로서 사증을 받는 절차를 대행하는 행위를 포함한다.

국내여행업 국내를 여행하는 내국인을 대상으로 하는 여행업이다.

표 10-1 여행업의 등록기준

구분	등록기준
종합여행업	• 자본금(개인의 경우에는 자산평가액): 5천만원 이상일 것. • 사무실: 소유권이나 사용권이 있을 것.
국내외여행업	• 자본금(개인의 경우에는 자산평가액): 3천만원 이상일 것. • 사무실: 소유권이나 사용권이 있을 것.
국내여행업	• 자본금(개인의 경우에는 자산평가액): 1천 500만원 이상일 것. • 사무실: 소유권이나 사용권이 있을 것.

3) 여행사의 종류

소매여행사 소매여행사(retailer)는 관광상품을 수요자인 여행객에게 직접 판매하는 여행사를 말한다.

도매여행사 도매여행사(wholesaler)는 수요를 미리 예상하여 여행상품을 만들어 소매여행사에 판매하는 여행사를 말한다.

수배여행사 수배여행사를 랜드 오퍼레이터(land operator)업 또는 일명 '랜드사'라고 하며, 소매 여행사로부터 견적의뢰를 받아 관광목적지의 호텔 · 식사 · 관광일정 등에 대하여 여행사를 대신하여 수배를 대행하는 지상수배업자를 말한다. 일반적으로 해외여행 상품의 경우 여행사는 항공편만 직접 판매하고, 지상수배, 즉 현지공항 도착에서부터 귀국 전까지 모든 지상업무는 랜드 오퍼레이터의 현지여행사가 담당한다. 물론 여행사는 랜드 오퍼레이터가 제공하는 지상비에 일정한 마진을 붙여 여행객에게 판매한다.

4) 여행상품의 유통구조

직접유통 직접유통은 숙박 · 교통 · 테마파크 · 리조트 · 관광목적지 등과 같은 관광공급자가 여행사와 같은 유통업체를 거치지 않고 관광활동에 필요한 관광상품을 관광객에게 직접 판매하는 경우를 말한다. 판매방법으로는 직접 방문, DM(우편발송), 전화, 인터넷 등이 사용된다.

특히 인터넷의 발달은 직접유통의 혁명을 가져왔다고 하여도 과언이 아니다. 예를 들어 항공권의 경우 종전에는 항공사와 소비자 사이에서 여행사가 대부분 유통시켜 주었는데, 최근에는 항공사가 인터넷상으로 직접 소비자에게 유통시키는 비중이 높아 가고 있다. 직접유통의 장점을 관광공급자와 관광객의 측면에서 살펴보면 〈표 10-2〉와 같다.

표 10-2 직접유통의 장점

구분	내용
관광공급자 측면	• 업무처리가 단순하다. • 예약확인 및 수시 연락이 용이하다. • 수수료 처리에 대한 부담이 없으며, 후불이 발생하지 않는다. • 판매에 융통성을 발휘할 수 있다.
관광객 측면	• 구매의 절차가 단순하다. • 예약 확인 · 변경 및 수시 연락이 용이하다. • 쇼핑 · 팁강요 등 여행사의 부당한 압력을 배제할 수 있다 • 현지에서 자유여행이 가능하다.

관광공급자 측면에서 직접유통의 단점은 거의 없다. 만약 직접유통만으로 기업을 영위할 수만 있다면 굳이 번거롭고 수수료를 지불해야 하는 여행사의 유통단계를 거칠 필요가 없다.

그러나 관광객의 입장에서 직접유통을 하게 되면 ① 수배하는데 시간과 비용이 많이 소요되고, ② 안내 및 정보의 획득이 어려우며, ③ 현지에서 안전한 여행을 보장받기 힘들고, ④ 현지에서 의사소통이 어려운 단점이 있기 때문에 여행사라는 유통업체에 알선을 부탁하는 것이다.

그림 10-1 여행상품의 유통구조

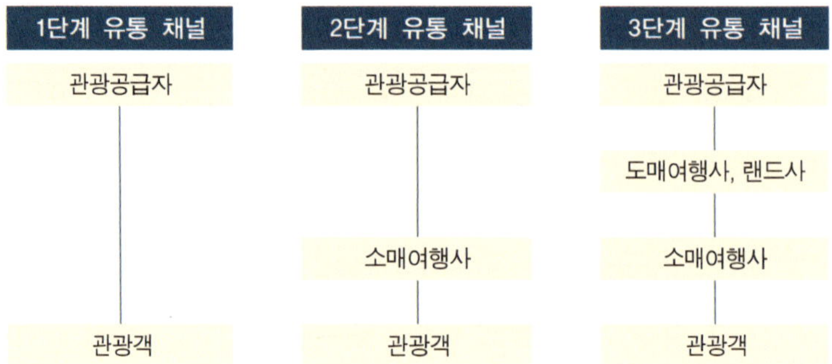

간접유통 간접유통에는 2단계 유통 채널과 3단계 유통 채널이 있다. 2단계 유통 채널은 관광공급자와 관광객 사이에 여행사가 매개체 역할을 하는 형태이고, 3단계 유통 채널은 관광공급자와 여행사 사이에 도매여행사 또는 랜드사가 한 단계 더 있는 형태이다. 관광공급자(suppliers)는 숙박업, 교통업, 음식업, 관광관련 제반 시설업, 관광목적지 등으로서 '프린시펄'(principal)이라고도 한다.

02 여행사의 업무

1) 상담업무

여행상담이란 여행에 관련된 모든 것에 대하여 고객이 문의할 때 고객(여행자)과 협의하거나 조언해주는 것을 말한다. 고객은 전화 또는 직접 여행사를 방문하여 여행에 관련된 어떠한 것이라도 궁금한 점이 있거나 의문사항에 대하여 문의하려고 한다. 이때 친절하고 예의 바르게 그리고 해박한 지식으로 여행상담을 함으로써 고객을 창출해야 할 것이다. 상담업무의 주내용은 다음과 같다.

- 여행관광지에 관한 정보의 안내
- 여행경비에 관한 문제
- 여행일정에 관한 문제
- 여행수속과 예약과 관한 문제
- 운송교통에 관한 정보

2) 수속업무

수속업무란 여행사의 국외업무에서 가장 기본적이면서도 중요한 업무인 여권(passport) 및 비자(VISA)의 발급 등과 관련된 제반 업무를 말한다. 여행사의 수속업무는 여행출발 하루 전까지 각종 여행관련 서류를 마련하고 작성하는 일이다. 그러므로 수속업무는 출발할 때까지의 시간적 제한이 따르므로 각종 서류의 신청이나 허가 등의 소요일수를 감안하여 계획적이고 능률적으로 업무를 진행시키는 것이 무엇보다 중요하다.

여권발급 외국에 여행하려면 여권이 반드시 필요하다. 여권(passport)은 국민이 외국에 여행할 때 본국이 여행자의 신분과 국적을 증명하고, 아울러 상대국에게 여행사의 안전한 통과를 위한 편의제공과 보호를 요청하는 공문서이다. 원칙적으로 여권 또는 이에 갈음하는 증명서(여행증명서)를 소지하지 아니한 자는 입국할 수 없다. 우리나라도 여권을 소지하지 아니한 외국인의 입국은 금지되어 있으며, 외국에 여행하고자 하는 국민은 여권법 규정에 의하여 발급된 여권을 소지하여야 한다.

여권은 발급대상자를 기준으로 일반여권 · 관용여권 · 외교관여권으로 분류된다. 외교관여권은 외교관과 그 가족에 대한 것이며, 관용여권은 외교관 이외의 사람으로서 국가의 업무로 나가는 사람과 그 가족에 대한 것이다. 기타의 국민에게는 일반여권이 발급된다. 여권은 국내에 있어서는 외교통상부장관이 발급하며, 국외에 있어서는 영사가 발급하는데, 2008년 이후 모든 여권은 전자여권으로 바뀌었다.

비자발급 여권만 소지하고 있다고 해서 어느 나라든 여행을 할 수 있는 것은 아니며, 방문하고자 하는 나라에서 발급하는 입국허가증인 비자가 있어야 한다. 즉 비자(VISA)란 여행하고자 하는 나라 또는 방문하고자 하는 나라로부터 입국허가를 받는 문서로서 일반적으로 방문국의 대사관이나 영사관에서 받게 되며, 유효기간에 따라 복수와 단수비자로 발급된다.

최근에 세계 대부분의 국가에서 관광목적 혹은 제3국으로 출발하는 목적지가 표기된 항공권을 소유하고 있으면 72시간 이내 체류할 수 있도록 공항에서 입국허가서를 발급해 주고 있다.

세계의 대부분 국가가 우리나라와 비자 상호면제협정(no visa agreement)이 체결되어 있어서 관광목적일 경우 협정기간 동안 여권만으로도 여행할 수 있다. 그러나 비자 상호면제협정이 체결된 국가라 하더라도 취업·이민·상사주재·유학 등의 목적으로 입국할 때에는 반드시 비자를 받아야 한다.

비자는 사용횟수에 따라 1회 입국하여 출국하면 효력이 상실되는 단수비자와 유효기간 내에는 몇 번이라도 출입국이 가능한 복수비자로 분류된다. 또한 비자는 여행목적·체재기간에 따라 입국비자와 통과비자로 구분된다. 입국비자는 여행하고자 하는 나라에 가는 것을 주 목적으로 하는 경우에 교부되는 비자로서 그 목적에 따라 관광·상용·영주 등으로 구분되어 발급된다. 통과비자는 여행객이 여행하고자 하는 나라로 가는 여행경로상 필요에 의해, 도중에 다른 나라에 들리는 경우에 경유국에서 발급된다.

3) 예약과 수배 및 발권업무

예약과 수배 및 발권업무의 개요 여행사는 항공사·선박회사·철도회사 등 교통기관과 호텔 등의 숙박시설 및 기타 관광관련 공급업자들을 대리하여 관광객의 요청에 의하여 예약 및 수배를 하며, 그에 따른 항공권·숙박권·승차권 등의 각종 티켓을 발권하는 업무를 말한다. 이와 같이 여행사가 예약과 수배 및 발권업무를 하게

표 10-3 예약과 수배 및 발권에 따른 수수료

구분	수수료	비고
항공권	국제선: 9%, 국내선: 5%	항공권 발행, 추후 수수료 정산
호텔객실	10% 정도	쿠폰발행
선박회사	10% 정도	쿠폰발행
렌터카	10% 정도	쿠폰 또는 확인서 발행
철도	5%	승차권 발행

되면 일정한 수수료를 획득하게 되는데, 항공권의 경우 국제선은 9%, 국내선은 5% 정도이며, 항공권 발행후 수수료를 정산한다.

호텔 · 선박 · 렌터카 등의 예약 및 수배는 일반적으로 쿠폰을 발행하고, 10% 정도의 수수료가 발생되는데 약정에 따라서 수수료가 약간씩 달라질 수 있으며, 고객으로부터 전액을 받아서 수수료를 제하고 송금하는 방법과 예약금 형식으로 10% 전후의 수수료를 받고 나머지 금액은 여행자가 현지에서 직접 지불하는 방법이 있다. 철도의 경우 승차권을 발행해 주고 5%의 수수료를 받는다.

예약과 수배 및 발권의 원칙 예약과 수배 및 발권을 할 때는 신속 · 정확 · 신뢰의 3원칙에 의해서 이루어져야 한다.

신속 여행자가 원하는 예약과 수배 및 발권에 대하여 신속하게 응대하여 그 결과에 대하여 즉시 통보해 주어야 한다. 신속한 예약과 수배 및 발권을 위해서는 각 관광공급업체들의 연락 리스트와 쿠폰을 잘 정리해 두어야 하며, 특히 신속한 항공권 발권을 위해서는 항공사별 컴퓨터예약시스템에 대한 기술을 습득하고 있어야 한다.

정확 예약과 수배 및 발권을 할 때는 정확하게 해야 하는데 만약 착오가 생긴다면 시간적 · 금전적 비용이 발생할 수 있다. 여행자로부터 주문을 받은 예약 및 수배의결과에 대해서도 관광공급자에게 확인을 하고 충분한 의사소통 및 정보가 전달되어야 한다.

신뢰 예약과 수배 및 발권이 완료된 사항은 고객인 여행자와의 계약이다. 이 계약은 천재지변을 제외하고는 어떠한 상황이 발생하더라도 지켜져야 한다. 종종 여행사의 예약과 수배 및 발권 사항이 변경되는 경우가 있으며, 현지에서 정보전달 미비로 인하여 마찰이 발생하기도 한다.

CRS업무 컴퓨터예약시스템(CRS: Computerized Reservation System)이란 전산단말기를 이용하여 항공권의 예약 · 발권 · 운송 · 호텔 · 렌터카 등 여행에 관한 종합적인 서비스를 제공하는 전산예약시스템을 말하는데, 항공사의 대리점 역할을 하는 여행사에서는 CRS를 통하여 항공권 발행 등의 업무를 한다.

CRS의 주요기능은 다음과 같다.

- 항공사의 항공 스케줄 및 운항정보 조회, 잔여좌석상태를 알 수 있다.
- 운항구간의 운임조회 및 BSP 가입항공사의 티켓을 발권할 수 있다. BSP(Bank Settlement Plan)란 항공사의 대리점인 여행사가 일정금액을 예치하고 그에 준해서 항공권을 발권한 다음 일정기간 후 정산하는 제도이다.
- 호텔 · 렌터카 등의 정보조회 및 예약을 할 수 있다.

국내 항공사의 경우 대한항공이 '토파스'(Topas), 아시아나항공이 '아바쿠스'(Abacus)라는 CRS를 운영하고 있으며, 각각 외국의 다른 항공사와 제휴하여 운용하고 있다. 예를 들어 Abacus의 경우 아시아 · 태평양 지역 최대의 CRS로서 한국의 아시아나항공사를 비롯하여 홍콩 · 싱가포르 · 말레이시아 · 호주 등 15개 국가의 항공사에서 사용하고 있다.

03 판매업무

1) 판매업무의 개요

여행사에서 판매하는 상품은 패키지(package)상품과 여행객으로부터 주문받은 단체(group) 여행주문상품 등이 있다. 대형 여행사의 경우 자체 패키지상품을 개발하여 판매하고 있지만, 소형 여행사의 경우 도매여행사로 의뢰받은 패키지상품에 대하여 일정한 수수료를 받고 대행판매하고 있다. 판매 없는 사업은 없다(no sale, no business)란 말이 있듯이 여행사에서도 판매를 위한 다양한 마케팅활동이 요구된다.

2) 패키지상품의 판매

패키지상품의 의의 패키지(package)상품이란 기획여행상품을 말한다. 우리나라 관광진흥법에서는 기획여행에 대하여 "여행업을 경영하는 자가 국외여행을 하고자 하는 여행자를 위하여 여행의 목적지·일정, 여행자가 제공받을 운송 또는 숙박 등의 서비스 내용과 그 요금 등에 관한 사항을 미리 정하고, 이에 참가하는 여행자를 모집하여 실시하는 여행"이라고 정의하고 있다. 이와 같은 패키지상품은 대부분 신문광고 등을 통하여 모객을 하고 있으며, 소매여행사가 도매여행사의 패키지상품을 팔았을 경우 일반적인 수수료는 10~15% 정도이다.

기획여행상품을 신문광고를 통하여 판매하고자 할 때는 다음과 같은 사항을 표시해야 한다.

- 여행업의 등록번호, 상호, 소재지 및 등록관청
- 기획여행명·여행일정 및 주요 여행지
- 여행경비

- 교통 · 숙박 및 식사 등 여행자가 제공받을 서비스의 내용
- 최저 여행인원
- 보증보험 등의 가입 또는 영업보증금의 예치 내용
- 여행일정 변경 시 여행자의 사전 동의 규정

패키지상품의 장단점 패키지상품의 장단점을 관광객과 관광공급자의 입장에서 살펴보면 〈표 10-4〉와 같다.

표 10-4 패키지상품의 장단점

구분	장점	단점
관광객	• 시간과 비용의 절감 • 원스톱 쇼핑(one-stop shopping) 가능 • 안전한 여행 • 언어소통문제 해결 • 새로운 친구와 사귐 • 특별대우(예 공항이나 관광지에서 입장시 특별대우)	• 자유관광이 부족함 • 본인의 의사와 관계없이 관광 일정이 짜여짐 • 무리한 쇼핑과 옵션의 부담 • 팁에 대한 부담
관광공급자	• 대량 마케팅 가능 • 상품판매와 수배가 수월함 • 규모의 경제를 추구할 수 있음 • 관광공급자간 판매를 극대화할 수 있음	• 단체관광 위주의 저가 및 저품질 상품의 남발

자료: 이정학, 2003: 214.

패키지상품의 종류 패키지 여행상품의 경우 단위요소의 구성을 어떻게 하느냐에 따라 달라지는데 그 종류는 다음과 같다.

올 인클루시브 패키지(All-inclusive Packages) 항공 · 숙박 · 교통 · 식사 · 레크리에이션 · 엔터테인먼트 등 관광활동에 필요한 모든 것을 포함하는 패키지를 말한다. 예를 들면 '클럽 메드'(Club Med)와 피아시(PIC: Pacific Islands Club)와 같은 리조트 패키지를 들 수 있다.

에스코트 투어 패키지(Escorted Tours Package) 여행출발 때부터 일정표에 의

해서 에스코트나 가이드가 수행하는 패키지로서 대부분의 단체 해외여행은 이 범주에 속한다. 에스코트(escort)는 일명 투어 컨덕터(T/C: Tour Conductor)라고 하며, 현지 관광안내를 제외한 출국에서 귀국까지 관광객의 인솔을 담당한다. 가이드(guide)는 현지 관광안내원을 말한다. 특히 현지 관광안내를 할 가이드가 직접 에스코트, 즉 T/C의 역할까지 겸할 경우 이를 스루 가이드(through guide)라고 하며, 일본단체 여행의 경우 이러한 형태를 취한다.

항공–렌터카 패키지(Fly-drive Packages) 항공요금과 공항–목적지 간의 렌터카 요금을 단일가격으로 묶은 패키지이다. 예를 들면, 루프탄자 항공사와 아비스 렌터카의 패키지(Lufthansa/Avis fly-drive) 상품을 들 수 있다.

항공–크루즈 패키지(Fly-cruise Packages) 크루즈 요금에 돌아올 항공기 요금을 포함하는 패키지를 말한다. 이 경우 대부분 항공기 요금은 무료이거나 저렴하게 적용된다.

항공–철도 패키지(Fly-rail Packages) 항공요금과 기차요금을 단일가격으로 묶은 패키지이다. 예를 들면 미국에서의 'Amtrak's air-rail travel plan'이 있다.

숙박–식사 패키지(Accommodation And Meal Packages) 숙박요금에 식사를 포함시키는 패키지로서 다음과 같은 종류가 있다.

- 미국식 플랜(American plan; 불 full pension): 객실+3식
- 수정된 미국식 플랜(modified American plan; 불 demi-pension): 객실+2식(조식, 석식)
- 대륙식 플랜(Continental plan): 객실+1식(조식)
- 유럽피언 플랜(European plan): 객실과 식사의 분리

항공–숙박 패키지(airtel packages) 항공요금과 숙박요금을 단일가격으로 묶은 패키지를 말한다.

패키지상품의 가격결정 패키지상품의 가격은 유효기간 내에서는 원칙적으로 변경되어서는 안 된다. 패키지상품의 가격결정은 〈표 10-5〉에서 보여주듯이 원가구성은 항공비 · 지상비 · 출장비 등의 직접비 · 마케팅비 · 일반관리비 등의 간접비로 되어 있는데, 이 원가에 마진을 붙여 결정된다.

표 10-5 패키지상품의 원가구성

구성요소		내용
직접비	항공비	항공기 비용
	지상비	관광목적지에서의 숙박 · 식사 · 이동을 위한 교통수단, 관광지 및 관광시설 입장료
	출장비	인솔자(T/C)의 출장비
간접비	마케팅비	광고 및 선전비, 시장조사비 등
	일반관리비	임대료, 직원급료, 통신비, 광열비

3) 단체 주문여행상품

단체(group) 주문여행상품은 여행사의 판촉능력에 의하여 발생하게 되는데, 이 상품은 특정 단체로부터 여행지와 여행일정 등을 주문을 받아 견적을 제공하고, 계약을 체결하는 과정을 거친다. 이때 여행사는 해당 랜드사에게 지상수배를 의뢰하여 견적을 받고, 여기에 다시 적절한 마진을 붙여 고객에게 견적을 제공한다. 일반적인 단체의 기준은 15명 이상이다. 여행사 영업의 관건은 이와 같은 단체를 얼마나 많이 유치하느냐에 달려 있다. 특히 기업체나 단체에서 판매실적이 우수하거나 모범사원을 대상으로 사기증진을 위하여 여행을 시켜주고 있는데 이를 포상여행(incentive tour)이라고 하며, 여행사의 가장 중요한 시장이라고 할 수 있다.

04 안내업무

여행사에서의 안내업무는 관광통역안내사와 국외여행인솔자의 안내업무로 나누어진다.

1) 관광통역안내사

인바운드 여행, 즉 외국인이 국내 단체관광을 할 때는 관광통역안내사의 안내를 받게 된다. 관광통역안내사는 관광산업을 선도하는 리더로서 민간외교관의 역할을 수행한다는 점에서 관광산업의 발전에 일익을 담당한다고 할 수 있다. 관광통역안내사의 주요업무는 다음과 같다.

- 한국의 역사 · 문화 · 관광지 안내
- 외국인여행객 안내(숙박, 교통, 위기상황 대처 및 외국인 안전확보)
- 통역업무 수행(현지인 수준의 상급회화)
- 산업현황 소개(해외시찰단, 산업시찰단, 국제회의 및 전시회의 안내업무)

2) 국외여행인솔자

국외여행인솔자의 개념 국외여행인솔자(T/C: Tour Conductor)는 내국인 단체가 해외로 여행을 갈 때 출발준비에서부터 여행이 종료될 때까지 인솔하는 사람을 말한다. 국외여행인솔자의 능력이란 책임감 · 판단력 · 결단력 · 업무처리능력 등을 의미하는데, 이러한 능력은 안전한 여행을 위한 최소한의 필요조건으로서 여행전반을 쾌적하고 가치를 높이며 오래도록 감명과 인상을 남기게 하는 데 영향을 준다.

국외여행인솔자의 업무

① 여행을 일정표(itinerary)대로 차질 없이 진행시킨다.

② 여행의 관리자 또는 리더로서 출입국 및 탑승수속절차, 수하물관리, 호텔이용, 식사, 통신, 안전 등 여행기간에 발생되는 모든 상황에 대하여 능동적이고 책임감 있게 업무를 처리함으로써 여행객의 불편이 없도록 한다.

③ 공항에서 CIQ업무, 즉 세관(Customs), 출입국관리(Immigration), 검역(Quarantine) 절차를 도와준다.

④ 회사의 대표자로서 역할을 수행한다. 즉 여행지에서 여행객들은 여행도중에 발생되는 문제에 대하여 인솔자가 회사대표의 입장에서 적절하게 대처해야 한다.

⑤ 고객만족의 인솔을 해야 한다. 즉 인솔자는 합리적인 운영을 통해 시간적・금전적 절약뿐만 아니라 적절한 선택관광(optional tour)의 기회를 제공하여 여행객에게 여행지에서 효과적인 경험을 할 수 있도록 한다. 단, 무리한 쇼핑과 선택관광을 강요하여 불미스러운 일이 발생하지 않도록 한다.

국외여행인솔자의 자격요건 국외여행인솔자가 되기 위해서는 다음 사항 중 하나의 자격요건을 갖추어야 한다.

- 관광통역안내사 자격을 취득할 것.
- 여행업체에서 6개월 이상 근무하고 국외여행 경험이 있는 자로서 문화체육관광부장관이 정하는 소양교육을 이수할 것.
- 문화체육관광부장관이 지정하는 교육기관에서 국외여행 인솔에 필요한 양성교육을 이수할 것.

3) 문화관광해설사

문화관광해설사의 개념 문화관광해설사란 우리의 문화 · 역사 · 관광에 대한 소양을 갖추고, 해박한 지식으로 국내외 관광객에게 관광지 및 유적지에 대한 해설을 통해 이해를 도와주는 사람을 말한다. 문화관광해설사 제도는 2001년 한국방문의 해, 2002년 월드컵 등 대규모 국가행사를 맞이하여 방문하는 외국인에게 우리의 문화와 전통 및 관광자원을 올바르게 이해시키기 위해 도입되었다. 2001과 2002년 두 해에 걸쳐 각 시도에서 활동할 '문화유산해설사'를 배출하여 문화재나 문화유산을 중심으로 운용되어 왔으나, 2005년에는 '문화관광해설사'로 이름을 바꾸고 관광지 · 관광단지 · 농어촌체험관광 등 다양한 분야의 관광자원으로 확대하여 이곳을 찾는 관광객들에게 보다 전문적인 해설을 제공하고 있다.

문화관광해설사의 활동 광역시 단위로 서류전형과 면접을 통해 선발된 후 소정의 교육을 받아야 활동이 가능하다. 현재 전국 450여 개소에서 약 2,000여 명의 문화관광해설사가 활동하고 있으며, 이들은 무료로 해설안내를 제공하는 자원봉사자이지만 활동비 개념으로 교통비와 식비 등을 지급받고 있다. 그리고 문화관광해설사는 여행사 소속이 아니라 해당 자치단체에서 관리하며, 지역문화나 문화유산 및 역사에 대한 지식을 갖추었거나 관심이 있다면, 해당 지역의 시청 또는 도청 문화관광과에서 제공하는 모집공고를 통하여 응시할 수 있다. 전형방법은 관광일반(소양)과 지역문화재 지식 등 평가하는 면접시험으로 진행되고, 외국인관광객이 증가하면서 외국인만을 대상으로 해설하는 외국어 문화관광해설사도 있는데, 영어 · 일본어 · 중국어 등 외국어능력이 뛰어나다면 활동이 유리하다. 문화관광해설사에 합격을 하게 되면 일정기간 양성교육을 받아야 한다.

4) 문화관광 스토리텔링

관광명소는 스토리텔링에 의하여 관광객에게 더 매력적으로 다가갈 수 있다. 관광 스토리텔링은 관광자원에 대한 단순한 해설의 차원을 넘어 다양한 스토리를 중심으로 관광객의 관심을 유도할 뿐만 아니라, 체험과 추억거리를 제공하는 등 관광객과 관광 목적지가 공동의 감성체계를 만드는 것을 말한다. 관광 스토리텔링은 일반적으로 문화해설을 상기시키지만 그보다 더 넓은 개념이라고 할 수 있다. 즉 생명력이 없는 관광자원에 새로운 생동감을 부여하고, 관광객에게 상상력과 창의성을 자극하는 등 매력적인 관광자원을 만들기 위한 동력이라고 할 수 있다. 예를 들어 똑같은 남이섬이라 하더라도 '겨울연가 주인공이 거닐던 남이섬'이면 한 번 더 보고 싶은 것이 사람의 마음일 것이다.

또 다른 예로서 영화 '로마의 휴일'에서 '진실의 입'의 조각상이 나오는데, 단순히 조각상의 문화재적 가치를 설명하기보다는 오드리 햅번이 주연한 영화 속에 등장한 곳으로서 관광객이 영화 속에 장면을 재현해보도록 하는 것이 관광 스토리텔링이라고 할 수 있다.

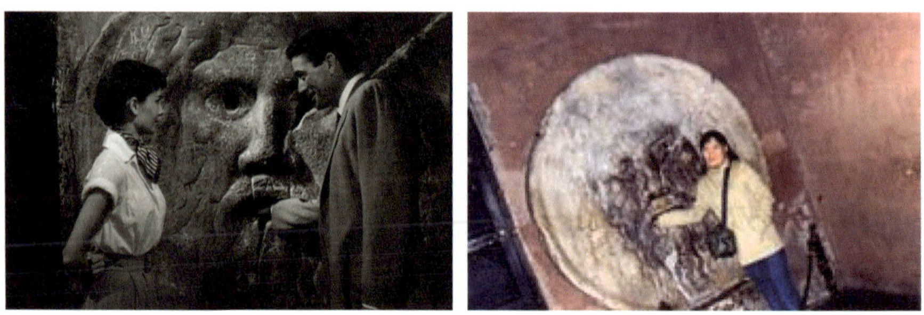

영화 '로마의 휴일'의 장면과 관광객이 그것을 재현하는 모습

관광관련 자격시험 대비 연습문제 •

1. 내국인 및 외국인을 대상으로 하는 여행업은?

① 국내여행업　　② 국내외여행업
③ 종합여행업　　④ 랜드 오퍼레이터

2. 수배를 전문으로 하는 여행업을 무엇이라고 하는가?

① 소매여행업　　② 도매여행업
③ 종합여행업　　④ 랜드 오퍼레이터

3. 종합여행업의 등록은 자본금 얼마 이상인가?

① 3억원 이상　　② 5천만원 이상
③ 6천만원 이상　　④ 3천만원 이상

4. 대한항공의 '토파스'(TOPAS), 아시아나 항공의 '아바쿠스'(ABACUS)는 무엇을 말하는가?

① 항공사와 여행사 간의 컴퓨터예약시스템
② 항공사와 여행사 간의 요금정산기
③ 항공사의 마일리지 카드
④ 항공사와 카드사의 제휴카드

5. 여행사에서 취급하는 패키지상품이란?

① 개별여행상품　　② 도매여행상품
③ 기획여행상품　　④ 저가여행상품

6. 기획여행상품을 신문광고를 통하여 판매하고자 할 때 기입요건이 아닌 것은?

① 여행경비
② 교통·숙박 및 식사 등 여행자가 제공받을 서비스의 내용
③ 최대 여행인원
④ 보증보험 등의 가입 또는 영업보증금의 예치내용

7. 패키지여행상품의 경우 관광객의 입장에서 장점이 아닌 것은?

① 시간과 비용의 절감
② 안전한 여행
③ 언어소통문제 해결
④ 자유관광 가능

8. 클럽 메드(Club Med)의 패키지 형태는?

① Fly-drive Packages
② Accommodation and Meal Packages
③ All-inclusive Packages
④ Fly-cruise Packages

9. 항공요금과 숙박요금을 단일가격으로 묶은 패키지를 무엇이라고 하는가?

① Fly-drive Packages
② Accommodation and Meal Packages
③ All-inclusive Packages
④ Airtel Packages

10. 객실과 식사의 요금이 분리되는 제도는?

① 미국식 플랜(American plan)
② 수정된 미국식 플랜(Modified American plan)
③ 대륙식 플랜(Continental plan)
④ 유럽피언 플랜(European plan)

11. 국외여행인솔자 자격요건의 설명으로 틀린 것은?

① 관광관련 대학을 졸업한 자
② 관광통역안내사 자격을 취득한 자
③ 여행업체에서 6개월 이상 근무하고 국외여행 경험이 있는 자로서 문화체육관광부장관이 정하는 소양교육을 이수한 자
④ 문화체육관광부장관이 지정하는 교육기관에서 국외여행 인솔에 필요한 양성교육을 이수한 자

12. 우리의 문화와 역사 및 관광에 대한 소양을 갖추고, 해박한 지식으로 국내외 관광객에게 관광지 및 유적지에 대한 해설을 하는 사람을 무엇이라고 하는가?

① 문화유산해설사 ② 문화관광해설사
③ 관광통역안내사 ④ 국외여행인솔자

13. 공항의 CIQ업무가 아닌 것은?

① 세관 ② 보안검사 ③ 출입국관리 ④ 검역

14. 국외여행인솔자의 약어인 T/C의 원어는?

① Tour Coordinator ② Tour Conductor
③ Tour Commissioner ④ Tour Checker

참고문헌

이정학(2002), 관광마케팅, 기문사.

Collier, A.(1994), *Principles of Tourism*, Auckland: Longman Paul Ltd.

Cook, Roy A., Laura J. Yale & Joseph J. Marqua(2002), *Tourism*, Prentice-Hall.

Gee, C.Y., K.B. Boberg, D.J.L. Choy & J.C. Makens(1990), *Professional Travel Agency Management*, Englewood Cliffs: Prentice-Hall.

Goeldner, Charles R., Brent Ritchie, Jr. & McIntosh(2001), *Tourism*, John Wiley & Sons, Inc.

Hooper, Paul(1995), "Evaluation Strategies for Packaging Travel," *Journal of Travel & Tourism Marketing*, 4(2): 65~82.

Middleton, V.T.C.(1991), "Whither the Package Tour?," *Tourism Management*, 12(3): 185~192.

Morrison, A.M.(2002), *Hospitality and Travel Marketing*, Delmar.

Wohlmuth, E.D.(1994), "Research Needs of Travel Retailers and Wholesalers," *Travel, Tourism, and Hospitality Research*, John Wiley & Sons, Inc., 263~272.

memo

chapter 11

테마파크와 리조트

학 습 목 표

1. 테마파크의 개념과 특성은 무엇인가?
2. 테마파크의 종류는 어떤 것들이 있는가?
3. 세계의 유명 테마파크는 어떤 것들이 있는가?
4. 리조트란 무엇인가?
5. 리조트의 종류는 어떤 것들이 있는가?
6. 세계의 유명 리조트는 어떤 것들이 있는가?

관광기초

제1장 관광의 이해
제2장 관광발전사

관광주체

제3장 관광자 행동

관광매체

제8장 관광교통
제9장 관광숙박과 외식산업
제10장 여행업
제11장 테마파크와 리조트
제12장 카지노와 국제회의 산업

관광객체

제5장 관광과 문화
제6장 관광과 환경
제7장 관광자원과 개발

관광환경

제4장 관광의 경제적 · 사회적 영향
제13장 관광정책

01 테마파크

1) 테마파크의 역사

테마파크(theme park)의 기원은 어뮤즈먼트 파크(amusement park)에서 찾을 수 있는데, 어뮤즈먼트 파크(amusement park)란 유원지와 같은 단순 놀이공원을 말한다. 최초의 어뮤즈먼트 파크는 17세기경 영국과 프랑스에 만들어진 유희를 즐길 수 있는 가든(garden)에서 출발되었다.

표 11-1 방문객 기준 세계 테마파크 순위(2022)

순위	테마파크명(국가 / 도시)	방문객(단위: 천 명)
1	매직킹덤(미국 플로리다)	17,133
2	디즈니랜드 파크(미국 캘리포니아)	16,881
3	유니버셜 스튜디오 재팬(일본 오사카)	12,350
4	도쿄 디즈니랜드(일본 도쿄)	12,000
5	유니버셜 아일랜드 오브 어드벤처(미국 캘리포니아)	11,025
6	디즈니 할리우드 스튜디오(미국 플로리다)	10,900
7	유니버셜 스튜디오 플로리다(미국 플로리다)	10,750
8	도쿄 디즈니씨(일본 도쿄)	10,100
9	디즈니월드 EPCOT(미국 플로리다)	10,000
10	디즈니랜드 파리(프랑스 파리)	9,930
11	디즈니 캘리포니아 어드벤처 파크(미국 캘리포니아)	9,000
12	유니버셜 스튜디오 할리우드(미국 캘리포니아)	8,400
13	유로파 파크(독일 바덴뷔르템베르크주)	6,000
14	에버랜드(한국 경기도)	5,770
15	에프텔링 테마파크(네덜란드)	5,430
16	월트 디즈니 스튜디오 파크(프랑스 파리)	5,340
17	롯데월드(한국 서울)	4,520

자료: TEA, AECOM(2023).

1955년 디즈니랜드가 기존의 어뮤즈먼트 파크들과 차별화된 주제를 가지고 65에이커(acre)의 면적에 5,000만 달러의 예산을 들여 대규모의 시설을 개장하면서 상업적 성공을 거두게 되자, 기존의 어뮤즈먼트 파크들도 점차 테마파크로 변신하게 되었다. 이와 같이 테마파크는 유원지나 공원을 인공적으로 조성하여 특정한 테마를 살린 시설물을 갖추어 놓은 곳이라고 할 수 있다. 따라서 디즈니랜드는 세계 최초의 테마파크라고 할 수 있으며, 오늘날 세계 테마파크 산업을 선도하고 있는데 미국 내의 여러 지역은 물론, 유럽 · 아시아 등지에도 활발하게 진출하고 있다.

우리나라의 테마파크산업도 1976년 어뮤즈먼트 파크 수준에서 출발한 에버랜드와 세계 최대 실내 테마파크를 자랑하는 롯데월드가 1989년에 개장하여 2013년 입장객 수 기준으로 각각 세계 14위, 15위 테마파크에 진입할 정도로 그 위상이 높아졌다.

2) 테마파크의 개념

테마파크의 사전적 의미는 "넓은 지역에 특정한 주제를 정해 놓고 그에 걸맞은 오락시설을 배치하는 위락단지이며, 동화의 나라나 외국의 거리 등을 만들어서 관광객을 불러들이기도 한다. 테마파크는 단순한 놀이시설이 있는 유원지와는 그 개념이 다르며, 1955년 설립된 미국의 디즈니랜드가 대표적이다"라고 되어 있다.

일본 통상성에서는 테마파크를 "일정한 테마(외국 · 역사 · 자연 등) 아래, 유희시설의 유무에 불구하고 전체적인 환경조성, 쇼나 이벤트 등의 소프트를 한데 엮어서 공간 전체를 연출하여 오락을 제공하는 시설이 조성되어 있는 유원지 · 레저시설"이라고 정의하고 하였고, 보겔(Vogel, 1985)과 토키슨(Torkildson, 1983)은 "하나의 특정한 주제 속에 일련의 제반시설을 대상으로 연출하여 이용자에게 즐거움을 주는 유희시설"이라고 정의하였다. 우리나라에서는 테마파크와 같은 시설을 관광진흥법에 유원시설업으로 규정하고 있는데, 유원시설업을 유기시설 또는 유기기구를 갖추어 이를 관광객에게 이용하게 하는 업으로 규정하여 테마파크를 유원지 수준에서 접근하고 있다. 유기시설이란 영어의 어트랙션(attraction)을 말한다. 어트랙션은 유희를 제공하는 탈 것(ride)을 비롯하여 시뮬레이션 · 체험거리 · 영상매체 등을 말하며, 넓게는 이벤트와 쇼 등도 포함한다.

이상의 정의를 종합하면 테마파크란 “특정한 주제를 중심으로 연출된 레저문화공간으로서 이용자에게 즐거움을 제공하는 유희시설”이라고 할 수 있다. 오늘날의 테마파크는 대규모의 관광객 유치를 통한 지역경제 및 관광진흥의 핵심사업으로 인식되고 있으며, 미래의 관광산업을 이끌어 갈 새로운 형태의 관광자원으로 부상하고 있다.

3) 테마파크의 속성과 특성

테마파크의 속성

테마성 테마파크는 특정한 주제를 표현해야 하므로 테마는 테마파크의 생명이라고 할 수 있다. 이와 같은 테마의 소재는 동화, 영화 및 드라마, 민속 및 역사, 과학 및 산업, 동·식물, 자연, 건축물 등 매우 다양한데 테마파크는 그 테마에 대한 세계와 볼거리·즐길거리·체험거리 등을 다채롭게 제공하는 곳이다.

통일성 테마파크는 건축물을 비롯한 시설물, 종사원의 복장, 주변환경, 식음료, 기념품 등이 테마와 조화되고, 통일된 이미지가 창출된 곳이다. 이와 같은 통일성은 테마를 더욱 명확하게 할 수 있고, 일관성을 유지하게 해준다. 이를 위해서는 설계단계에서부터 분야별 전문가가 참여하여 의견이 조정되고 통합되어야 한다.

비일상성 테마파크는 현실세계와 완전히 차단된 배타적인 공간이며, 그 속에는 일상에서 경험하지 못하는 즐거움과 상상력이 제공되고, 독특한 분위기나 환상적인 요소 및 교육적인 요소 등을 통하여 비일상적인 경험을 체험할 수 있도록 한 곳이다.

역동성 테마파크는 박물관과 같이 정적인 공간이 아니라 관람객과 함께하거나 참여할 수 있는 기회 등을 제공하여 역동적인 모습을 보여주는 공간이다. 이를 위해서는 다양한 이벤트 연출이나 연중 프로그램 기획 등의 노력이 요구된다.

테마파크 사업상의 특성 흔히 테마파크를 꿈을 파는 엔터테인먼트 사업이라고 한다. 일반적으로 테마파크는 입지여건 중요하고, 막대한 투자비가 소요되는 대규모 장치산업이며, 노동집약적인 인적 서비스산업의 특성을 가지고 있다.

입지의존성 테마파크는 입지에 의존하는 사업이다. 성공적인 입지조건은 다음과 같다.

- 대량관람객을 유치하기 위해서는 항공기 · 기차 · 버스 · 자가용 등의 교통수단이 쉽게 접근이 가능한 곳이어야 하며, 특히 고속도로가 인접한 곳이어야 한다.
- 테마파크를 방문하여 즐길 수 있는 표적시장이 충분히 있어야 한다. 예를 들어 디즈니랜드와 같은 세계적인 테마파크의 경우 주변 인구가 천만명 정도가 되거나 외부관광객을 대량 유치할 수 있는 유명 관광지 등에 위치한다.
- 파트타임 인력이 충분히 동원될 수 있는 지역이어야 한다.
- 4월부터 11월까지 비가 오지 않는 날이 최소한 140일 이상이어야 한다. 물론 실내형 테마파크는 예외이다.

투자비의 과다 대규모 장치산업인 테마파크는 부지면적만 하여도 대형 테마파크의 경우 수십만 평에 이르고 각종 어트랙션(attraction) 시설, 편의 및 부대시설 설치, 조경 등 막대한 투자비가 소요된다. 따라서 자금동원력이 풍부한 대기업이 아니면 사업을 할 수 없는 특징을 가지고 있다. 또한 각종 탑승시설 등은 진부화가 빨라 감가상각에 대한 비용이 높고, 유행과 경쟁업체의 신종 시설의 등장은 라이프사이클을 짧게 만들므로 이를 교체하거나 새로운 시설을 도입해야 하는 등 지속적인 투자관리를 해야 한다는 데 어려운 점이 있다.

인건비의 과다 테마파크는 운영, 이벤트 및 공연, 식음료 판매점, 기념품 판매점, 조경 및 시설관리, 청소, 주차, 매표 및 안내 등 여러 부문에서 많은 인원을 필요로 하고 있다. 따라서 인건비의 비중이 높은 것에 대한 적절한 파트타이머의 운용이 요구된다.

4) 테마파크의 매출극대화 전략

앞에서 살펴보았듯이 테마파크는 투자비와 인건비가 과다하게 소요된다. 이를 극복하기 위해서는 매출을 극대화하는 영업전략이 필요한데, ① 핵심 콘텐츠의 보유 및 지속적인 개발, ② 높은 인건비 및 관리비에 대한 대처, ③ 대규모 관람객 유치를 위한 마케팅 프로그램, ④ 식음료 및 기념품 판매전략 등이 요구된다.

특히 입장객의 체류시간을 길게 할 필요성이 있는데, 입장객의 체류시간과 매출은 비례한다. 즉 체류시간이 길면 식음료 및 기념품점에 들리는 회수가 빈번하기 때문이다. 입장료를 포함한 이용료 수입은 테마파크의 주수입이지만 요금이 고정화되어 있는 반면에, 식음료 및 캐릭터 상품 등의 기념품 판매수입은 영업 여하에 의하여 부가수입으로서 매출극대화를 기할 수 있으며, 일반적으로 이 부분의 수입이 입장료수입보다 상대적 비율이 높을수록 영업이 잘 된 것이라고 할 수 있다.

미국 테마파크의 경우 식음료와 기념품 매출이 평균 30% 정도이고, 우리나라 에버랜드의 경우 35.5%, 동경 디즈니랜드의 경우 55.8%를 차지하고 있다. 따라서 체류시간을 길게 하려면 각종 이벤트와 공연의 개최는 물론이고, 다양한 어트랙션의 설치 등이 요구된다.

5) 테마파크의 분류

테마파크는 여러 기준에 의하여 분류할 수 있는데, 여기서는 테마를 기준으로 분류하고자 한다.

민속형 테마파크 어떤 시대나 지역 또는 역사적 인물을 특정하여 민가와 건축물을 복원하거나 역사적 환경을 재현하여 지역성 및 시대성의 가치를 표현한 것으로서, 민속·공예·예능을 종합적으로 연출한 파크이다. 예를 들면, 각국의 민속촌과 우리나라 경주의 신라밀레니엄파크 등을 들 수 있다.

동 · 식물형 테마파크 동물형 테마파크는 동물의 생태환경을 재현하여 보여주는 것으로서 동물에 관한 정보를 전시하거나 사파리 형식의 관람도 있다. 예를 들면 우리나라의 에버랜드, 미국의 애니멀 킹덤(Animal Kingdom), 싱가포르의 쥬롱 새공원 등이 있다. 또한 바다의 생물을 테마로 한 것도 있는데, 어류 · 펭귄 · 물개 · 돌고래 등 바다생물의 전시를 중심으로 정보, 컬렉션, 실제 쇼 등으로 구성되기도 한다. 예를 들면 미국의 씨월드(Sea World), 홍콩의 오션 파크(Ocean Park), 일본의 해유관 등이 있다.

식물형 테마파크는 특정 식물을 테마로 하거나 다양한 식물을 한데 모아 관찰할 수 있게 만든 것으로서 산책을 할 수 있고 및 다양한 분재 및 조경을 보여준다. 예를 들면 제주도의 한림공원 여미지, 일본의 오키나와 선인장가든 등을 들 수 있다.

건축형 테마파크 거대한 건축물이나 타워를 테마로 한 것으로서 건축물의 규모 · 높이 등이 매력성과 흡인력의 요인이 된다. 예를 들면 프랑스의 에펠탑과 뉴질랜드 오클랜드 타워, 호주 시드니의 하버 브릿지 등을 들 수 있다. 또한 유명 건축을 축

뉴질랜드 오클랜드 타워는 전망대 바닥이 투명유리로 되어 있으며, 스카이점프도 가능한 건축형 테마파크라고 할 수 있다.

소, 즉 미니어처화하여 한데 모은 테마파크도 있는데 대표적인 것인 레고 랜드, 태국과 대만의 소인국, 우리나라 제주도의 소인국 등이 있다.

산업형 테마파크 지역의 주력 산업물을 테마파크화한 것으로 생산 및 제조 공정을 재현하고 체험하며, 전시 등을 중심으로 이루어지는데, 예를 들면 독일의 폭스바겐 자동차 테마파크, 우리나라 이천의 도자기촌, 담양 죽세공마을, 금산의 인삼 테마파크 등을 들 수 있다.

예술형 테마파크 영화·드라마·미술·음악 등 예술을 소재로 하여 만든 테마파크를 말한다. 영화 의 내용을 테마로 하는 경우 각종 영화의 장면을 다양한 어트랙션으로 재현한 것인데, 예를 들면 미국의 유니버설 스튜디오, MGM 스튜디오 등이 있다. 드라마의 경우 아예 촬영장소 그 자체를 보존하고 개발하여 테마파크로 만든 것인데, 우리나라 대장금 테마파크 등을 들 수 있다. 미술과 음악을 테마로 한 경우 야외 갤러리 정원, 음악 스튜디오 또는 이벤트 등으로 구성되는데, 프랑스 파리의 라빌렛 공원, 스페인의 가우디 공원 등을 예로 들 수 있다.

놀이형 테마파크 단순 놀이거리를 제공하는 테마파크로서 주로 타는 것(ride) 중심으로 구성되어 있다. 주로 동화·공상과학·모험 등을 소재로 하여 각종 탈 것을 만드는데 대표적인 곳이 디즈니랜드이며, 우리나라의 롯데월드 등이 이에 해당한다. 특히 물을 소재로 하여 파도 풀이나 슬라이더 풀 등 다양한 어트랙션을 만든 곳을 워터파크(water park)라고 하는데, 일본의 와일드 블루 요코하마, 우리나라의 에버랜드 캐리비안 베이 등을 들 수 있다.

과학·기술형 테마파크 과학 및 기술을 소재로 하여 만든 테마파크로서, 특히 우주를 소재로 한 것이 많은데 우주개발에 대한 정보 및 지식, 우주선의 전시가 중심이 되며, 우주체험비행의 시뮬레이션, 우주비행사 훈련 시뮬레이션 등 우주과학과 체험의 장으로 구성되어 있다. 예를 들면 일본의 스페이스 월드, 미국의 케네디 스페이스 센터 등이 있다. 그 외 통신·에너지 등의 기술을 소재한 것도 있으며, 주로 해당

과학 및 기술의 발달과 역사 등을 주제로 전시되어 있고, 학습적인 내용이 많으며, 간단한 실험이나 체험거리를 제공하고 있다.

문화 콘텐츠형 테마파크 애니메이션, 캐릭터산업, 영상 및 음향, 게임산업 등의 문화 콘텐츠를 사업 및 상업화하여 테미파크화하는 것을 말한다. 대표적인 것이 우리나라가 계획하고 있는 한류월드 같은 것이다.

문화 콘텐츠형 테마파크 – 한류월드

한류월드('한류우드'에서 명칭변경됨)는 경기도가 한류(韓流)를 주제로 고양시 장항·대화동 일대 99만 4,756m^{2}를 3개 구역으로 나눠 개발하는 공간으로서 2000년 전후로 대한민국의 드라마를 비롯한 다양한 문화가 대한민국 국외에서 인기를 끌게 되면서 생겨난 한류를 기반으로 한류의 세계화와 체계적인 육성을 목적으로 만들어지게 될 복합단지이다.

2017년 완공되는 한류월드의 주요시설은 테마파크·콘텐츠지원시설·방송미디어시설·호텔·상업시설·복합시설 등이며, 민간자본 4조 8,960억 원과 공공자본 1조 440억 원을 들여 테마파크·호텔·복합시설 및 도심위락시설(UEC) 등 관광산업은 민간부문이, 콘텐츠지원시설·수변공원·보행자전용도로·주차장 등 문화기반산업은 공공부문이 조성한다.

한류월드는 한국 대중문화를 기획·제작하고 세계와 함께 호흡하는 복합관광문화단지로서, 한류를 콘셉트로 하는 테마파크로서 각광을 받을 것으로 예상된다.

표 11-2 테마파크의 분류

구분	내용	대표적 사례
민속형	어떤 시대나 지역 또는 역사적 인물을 특정하여 만든 곳	• 각국의 민속촌
동·식물형	동·물의 생태환경을 재현하여 보여주는 곳	• 미국 씨월드(Sea World) • 홍콩 오션 파크(Ocean Park) • 일본 해유관
건축형	거대한 건축물이나 타워를 테마로 한 것 또는 유명 건축물을 축소하여 미니어쳐화한 곳	• 레고 랜드 • 태국과 대만 소인국 • 제주도 소인국
산업형	지역의 주력 산업물을 테마파크화한 곳	• 독일 폭스바겐 자동차 테마파크 • 이천 도자기촌 • 금산 인삼 테마파크
예술형	영화·드라마·미술·음악 등 예술을 소재로 하여 만든 곳	• 미국 유니버설 스튜디오 • 미국 MGM 스튜디오 • 대장금 테마파크
놀이형	동화·공상과학·모험·물 등을 소재로 하여 각종 탈 것을 중심으로 만든 곳	• 디즈니랜드 • 롯데월드 • 에버랜드 캐리비안 베이 • 일본 와일드 블루 요코하마
과학·기술형	우주를 비롯한 과학 및 기술을 소재로 하여 만든 곳	• 일본 스페이스 월드 • 미국 케네디 스페이스 센터
문화 콘텐츠형	다양한 문화를 테마파크화한 곳	• 한류월드

6) 세계의 유명 테마파크

디즈니랜드 미국의 대표적인 테마파크인 디즈니랜드(Disney Land)는 월트 디즈니(Walt Disney)가 1955년 어른과 어린이 모두 함께 즐기고 사람들에게 꿈과 환상을 제공하고자 캘리포니아 남서부의 애너하임(로스앤젤레스 남동 약 40km)에 처음으로 개장되었다. 1890년대의 고풍스런 미국의 거리처럼 만든 메인 스트리트 USA를 중심으로 모험의 나라, 개척의 나라, 환상의 나라, 미래의 나라, 뉴올리언스 스퀘어, 크리터 컨트리, 툰 타운 등 테마에 따라 8구로 나뉘었는데, 각 구마다 새로운 이벤트를 마련하여 방문자를 매료시키고 있다.

크리터컨트리
팬터지랜
CRITTER COUNTRY
15 스플래쉬 마운틴
Splash Mountain
16 비바 브러더즈의 카누탐험
Beaver Brothers Explorer Canoes
WESTERNLAND
9 서부의 사격장
Westernland Shootin' Gallery
200엔(세금포함, 패스포트권은 사용할 수 없습니다.)
10 컨트리 베어 극장
Country Bear Theater
11 다이아몬드 말발굽
The Diamond Horseshoe
12 마크 트웨인호 기선유람
Mark Twain Riverboat
13 빅 선더 마운틴
Big Thunder Mountain
14 톰 소여섬 뗏목탐험
Tom Sawyer Island Rafts
웨스턴랜드
ADVENTURELAND
4 카리브 해적
Pirates of the Caribbean
5 정글 탐험
Jungle Cruise
6 서부의 강변철도
Western River Railroad
7 스위스 패밀리 트리하우스
Swiss Family Treehouse
8 마법의 집 티키 "모두 함께 피버"
The Enchanted Tiki Room Now Playing "Get the Fever!"
어드벤처랜드
월드 바
DISNEY'S FASTPASS
긴 줄에 서지 않고도
어트랙션을 즐길 수 있는 방법!
FP 표시 어트랙션 입구 부근에 설치된 발권기에 패스포트를 넣고, 패스트패스 티켓을 무료로 받으실 수 있습니다. 자유로운 시간을 지낸 뒤 지정시간에 돌아오면 짧은 대기시간으로 입장이 가능합니다.
•패스트패스 티켓이 어트랙션의 입장을 보증하지는 않습니다.
•패스트패스 티켓의 발행은 당일 입장할 때 사용하셨던 패스포트를 이용해 주십시오.
•두번째의 패스트패스를 발권받으실 경우에는 첫번째 패스트패스에 기재된 이용시간을 확인하신 후 발권받아 주십시오.
•패스트패스는 한사람에 한장씩 필요합니다. 가족 또는 단체의 발권은 전원분의 패스트패스를 준비하여 주십시오.
•어트랙션에 따라서 발권이 조기에 종료될 수가 있음을 양해해 주십시오.
*피치 못할 사정에 따라 패스트패스 티켓이 발행되지 않을 때도 있습니다.
WORLD BAZAAR
1 페니 아케이드
Penny Arcade
2 디즈니 갤러리
The Disney Gallery
3 옴니버스
Omnibus

①

도쿄 디즈니랜드

어트랙션 & 엔터테인먼트 지도

Fantasyland

17 피터 팬의 하늘여행 Peter Pan's Flight
18 백설공주와 일곱난장이 Snow White's Adventures
19 신데렐라성 신비의 여행 Cinderella Castle Mystery Tour
20 미키마우스 콘서트 The Mickey Mouse Revue
21 피노키오의 모험여행 Pinocchio's Daring Journey
22 하늘을 나는 코끼리 Dumbo The Flying Elephant
23 캐슬 카르셀 Castle Carrousel
24 혼티드 맨션 Haunted Mansion FP
25 스몰 월드 It's A Small World
26 앨리스의 티 파티 Alice's Tea Party
27 아기곰 푸의 허니헌트 Pooh's Hunny Hunt FP

Toontown

28 로저 래빗의 카 툰 스핀 Roger Rabbit's Car Toon Spin
29 미니의 집 Minnie's House
30 미키의 집과 미키와의 만남 Mickey's House and Meet Mickey
31 칩과 데일의 트리하우스 Chip 'n Dale's Treehouse
32 가젯의 고코스터 Gadget's Go Coaster
33 도널드의 보트 Donald's Boat
34 구피의 뛰뛰기 집 Goofy's Bounce House
35 툰 파크 Toon Park
36 조리 트로리 Jolly Trolley

Tomorrowland

37 스타 투어즈 Star Tours
38 스페이스 마운틴 Space Mountain FP
39 버즈라이트이어의 우주 광선총 Buzz Lightyear's Astro Blasters FP
40 마이크로 어드벤처! Micro Adventure! FP
41 게임룸 스타케이드 Starcade
42 스타제트 StarJets
43 그랜드 서킷 레이스웨이 Grand Circuit Raceway
44 쇼 베이스 Showbase

엔터테인먼트 지도

Ⓐ 캐슬 앞 무대
Ⓑ 퍼레이드 루트
Ⓒ 다이아몬드 말발굽
● 다이아몬드 말발굽 예약창구
Ⓓ 시어터 올린즈
Ⓔ 폴리네시안 테라스 레스토랑
◆ 폴리네시안 테라스 레스토랑 예약창구
Ⓕ 쇼베이스

퍼레이드 횡단통로…퍼레이드 통과나 혼잡상황에 따라 일방통행 또는 통행금지를 실시합니다.

신체장애자 전용구역 정원에 달하면 입장을 제한하는 수도 있습니다.

FP 패스트패스 시스템 있음.

이용제한이 있습니다. 상세한 것은 어트랙션 안내를 참조하거나 캐스터에게 문의해 주십시오.

어트랙션 & 엔터테인먼트 지도 ②

1971년에는 플로리다주의 올랜도에 디즈니월드가 개장되었는데, ① 디즈니 애니메이션과 영화를 테마로 한 'MGM 스튜디오,' ② 신데렐라 성이 있는 동화 속 세상의 '매직 킹덤,' ③ 과학기술의 과거와 미래를 엿볼 수 있는 '엡콧 센터,' ④ 야생동물을 만날 수 있는 '애니멀 킹덤' 등 4곳으로 나누어져 있어 마치 테마파크의 도시와 같다. 2001년에는 캘리포니아에 '디즈니 캘리포니아 어드벤처'를 만들었고, 자국 내뿐만 아니라 1983년에는 도쿄에 도쿄 디즈니랜드, 1992년에는 프랑스에 디즈니랜드 파리, 2005년에는 홍콩 디즈니랜드가 개장되는 등 타 국가로 활발하게 진출하고 있으며, 2016년에는 중국 상하이에도 진출했다.

디즈니의 테마파크 성공전략은 다음과 같다.

- 막대한 투자를 통한 아무도 상상할 수 없는 꿈과 환상의 세계 연출
- 미키마우스와 같은 캐릭터를 활용한 다양한 수익사업 창출
- 주제(theme)의 일관성 및 명확화
- 영화 · 공연 · 만화 · 서적 등 토탈 엔터테인먼트 지향
- 놀이 · 문화 · 예술 · 교육 · 체험의 통합화
- 고객지향적 서비스 구현

유니버설 스튜디오 테마파크 유니버설 스튜디오(Universal Studio)는 유니버설 영화사의 명작영화 세트를 비롯해 특수효과 세트, 시나리오에 의한 실제 액션 쇼, 입체영화 등 실감나는 어트랙션을 다양하게 체험할 수 있는 곳이다. 대표적인 영화의 소재는 킹콩, 죠스, 홍수, 대지진, 스턴트, 쥬라기공원, 백 투더 퓨처(back to the future) 등이 있다. 1964년 미국 LA에 처음으로 개장하였고, 1990년 플로리다주 올랜도에 더 큰 규모로 개장하였으며, 2001년에는 일본 오사카에 진출하였다.

일본의 하우스텐보스 1992년 개장한 하우스텐보스는 네덜란드 도시를 형상화 해 만들어놓은 테마파크이다. 네덜란드가 주 테마인 만큼 이곳은 튤립과 풍차를 흔하게 볼 수 있다. 하나의 도시로 이루어진 하우스텐보스는 운하가 도시를 가로지르며, 운하

워터월드(Water World)

터미네이터(Terminator)

죠스(Jaws)

킹콩(King Kong)

유니버설 스튜디오의 어트랙션

에는 유람선이 다닌다. 바다와 연결된 운하에는 바닷물에서도 살 수 있도록 훈련된 백조가 노닐고, 운치 있는 운하 옆으로 아름다운 레스트랑이 자리잡고 있다. 건물과 길거리와 조형물 하나하나가 장식의 손길이 미치지 않은 곳이 없을 정도이다.

하우스텐보스에 들어서면 잘 가꾸어진 거리와 식당 · 가게 · 시장 · 박물관 · 호텔 · 커피숍들이 갖추어져 있어 작은 네덜란드의 마을을 그대로 옮겨 놓은 듯하다. 또한 네덜란드와 일본과의 교류역사를 소재를 하여 만든 각종 어트랙션도 있다.

일본의 하우스텐보스

도쿄 Disney Sea 환상・꿈・마술을 콘셉트로 한 전통적인 디즈니랜드 콘셉트와 해양과 바다를 소재로 한 모험, 로맨스, 즐거움을 주제로 건설되었으며, 도쿄 디즈니랜드와 연결되어 있다.

총 면적은 약 15만평 규모에 총 공사비가 3.4조 엔에 달하며, 1998년 10월에 착공하여 약 3년만인 2001년 9월 4일에 개장되었고, 7개의 테마항구 외에도 MiraCosta Hotel 등 2개의 특급호텔 등으로 구성되어 있다. Disney Sea는 약 2,300명의 정규직원과 약 18,250명이 비정규직원(디즈니랜드 파트타임 직원 포함) 등 총 2만 명이 넘는 고용을 창출하고 있다. 7개의 테마항구로는 ① '도쿄디즈니 씨'의 입구에 위치하여, 로맨틱한 남유럽의 옛날 항구마을을 재현한 'Mediterranean Harbour,' ② 20세기 초의 정취가 다른 미국 뉴욕과 뉴잉글랜드의 두 항구를 재현한 'American Waterfront,' ③ 지구 기상의 수수께끼를 해명하기 위해 전 세계 과학자들이 만든 기상관제센터 등 각종 실험장면을 재현한 'Port Discovery,' ④ SF작가 쥬르 베르너의 이야기에서 힌트를 얻은 테마포트로서 수수께끼의 천재 과학자 네모 선장의 비밀기지 등이 있는 'Mysterious Island,' ⑤ 인어공주 아리엘이 살고 있는 떠들썩한 '언더 더 씨'의 세계와 해저왕국내 각종 어트랙션과 놀이터가 가득한 환상적인 분위기가 연출된 'Mermaid Lagoon,' ⑥ 허리케인이 덮쳐 홀연히 모습을 드러낸 전인미답의 '잃어버린 강'(로스트 리버)에 대한 전설과 모험을 찾아가는 과정으로 꾸며진 'Lost River Delta,' ⑦ '아라비안 나이트'의 세계를 재현한 'Arabian Coast' 등이 있다.

도쿄 Disney Sea

레고랜드(Legoland) 레고(Lego)는 덴마크의 가족기업인 레고 그룹에서 생산하는 장난감으로서, 형형색색의 플라스틱 토막(블록)과 막대, 톱니바퀴, 도르래, 축, 작은 인형(미니피겨) 등으로 이루어져 이러한 부품을 조합하여 사용자가 원하는 모델(자동차 · 비행기 · 기차 · 마을 · 성 · 배 · 로봇 등)을 만들 수 있는 제품 또는 제품류를 일컫는 말이다. 레고사는 1968년 본사가 있는 덴마크의 빌운트에 처음 '레고랜드 빌운트'를 개장하였고, 1996년 영국 런던 교외에 개설한 '레고랜드 윈저'와 미국 '레고랜드 캘리포니아' 등 전 세계 세 곳에서 레고랜드를 운영하고 있다. 그리고 2018년 아시아 최초로 우리나라 강원도 춘천에 레고랜드 테마파크를 준공할 계획이다.

레고랜드(Legoland)와 레고 블록

02 리조트

1) 리조트의 개념

리조트(resort)의 어원은 프랑스어의 고어인 'Resortir'에서 유래되었는데, '자주 방문한다'는 의미이다. 이러한 연유는 고대 로마시대에서 찾을 수 있는데, 당시 로마인들은 자연온천수가 나오는 공중목욕탕 주변에 위치한 리조트에서 보양과 건강은 물론, 위락을 즐기기 위하여 자주 찾았던 것에서 유래된 것으로 추측된다.

『웹스터사전』에서는 리조트를 자주, 습관적으로, 통상적으로 방문하는 것(frequent, habitual, or general visiting), 사람들이 자주 방문하는 장소(persons who frequent a place), 휴가객들에게 특별히 레크리에이션과 유흥을 제공하는 장소(a place providing recreation and entertainment especially to vacationers)로 설명하고 있다.

일본의 고다니(小谷達男, 1994)는 "단일 내지는 복합적인 경영조직 아래 보양을 목적으로 하는 사람들에게 여러 가지의 레저 라이프가 제공되는 지역"이라고 정의하였고, 기(Gee, 1988)는 리조트 개발의 사고방식에 있어서 관광의 궁극적인 목적지는 유토피아라고 하여 "관광상의 목적지이면서도 공간의 쾌적성 때문에 정주(定住)를 하게끔 하는 지역"이라고 하였으며, 건(Gunn, 1988)은 "한 지역에 다양한 레크리에이션 시설과 기본 편의시설을 갖춘 복합체"라고 정의하였다.

이와 같이 리조트는 휴가객들이 체재하면서 쾌적하게 휴양을 즐길 수 있도록 일정 지역 안에 레크리에이션, 유흥 · 스포츠 · 오락 · 숙박 · 레스토랑 · 문화 등의 시설을 갖춘 공간이라고 정의할 수 있다. 오늘날 리조트는 자연친화 및 가족지향적인 레저 활동을 할 수 있는 관광목적지로 부상하고 있으며, 향후 가처분소득의 증가와 여가시간의 증대에 따라 더욱 발전할 것으로 예상된다.

리조트가 테마파크나 관광지와 다른 점은 리조트가 숙박을 통한 체재형인 반면에, 테마파크와 관광지는 경유형이라는 점이다.

2) 리조트의 분류

리조트는 레크리에이션의 목적에 따라 골프 · 스키 · 해양스포츠 · 온천 · 카지노 및 복합 리조트로 나눌 수 있다. 리조트의 시설구성은 레크리에이션 시설을 핵심으로 호텔 · 콘도 · 유스호스텔 · 고급펜션 등의 숙박시설을 비롯하여 식음료시설 및 사우나 · 헬스시설 등의 편의시설로 되어 있다.

골프 · 스키형 리조트 골프와 스키형 리조트는 대부분 산악에 위치하고 있으며, 골프가 겨울을 제외한 스포츠이고, 스키가 겨울용 스포츠라는 점에서 계절을 극복하기 위하여 두 개를 한 리조트 안에 설치하여 4계절로 운영하는 경우가 많다. 우리나라의 대부분 리조트는 이에 해당한다.

해양형 리조트 해양 스포츠를 즐길 수 있는 리조트로서 일년 내내 여름 또는 온화한 기후를 갖춘 태평양 및 지중해 연안 지역을 중심으로 발달되어 있다. 우리나라에서도 해양레저 수요의 증가에 따라 개발의 붐이 일고 있으나, 여름 한 철이라는 계절적 한계와 태풍이라는 자연적 재해를 극복해야 한다는 과제를 안고 있다.

온천형 리조트 온천형 리조트는 역사가 가장 오래 되었으며, 온천을 통한 보양목적의 휴양객을 유인하고 있다. 우리나라의 온천지구는 리조트형이라기 보다는 대부분 단위 온천업소의 성격을 띠고 있는데, 부곡 하와이의 경우 숙박 및 온천수를 이용한 각종 온천탕, 실내외 수영장, 파도풀, 엔터테인먼트시설 등을 갖추고 있어 온천 리조트라고 할 수 있다. 일본 후쿠시마의 하와이안즈는 유명 온천 리조트라고 할 수 있다.

카지노 리조트 카지노 리조트는 카지노가 중심이 되어 주변에 스포츠 · 쇼핑 · 유흥 · 식도락 등의 시설이 갖추어져 있다. 대표적인 것으로는 미국의 라스베이거스 카지노 리조트를 들 수 있으며, 우리나라의 경우는 강원랜드가 이에 해당되는데, 카지노를 중심으로 골프 · 스키 등도 즐길 수 있는 리조트이다.

복합형 리조트 리조트단지 안에 스포츠시설 · 카지노 · 테마파크 · 컨벤션센터 등 주요시설을 2가지 이상 복합적으로 설치한 리조트를 말한다. 최근에는 리조트를 복합형으로 만들어 대형화하는 것이 세계적인 추세이다. 우리나라의 경우 무주리조트가

표 11-3 리조트의 분류와 사례

구분	국내	국외
골프 · 스키형	용평리조트를 비롯한 내륙의 대부분 리조트	세계 전역에 다수
해양형	충무 마리나	미국 마리나 델 레이(Marina Del Rey)
온천형	부곡 하와이	일본 후쿠시마 하와이안즈
카지노형	강원랜드	라스베이거스 카지노 리조트
복합형	무주리조트, 한화리조트(설악)	독일 바덴 바덴(Baden-baden) 캐나다 웨스트 에드먼트 몰(West Edmonton Mall)

골프·스키·테마파크를, 한화리조트(설악)가 골프와 워터피아라는 테마파크를 복합화하였다.

3) 국내 리조트산업의 문제점과 극복방안

계절적 한계 국내 리조트산업의 문제점으로는 뚜렷한 4계절이라고 할 수 있다. 즉 4계절이 뚜렷하여 여름철 레저시설과 겨울철 레저시설을 함께 운영해야 하므로 투자의 고비용에 따른 수익의 저하가 문제점으로 지적된다. 따라서 리조트산업은 단독 사업보다는 골프·스키·온천·워터파크·콘도미니엄 등이 함께 들어서는 종합 리조트를 지향하고 있다.

예를 들어 대명리조트의 경우 어려운 리조트시장 환경 속에서도 선전을 하고 있는 이유는 기존 숙박개념의 콘도를 탈피해 4계절 복합휴양 리조트로 전환하여 좋은 결과로 얻고 있으며, 또한 1995년에 개장한 보광 휘닉스파크의 경우 국제적인 수준의 스키와 골프장 시설은 물론, 도시형 쇼핑센터와 모터스포츠 등 20여 가지의 다양한 레포츠시설을 갖춘 4계절 종합 리조트로 건설하여 좋은 호응을 얻고 있다. 용평리조트도 2013년까지 총 7,000억 원을 들여 볼거리·먹거리·즐길거리를 함께 할 수 있는 10만평 규모의 화훼단지·스키박물관·생태박물관·승마장·클레이사격장·사슴목장·천문대 등의 시설을 갖춘 4계절 종합휴양지를 조성할 계획에 있다. 복합리조트의 지향은 계절이 뚜렷한 국내 환경에서 당연한 결과라고 할 수 있다.

결국 국내 리조트산업은 계절적 한계를 오히려 역으로 이용하여 계절이 변할 때마다 4가지 색의 색다른 존재감을 부각시키는 전략이 요구된다. 즉 1년에 4번을 방문하더라도 전혀 다른 경험, 예를 들어 봄에는 하이킹 또는 골프, 여름철은 물놀이, 가을에는 골프와 산행, 겨울은 스키 등을 모두 담을 수 있는 시설이 요구되고, 그 외 계절 변화에 따른 지역 축제를 활용하고, 도자기굽기, 송어잡이체험, 생태관찰, 역사유적지 투어 등의 프로그램을 통한 체험 마케팅의 전개가 요구된다.

행정절차의 복잡성 복합 리조트의 개발은 행정절차가 매우 복잡하다. 즉 복합 리조트는 호텔 · 콘도미니엄 · 스키장 · 골프장 · 테마파크 등 다양한 분야와 시설을 필요로 하는데, 이들 개별시설들은 용도별로 개별 법률에 의한 인 · 허가를 받아야 하기 때문이다. 복합 리조트를 개발하는 사업기간은 평균적으로 약 15년 정도가 소요되지만 이 중 인 · 허가 절차만 많게는 7년 가까이 걸린다. 행정절차상 이처럼 많은 시간이 걸리고, 그에 따른 인력과 비용의 투입은 리조트 사업시행자에게 큰 부담이 되고 있다. 따라서 복합 리조트의 개발은 행정절차의 간소화는 물론, 세제상의 지원도 요구된다.

4) 향후 리조트산업의 전망

향후 국내 리조트산업은 생태 · 건강 · 문화 · 해양 등을 지향하는 리조트가 개발될 것으로 예상된다.

생태 리조트 삼림욕 · 숲길 · 자연관찰 등 가족단위로 체험을 할 수 있는 생태(ecology) 중심의 리조트 개발이 늘어날 전망이다. 즉 기존의 단순한 정적인 휴양의 개념에서 현지의 환경을 살린 생태형 리조트가 발전할 것으로 예상된다.

건강 리조트 해양 · 온천 · 산악 등을 활용한 건강과 의료목적의 리조트 개발이 활발해질 것으로 예상된다. 즉 자연 속에서 온천과 식도락을 즐길 수 있는 건강지향의 리조트가 등장할 것으로 예상되고, 특히 고령화시대에 실버타운 형식의 리조트는 건강과 의료목적의 건강 리조트라고 할 수 있다.

문화 리조트 한 지역의 고유한 문화는 매력적인 관광자원으로서 그 문화를 직접 보고 체험할 수 있는 문화 리조트가 부상할 것으로 예상된다.

해양 리조트 내륙의 리조트가 정체성을 보이고 경영상에 어려움을 겪고 있어 상대적으로 새로운 리조트라고 할 수 있는 해양 리조트의 개발이 전망된다. 특히 해양 리조트는 선진국형 리조트로서 소득의 증대와 관련되어 있어 향후 블루오션으로 떠오르고 있다. 정부에서도 2010~2019년까지 44개소의 마리나 개발계획을 추진하고 있는 적극성을 보이고 있다.

5) 세계의 유명 리조트

클럽 메드 클럽 메드(Club Med)와 함께하는 휴가는 단순히 새로운 것들을 경험하는 것만이 아닌 세계 각국에서 온 새 친구들을 만나는 새로운 발견을 위한 여정이라고 불린다. 1950년 파리에서 제랄드 블리츠가 지중해 클럽이라는 'Club Med'(Mediterranean의 약어)를 탄생시켰다. 그는 선구적인 안목을 지녔는데 여행객들의 편의를 위해 안락한 숙박시설과 세심한 서비스, 다양한 스포츠활동, 훌륭한 음식 등 모든 것이 포함된 패키지를 개발하여 지중해 연안의 아름다운 휴양지들을 널리 알리길 원했다. 그로부터 5년 후 블리츠는 타히티와 같은 열대 지역으로 빌리지를 확장해 나갔고, 겨울철을 위한 빌리지도 설립하였으며, 오늘날 클럽 메드 빌리지는 전 세계 36개국 120여 곳에 자리하고 있다.

클럽 메드 성공의 요인은 클럽 메드만이 갖고 있는 독특한 운영철학에서 찾을 수 있는데, "모든 사람이 함께 어울리며 즐기는 가운데 서로에게 배운다"라는 사상이다. 그래서 클럽 메드에서는 고객이라는 개념과 종업원이라는 개념 대신 GM(Gentle Member)과 GO(Gentle Organizer)라는 용어를 쓴다.

클럽 메드에서 가장 특징적인 GO는 고객인 GM의 휴가기간 동안 다양한 식사와 음료를 제공은 물론, 엔터테인먼트와 다양한 레벨의 스포츠활동을 지원하며, 어린이를 위한 특별 프로그램도 담당하는 등 빌리지 내에서 활동하는 직종은 70여개 정도이다. 클럽 메드의 GO는 약 80개 국적에 9,500명 정도가 근무하고 있는데, 한 빌리지(village)에 총 GO의 숫자는 80~100명 정도이며, 이러한 GO 시스템은 클럽 메드가 성공을 거둔 가장 중요한 열쇠라고 할 수 있는 독특한 소프트웨어인 것이다.

클럽 메드는 지역의 스타일과 소재를 활용하며, 모든 시설이 보행거리 안에 있다. 인간의 행동에 직결되는 시설의 연속성을 중시해서 레스토랑에서부터 수영장이 보인다든지 풀장 옆에 바가 있는 등이다. 그리고 해양스포츠·육상스포츠·실내스포츠

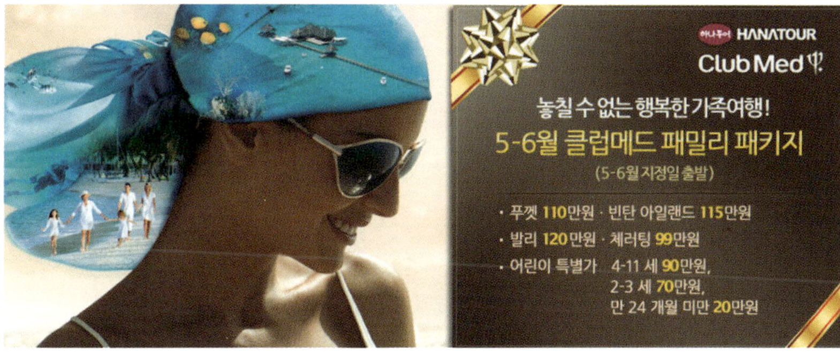

하나투어의 클럽 메드 상품광고

등 다양한 시설을 즐길 수 있으며, 정신적 · 지적 활동도 즐길 수 있는 다양한 시설이 구비되어 있다. 또한 밤에는 세계 각국의 사람들과 어울릴 수 있는 파티가 열린다. 이 동적인 활동 외에도 "아무것도 하지 않아도 되는 자유"를 보장한다는 클럽 메드의 슬로건에 따라 어떤 행동도 강제되지 않으며, 프라이버시가 지켜지는 개인 룸과 편안히 휴식만을 즐길 수 있는 로비, 라운지, 풀 사이드 등이 준비되어 있다.

PIC(Pacific Islands Club) 1976년에 설립된 인터퍼시픽 그룹(InterPacific Group)의 자회사로 지난 1980년부터 클럽리조트 PIC 괌과 사이판을 운영하고 있다. PIC는 전용 해변과 아름다운 경관을 갖춘 최고의 특급 호텔로 숙식은 물론, 각국의 진미를 맛볼 수 있는 레스토랑과 바, 각종 연회 및 웨딩 시설을 갖추고 있다. 또한 테니스 · 양궁 · 스쿠버다이빙 · 윈드서핑 · 골프연습장 등 70여 가지의 스포츠를 전문 스포츠 강사인 클럽메이트들의 무료강습과 함께 즐길 수 있다.

독일 바덴바덴 바덴바덴(Baden-baden)은 '목욕하라'라는 뜻이다. 이곳은 세계적으로 유명한 온천 휴양지로서 일찍이 '유럽의 여름 수도'라고 불리었다. 보양 · 레저 · 컨벤션을 복합시킨 종합적인 리조트도시로 개발되었는데, 관광객의 1/3은 보양치료가 목적이며, 1/3은 회의, 1/3은 바캉스관광이 차지하고 있다. 연간 체류객 수는 80만 명(평균숙박은 3박)이고, 47%가 외국인이다. 주요시설로는 쿠어하우스(Kurhaus)와 카라칼라온천(Caracalla Therme) 등이 있다.

미국 마리나 델 레이 마리나 델 레이(Marina Del Rey)는 로스엔젤레스 공항 근처의 연해에 위치하고, 세계 최대의 요트하버(10,000척을 수용)가 있으며, 기후가 좋아서 1년 내내 마린 스포츠를 만끽할 수 있다.

호주 골드 코스트 골드 코스트(Gold Coast)는 오스트레일리아를 대표할 뿐만 아니라 남반구 최대의 리조트 거점이라 할 수 있으며, 다양한 테마 파크도 갖추고 있다.

씨 월드(Sea World)는 호주에서 가장 큰 규모의 해양종합공원으로 해저의 신비한 세계가 관광객에게 즐거움과 시원함을 선사하고 있다. 입구의 스탠드에서 하루에 두 차례 펼쳐지는 화려한 수상스키 쇼를 비롯하여 돌고래의 점프와 코믹한 물개 쇼가 열린다. 또한 하늘에서 골드 코스트를 한 눈에 볼 수 있는 헬리콥터 투어가 씨 월드에서 시작한다.

드림 월드(Dream World)는 호주가 자랑하는 패밀리 테마파크로서 1974년에 건설되었으며, 퀸즈랜드에서 가장 각광받고 있는 놀이장소 중의 하나이다. 퀸즈랜드는 배후환경, 즉 자연환경이 우수하고 관광도시인 브리스베인이 자리하고 있어 리조트로서 유리한 입지조건을 갖고 있으며, 다양하고 편리한 시설 때문에 리조트의 고객이 해마다 증가하고 있다.

캐나다 웨스트 에드먼트 몰 세계 최대 규모의 쇼핑센터, 어뮤즈먼트, 스포츠, 레크레이션 시설을 갖춘 복합 리조트이다. 웨스트 에드먼트 몰(West Edmonton Mall)만큼 세계 최대라는 수식어가 많이 붙는 곳도 드물다. 800개가 넘는 갖가지 상점, 135개의 레스토랑, 26개의 극장, 초호화 특급호텔을 갖춘 세계 최대의 실내 쇼핑센터이자 세계 최대의 유원지이다.

쇼핑몰에는 이튼(Eaton's), 시어즈(Sears), 베이(The Bay)를 비롯한 11개의 백화점과 런던 드러그, 세이프웨이 등의 대형마트가 있으며, 800여 개의 전문매장이 들어서 있다. 또한 각종 레스토랑은 물론, 세계 각국의 요리를 캐나다식의 패스트푸드 식으로 먹을 수 있는 푸드 코트가 있으며, 영화관까지 갖추어져 있다.

웨스트 에드먼트 몰(West Edmonton Mall)

테마파크인 갤럭시랜드(Galaxyland)에는 세계 최대규모를 자랑하는 실내 어트랙션이 있는데, 세계 최대 규모의 롤러코스터(총연장 1.6km) 민드벤더(Mindbender)를 비롯하여 다양한 놀이기구가 있으며, 역시 세계 최대 규모의 실내수영장인 워터파크에는 워터 슬라이드 22개, 1년 내내 열대분위기 속에 일광욕을 즐길 수 있는 스위밍풀 등이 있다.

미국 라스베이거스 카지노 리조트 카지노의 메카 라스베가스의 카지노산업은 5,000실의 MGM 리조트 및 영화주제공원, 3,000실 규모의 Treasure Island 리조트, 2,500실 규모의 Luxor 호텔 등 객실 · 게임시설 등이 대형화됨은 물론, 테마파크를 포함하고 있어 단순한 게임만을 제공하는 것이 아니라 다양한 오락 · 연예기능을 제공하여 복합 리조트를 지향하고 있다.

라스베이거스(Las Vegas)의 야경

일본 후쿠시마의 하와이안즈 온천 리조트인 하와이안즈는 동경 돔의 6배의 면적을 자랑하고, 워터파크를 비롯한 5개의 온천 테마파크로 이루어져 있으며, 그 외에도 폴리네시안 쇼, 이루존 쇼, 열대식물원 등을 관람할 수 일본 최대 규모의 온천 리조트이다.

일본 후쿠시마의 하와이안즈의 워터파크

싱가포르 마리나 베이 샌즈 리조트 싱가포르 마리나 베이 샌즈(Marina Bay Sands) 리조트는 엔터테인먼트 · 비즈니스 · 쇼핑을 한데 모아놓은 세계 최고의 복합 리조트 중의 하나이다. 최신식 컨벤션센터 외에 최고급 호텔 · 극장 · 박물관 · 쇼핑몰 · 하늘공원 외 테마파크시설 등을 갖추고 있다. 컨벤션센터의 규모는 5개 층, 12만 m^2에 이르고, 최대 2,000개 전시 부스와 250개 회의실을 구성할 수 있는 규모다. 기둥 없는 대형 연회장은 7,300석 규모로 아시아 최대를 자랑하며, 26개 미팅룸을 갖추었다. 또한 테마파크와 카지노 등 엔터테인먼트 시설을 제공한다.

마리나 베이 샌즈 리조트 호텔은 마리나 베이와 바다 사이를 매립해 세운 독특한 디자인으로 되어 있다. '사람인'(人)자 모양의 55층의 건물 세 동이 일렬로 늘어서고 그 위로 배 모양의 구조물인 '스카이 파크'(Sky Park)를 얹었는데 이 건물은 우리나라의 쌍용건설이 지었다. 지상 200m 높이에 조성된 하늘공원은 축구장 3개 넓이와 맞먹는 규모이고, 수백 명을 수용할 수 있는 전망대와 150m 길이의 야외수영장 그리고 고급 레스토랑이 들어서 있다.

마리나 베이 샌즈는
우리나라의 쌍용건설이
지어 유명하다.

하늘에서 본 마리나 베이 샌즈

지상 200m의
세계에서 가장 아찔한 수영장

관광관련 자격시험 대비 연습문제 ·

1. 다음 중 꿈을 파는 엔터테인먼트사업이라고 불리는 것은?

① 크루즈 ② 테마파크 ③ 리조트 ④ 카지노

2. 테마파크의 속성이 아닌 것은?

① 역동성 ② 일상성 ③ 테마성 ④ 통일성

3. 테마파크의 입지선정시 고려사항이 아닌 것은?

① 고속도로 인접
② 기후
③ 파트타이머가 충분히 동원될 수 있는 지역
④ 주변 상업지구

4. 다음 중 현재 유니버설 스튜디오가 없는 도시는?

① 도쿄 ② 오사카 ③ LA ④ 올랜도

5. 다음 중 일본에 없는 테마파크는?

① 디즈니 씨 ② 하우스텐보스
③ 레고랜드 ④ 유니버설 스튜디오

6. 다음 중 관련이 없는 것 하나는?

① 일본 ② 하우스텐보스
③ 리조트 ④ 네덜란드

7. 다음 중 현재 디즈니랜드가 없는 도시는?

① 도쿄 ② 파리 ③ 홍콩 ④ 북경

8. 다음 중 성격이 다른 것 하나는?

① 디즈니랜드 ② 하우스텐보스
③ 클럽 메드 ④ 유니버설 스튜디오

9. 체류형의 성격이 가장 강한 곳은?

① 테마파크 ② 리조트
③ 관광지 ④ 카지노

10. 우리나라 해양형 리조트 운영의 가장 큰 한계점은?

① 해양레저 수요의 부족 ② 계절의 한계성
③ 지리적 여건 ④ 국민소득 등 경제적 여건

참고문헌

엄서호 · 서천범(2002), 레저산업론, 학현사.

에버랜드(2000), 에버랜드 고객만족경영.

AECOM Technology(2017), 2016 Global Attractions Attendance Report.

Cook, Roy A., Laura J. Yale & Joseph J. Marqua(2002), *Tourism*, Prentice-Hall.

Gee, Chuck. Y.(1988), *Resort Development and Management*, Educational Institute of the American Hotel & Motel Association, Michigan.

Goeldner, Charles R., Brent Ritchie, Jr. & McIntosh(2001), *Tourism*, John Wiley & Sons, Inc.

Gunn, C.(1988), *Tourism Planning*, New York: Taylor & Francis.

International Association of Amusement Parks and Attraction(2000), *Amusement Industry Abstract*.

King, Braian & Paul Whitelaw(2003), "Resorts in Australian Tourism: A Recipe for Confusion," *The Journal of Tourism Studies*, 14(1): 59~66.

memo

chapter 12

카지노와 국제회의산업

학습목표

1 카지노의 개념과 특성은 무엇인가?
2 한국 카지노산업의 문제점 및 발전방안은 무엇인가?
3 카지노 게임의 종류에는 어떤 것들이 있는가?
4 카지노관련 법규는 어떻게 되어 있는가?
5 국제회의와 MICE산업의 개념은 무엇인가?
6 국제회의산업의 중요성과 효과는 무엇인가?
7 국제회의업의 종류는 무엇인가?

관광기초

제1장 관광의 이해

제2장 관광발전사

관광주체

제3장 관광자 행동

관광매체

제8장 관광교통

제9장 관광숙박과 외식산업

제10장 여행업

제11장 테마파크와 리조트

제12장 카지노와 국제회의 산업

관광객체

제5장 관광과 문화

제6장 관광과 환경

제7장 관광자원과 개발

관광환경

제4장 관광의 경제적 · 사회적 영향

제13장 관광정책

01 카지노의 개요

1) 카지노의 역사

카지노는 18~19세기에 걸쳐 프랑스와 독일을 중심으로 유럽 여러 나라에 개설되기 시작하였으나, 이후 도박의 폐해가 커지자 19세기 말부터 일부를 제외한 많은 국가에서 금지하였다. 그러나 미국의 경우 경제공항을 타개할 목적으로 1931년 미국 네바다주에 라스베가스(Las Vegas)를 건립하여 카지노를 합법화하였고, 유럽의 경우 제2차 세계대전 후 공공자금조달을 명목으로 해변·온천 등 휴양지와 관광지를 중심으로 공인하는 나라가 늘었으며, 그 외 국가에서도 자국의 외화획득, 연관 관광산업에의 파급효과 및 고용창출 등을 목적으로 카지노산업을 육성하여 현재 110여 개국에 1,800여개 업체가 운영 중이다.

최근 카지노산업은 국가 간의 고객유치를 위한 경쟁심화로 인하여 시설의 대형화를 통한 국제경쟁력 강화에 주력하고 있다.

2) 카지노의 개념

카지노의 정의 카지노(casino)란 르네상스시대 이태리귀족들의 별장을 의미하는 카사(casa)에서 유래되었는데, 당시에는 도박·오락·쇼·댄스 등 여러 가지의 시설을 갖춘 사교행사장이었다. 이후 카지노는 전문도박장으로 바뀌었고, 오늘날에는 관광객에게 오락거리를 제공하는 관광산업의 일부로 인식하게 되었다.

『웹스터사전』에는 카지노를 "모임(meeting), 춤(dancing) 그리고 특히 전문 갬블링(professional gambling)을 위해 사용되는 건물이나 넓은 장소"라고 정의하고 있으며, 우리나라의 관광진흥법에서는 카지노업을 "전용영업장을 갖추고 주사위·트럼프·슬롯머신 등 특정한 기구 등을 이용하여 우연의 결과에 따라 특정인에게 재산상의 이익을 주고 다른 참가자에게 손실을 주는 행위 등을 하는 업"이라고 규정하고 있다. 따라서 카지노(casino)란 "관광객을 위한 공인된 도박 또는 게임을 하는 장소"라고 할 수 있다.

카지노의 갬블링과 게이밍 카지노에서 도박을 하는 것을 갬블링(gambling), 즐기는 것을 게이밍(gaming)이라고 한다. 즉 갬블링(gambling)은 전적으로 돈을 획득하고자 하는 도박의 목적이 강하고, 게이밍(gaming)은 단순 오락이나 여가차원에서 즐기는 의미가 강하다고 할 수 있다. 게이밍 차원에서 즐기기 위해서는 ① 시간을 정하고, ② 금액을 정해놓고 하는 것이 바람직하다. 그러나 갬블링과 게이밍의 경계는 금액의 기준을 놓고 논란이 되고 있다.

3) 카지노산업의 효과

경제적 효과 카지노산업은 인적 서비스산업으로서 노동집약적이므로 고용창출의 효과가 매우 크고, 외화가득률이 약 95% 정도로 매우 높으며, 해당 지역 소득 및 세수의 증대를 가져다 준다. 또한 카지노영업에 의한 일정 매출액을 공적 기금으로 징수하여 사회 전반에 유익한 분배를 할 수 있다.

사회 · 문화적 효과 카지노는 현대인에 있어서 일상생활의 권태에서 벗어나 새로운 것과 스트레스 해소의 매력을 느끼게 하는 장소뿐만 아니라 가족단위로 즐길 수 있는 종합 엔터테인먼트로서의 역할을 한다. 즉 전 세계의 많은 카지노업체들은 각종 게임을 비롯하여 세계 각국의 다양한 음식을 제공하고 있으며, 라이브음악 · 라운지 · 영화관 · 가라오케 · 골프장 · 무도장 · 권투경기 등의 레저 · 스포츠시설과 콘서트홀 · 컨벤션센터 · 면세점 · 쇼핑센터 · 의료 · 요양시설 등도 함께 갖추고 있다. 오늘날 미국의 카지노가 단순한 게임문화가 아닌 종합 엔터테인먼트 테마파크(multi-entertainment theme park)를 지향하고 있다는 점은 시사하는 바가 크다.

따라서 카지노는 인간의 놀이문화와 도박문화에 대한 내재적인 욕구를 제도권에서 충족시켜주므로 음성적 또는 불법적 활동에 따른 범죄 및 조세포탈을 어느 정도 방지하는 역할을 한다.

관광산업 측면에서의 효과 카지노는 단순한 관광상품의 한계성을 극복할 수 있는 대안관광상품이며, 24시간 연중무휴 영업하므로 야간 관광상품으로 활용도 용이하다. 결국 카지노는 관광객에게 게임・오락・유흥 등을 제공함으로서 체재시간을 연장하여 관광객의 지출을 증대시킬 뿐만 아니라 외래관광객 1인당 소비액을 높여주므로 외화획득에 크게 기여하는 관광산업이라고 할 수 있다.

4) 카지노 게임의 종류

룰렛(Roulette) 가장 전통적인 카지노 게임이며, 세계적으로 가장 널리 알려진 룰렛(roulette)은 Roue(영: wheel)와 이탈리아어 Ette(영: small)의 합성어로서 작은 바퀴라는 뜻에서 유래되었다. 룰렛은 휠(wheel)과 작은 볼(ball), 그리고 베팅 레이아웃 테이블(betting layout table)로 구성되어 있으며, 휠 안에는 구슬이 돌다가 멈출 수 있는 38개(1~36번, 0번, 00번)의 작은 보울(bowl)로 나누어져 있다.

게임의 방법은 여러 가지이다. 그 중에 몇 가지를 소개하면, 먼저 Straight Bet이 있는데 가장 배당률이 높다. 즉 휠 안에 볼을 돌리면 38개의 숫자 중에 한 군데 번호에서 멈추게 되는데 예를 들어 그 번호에 10달러를 베팅하여 당첨이 되었다면 35배를 받게 되며, 원래 베팅한 10달러를 포함하여 총 360달러를 받게 된다.

룰렛

또한 1에서 36번까지의 숫자는 반은 검정색, 반은 빨간색으로 되어 있고, 나머지 0과 00번은 초록색으로 되어 있는데, 색깔에 배팅하여 성공하면 일정 배율(1배)의 금액을 배당받는다. 예를 들어 빨간색이나 검정색 중 하나에 50달러를 베팅하여 성공을 하면 원래 베팅한 50달러와 배당금 50달러를 합하여 100달러를 받게 된다.

바카라

바카라(Baccarat) 바카라는 쉬운 게임이기는 하나 게임자의 액션 및 베팅의 볼륨에 있어서 카지노 게임의 왕이라고 할 정도로 최고의 게임으로 평가되고 있다. 게임방법은 뱅커(banker)와 플레이어(player)의 어느 한 쪽을 선택하여 베팅하고 양쪽에 각각 카드를 2장씩 받게 되는데, 도표에 적힌 규칙에 따라 한 장을 더 받을 수 있으며, 숫자의 합이 9에 가까운 사람이 승리한다. 만약 10 이상의 숫자가 나오면 10단위는 제외하고 한 자리의 숫자를 결정하며, J·Q·K와 10이 적힌 카드는 0으로 계산한다.

바카라 테이블은 표주박 두 개를 대칭으로 놓고 합친 것 같은 모양을 하고 있으며, 테이블의 한 쪽에는 1~7까지, 그 반대쪽은 8에서 15까지 전부 14개(13은 빠져 있다)의 숫자가 쓰인 박스가 그려져 있다. 각 박스 앞마다 플레이어 한 사람씩 앉아서 게임을 즐길 수 있다. 플레이어들이 돌아가면서 뱅커의 역할을 하며 게임이 진행되는데, 뱅커가 그 게임에서 지게 되면 시계방향의 반대로 돌아가면서 다음 플레이어에게 슈박스를 물려준다. 뱅커 차례가 돌아와도 뱅커역할을 하기 싫으면 다음 플레이어에게 박스를 넘겨주면 된다.

뱅커역할을 하려면 그 테이블에 정해진 최소한의 베팅액 이상의 돈을 걸어야만 가능하다. 플레이어들은 플레이어 측이나 뱅커 측 어느 곳이든지 베팅을 할 수 있다. 이것은 뱅커 역할을 하고 있는 플레이어도 예외가 아니고, 뱅커의 역할은 사실 다른 플레이어들에게 카드를 나누어주는 것이라고 할 수 있다. 이긴 뱅커의 베팅은 5%의 커미션을 지불하게 된다.

블랙잭(Blackjack) 테이블에 먼저 베팅을 하게 되면 딜러는 두 장의 카드를 오픈하여 보여주는데, 딜러의 카드는 한 장만 보여준다. 블랙잭이란 처음 받은 두 장의 카드가 각각 에이스(A)와 10에 해당하는 카드(10·J·Q·K)를 받은 경우를 말한다. 여기서 딜러가 블랙잭을 가지고 있지 않다면 베팅한 금액의 1.5배를 받게 된다.

만약 블랙잭을 갖지 못하였을 경우 계속해서 카드를 받아서 숫자의 합을 가능한 크게 만들어 딜러의 숫자보다 크면 승리한다. 단 숫자의 합계가 21을 넘으면 자동으로 베팅한 금액을 잃게 된다. 플레이어의 카드는 원하면 언제든지 더 받을 수 있고 그만 받을 수도 있다. 그러나 딜러는 16 이하의 숫자를 가지고 있을 때는 무조건 카드를 추가로 받아야 하며, 17 이상일 경우에는 더 이상 카드를 받을 수 없다.

블랙잭

비디오 포커(Video Porker) 카지노 공간의 65% 이상을 차지하고 폭발적인 인기를 끌고 있는 머신게임의 한 종류인 비디오 포커는 1976년에 처음 카지노에 소개되었다. 5장의 카드를 사용하는 포커로서, 자기가 처음에 받은 카드 중 필요 없는 것을 버리고 새로운 카드를 받아서 그 결과에 따라 상금을 받는 게임이다.

게임방법은 동전을 기계에 투입하면 투입한 금액과 크레딧(credit)이 표시된다. 25센트짜리 기계에 10달러를 넣으면 크레딧은 40으로 표시된다. 그 다음은 'Bet One'(1개씩 베팅), 'Bet Max'(최고 베팅) 버튼을 눌러 한 번에 몇 개의 크레딧을 베팅할 지 결정한다 'Bet One'을 누르면 하나씩 베팅이 되고, 게임을 시작하려면 'Deal' 버튼을 누른다. 'Bet Max'을 누르면 베팅이 되는 것과 동시에 5장의 카드가 나온다.

마음에 드는 카드가 있으면 그 밑에 있는 'Hold' 버튼을 눌러 선택한 뒤 'Deal' 버튼을 누르면 선택되지 않은 카드들이 새로운 카드로 바뀐다. 그 카드들의 결과에 따라 정해진 금액을 받을 수 있다. 로열스트레이트가 가장 좋고, 그 다음은 포카드, 풀하우스, 플러쉬, 스트레이트, 쓰리카드, 투페어, 원페어 순이다. 대부분 J 원페어 이상일 때 상금을 받게 되고, 그 액수는 크레딧에 올라가 얼마를 획득했는지 표시된다. 게임을 그만하고 싶을 때는 'Cash Out' 버튼을 눌러 돈을 찾은 후 자리를 뜨면 된다.

비디오 포커의 잭팟 시상금은 슬롯머신에 비하면 대체적으로 낮은 편이다. 그럼에도 불구하고 많은 사람들이 이용하는 이유는 당첨확률 때문이다. 비디오 포커의 당첨확률은 슬롯머신보다는 상당히 높은 편인데, 일반적으로 슬롯머신이 15% 정도의 당첨확률인 것에 비해서 비디오 포커는 45.5%에 해당한다. 즉 두 판에 한 판 정도는 최소금액이라도 받을 수 있는 것이다.

슬롯머신(Slot Machine) 슬롯머신은 적은 금액으로도 즐길 수 있고 엄청난 시상금이 터지는 잭팟, 프로그레시브 시상금, BMW 자동차 등의 경품을 탈 수 있는 기회도 주어지기 때문에 카지노 게임 중에서도 가장 인기가 있다. 화려한 모양의 기계와 동전 떨어지는 소리, 잭팟이 터졌을 때 나는 큰 소리와 번쩍이는 조명으로 사람들을 유혹하고 있고, 여기저기서 들리는 사람들의 환호소리는 더더욱 사람들을 부추기곤 한다. 특별한 규칙이나 기술을 배울 필요가 없어서 누구나 한번쯤 해볼 수 있는 게임으로, 운이 좋아서 잭팟이라도 터지면 보통 4천배 이상의 큰 배당금을 받을 수 있다.

게임방법은 코인을 넣고 핸들을 잡아당기거나 스핀 버튼을 누르면 기계가 돌아가는데, 슬롯에 나타난 그림이 시상표에 나타난 것과 동일하면 그에 따른 시상금이 지불된다.

크랩스(Craps) 크랩스는 북미대륙 최고의 게임으로서 카지노의 대명사로 불리고 있다. 게임방법은 주사위 두개를 동시에 던져 숫자의 합을 가지고 승부를 결정하는데 슈터는 시계방향으로 돌아가게 되며, 스틱 맨(stick man)은 5개 정도의 주사위를 갖다 주는데 이때 마음에 드는 주사위 2개를 선택하면 된다. 이때 슈터가 되고 싶지 않으면 'Skip' 또는 'Pass'라고 말하면 스틱 맨은 다음 사람에게 주사위를 밀어준다. 슈터가 2개의 주사위를 던지기 전에 베팅을 하며, 게임 룰은 다양하고 다소 복잡하다.

다이사이 중국에서 유래된 것으로 다이(大)사이(小) 게임은 Dice Shaker(주사위를 넣어서 흔드는 용기)를 진동하여 결정된 3개의 주사위 합과 플레이어가 베팅한 숫자, 혹은 숫자의 조합과 일치하면 정해진 배당률에 의해 배당금이 지급되는 게임이다.

다이사이는 테이블 게임 중 가장 큰 배당(1 : 150)이 가능한 게임으로 적은 돈으로 자신의 행운을 시험할 수 있다는 점에서 인기가 있으며, 우리 주변에서 흔히 볼 수 있

다이사이

는 주사위를 사용하여 게임을 쉽게 이해할 수 있어 초보자들도 선호하는 게임이다.

게임은 딜러가 "Place your bet" 하고 콜을 하면 플레이어는 각자가 원하는 1개, 2개 또는 3개의 번호, 아니면 3개 주사위의 합을 골라 베팅을 하면서 시작된다. 그 외에도 대(3개 주사위의 합이 11~17), 소(3개 주사위의 합이 4~10), 홀수, 짝수 맞추기 등의 다양한 유형이 있다.

5) 세계 카지노산업의 동향

최근 세계 카지노산업의 주요흐름을 살펴보면 첫째, 다소 폐쇄적인 아시아 국가에서도 관광상품의 다양화를 통해 외화획득목적 및 자국민의 외화유출을 막기 위하여 카지노를 주요 관광산업으로 육성하고자 노력하고 있으며 둘째, 호화유람선 및 항공기 내에 카지노를 설치하는 등 다양한 활로를 찾고 있고 셋째, 인터넷을 이용한 온라인 카지노가 급속히 확산될 것으로 예상된다.

또한 카지노 경영개념도 컨벤션산업이나 테마파크산업과 연계하여 대형화하거나 새로운 복합 엔터테인먼트를 지향하고 있다. 즉 카지노를 단순한 도박(for gamble)장의 개념에서 가족단위의 위락(for pleasure) 장소로서 변모해 나가는 경향을 보이고 있다.

미국 미국에서 도박이 합법화된 것은 1931년 경제공황을 극복하고, 경제개발 및 국가재정사업을 위하여 네바다주에 건설된 라스베가스(Las Vegas)의 개장부터이며, 오늘날 라스베가스는 연간 3천 6백만 명의 관광객이 찾아와 즐기는 명소가 되었다. 특히 라스베가스 내의 MGM Grand Hotel은 카지노 슈이트 룸 744실을 포함하여 총 5,005실의 객실을 보유한 세계 최대 규모의 카지노 호텔로서 호텔 내에 각종 스포츠를 즐길 수 있는 실내체육관 · 극장 · 카지노 · 컨벤션센터 등 수없이 많은 시설들이 하나의 거대한 도시를 형성하고 있다. MGM의 카지노장은 풋볼경기장 네 개를 합친 것과 같은 크기로 라스베가스에서 최대 규모이다. 최근 라스베가스는 타 지역과 경쟁이 치열해지자 가족단위 휴양지로의 변신을 시도하고, 고객을 세분화 및 차별화하여 유치하고 있으며, 테마파크 · 컨벤션센터 · 스포츠센터 등을 통한 다양한 이벤트를 개최하고 있다.

라스베가스 MGM 그랜드 카지노 호텔의 야경

미국에는 세계 카지노업체의 35.9%에 달하는 668개소가 소재하고 있으며, 이들 중 상당수는 '90년대 이후에 설립되었다. 지금도 끊임없이 카지노 허가를 해주고 있으며, 규모의 대형화가 진행되고 있다. 미국게이밍협회(America Gaming Association)에 의하면 현재 미국에는 총 100만명 이상의 근로자가 카지노와 직접 또는 간접적으로 관련된 일에 종사하고 있다고 밝히고 있다. 이처럼 미국의 카지노산업이 확산되는 이유는 다음과 같다.

- 도박산업에 대한 효과적인 통제와 규제가 가능해졌기 때문이다.
- 조세수입 및 경제개발 등의 효과가 크기 때문이다.
- 카지노 이용계층이 증대하였기 때문이다. 즉 카지노 이용자계층 중에서 많은 비중을 차지하는 은퇴자들의 수가 크게 증가하였으며, IT산업 및 벤처산업에 종사하는 젊은 층의 수입이 증대되어 수요의 폭이 커졌기 때문이다.
- 카지노사업자들이 관광객을 유치하기 위하여 마케팅 프로그램을 지속적으로 개발

하였기 때문이다. 즉 크고 작은 이벤트 개최, 각 호텔이나 리조트마다 테마를 갖춘 엔터테인먼트화, 쇼핑에서부터 먹거리·놀거리 및 레저·스포츠 등 인간이 즐길 수 있는 모든 것을 상업적 수단으로 개발하였다.

마카오 '동양의 라스베가스'라고 불리는 마카오는 비교적 빠른 1934년부터 카지노가 도입되었는데, 매춘과 마약을 일소하면서 도박장을 카지노장으로 대체하였다. 카지노산업을 국가의 전략산업으로 육성하고 있는 마카오는 국가 재정수입의 약 70%를 카지노 매출액으로 충당하고 있다. 마카오에는 총 11개의 카지노업체가 있지만, 리스보아 카지노(Lisboa Casino)를 제외한 나머지 카지노는 소규모로 운영되고 있으며, 아시아 전체 카지노 매출액의 약 40%를 차지하고 있다.

최근 마카오는 대부분 현지인들로 구성된 딜러들의 낮은 임금 및 열악한 근무환경으로 인하여 대고객 서비스수준이 결여 되어 마카오 카지노 경영진은 아시아 카지노의 경쟁체제의 대책마련으로 서비스향상을 심각하게 고려하고 있으며, 미국계 대형 카지노사의 아시아시장 석권을 위한 전략적 진출에 따라 라스베가스형 카지노 리조트 및 컨벤션 시설을 개장할 예정이다.

마카오의 베네시안 카지노 호텔

말레이시아 말레이시아는 1972년 처음으로 겐팅(Genting) 리조트에 카지노사업을 허가한 후 지금까지 1개 사업체의 독점영업만을 허용하고 있다. 유일하게 카지노를 운영하고 있는 겐팅 하이랜드(Genting Highlands)는 해발 1,800m에 위치한 세계에서 가장 높은 지역에 있는 리조트단지로서 아름다운 산중 골프코스가 있으며, 골퍼 전용 호텔이 운영되고 있다. 카지노시설은 여러 테마파크시설 중 일부로 운영되고 있으며, 일반인이 이용할 수 있는 대중 카지노장과 멤버들만 이용할 수 있는 VIP룸이 있는데 1,600대가 넘는 슬롯머신과 비디오 스크린이 부착된 비디오 포커, 블랙잭, 바카라, 다이사이 등 단일규모면에서는 동양 최고를 자랑하고 있다.

조세로는 카지노 매출액(카지노에서 win한 금액)의 25%를 국세인 게임세(Gaming Tax)로 부과하고 있다.

일본 일본에는 합법화된 카지노장은 없지만 1990년대 초부터 카지노 바로 불리는 소규모 불법 카지노 바가 도쿄・오사카 등 대도시를 중심으로 설립되기 시작하여 현재 전국적으로 500여 개소가 영업 중이다. 이들 카지노 바는 블랙잭, 룰렛, 바카라, 포커게임 등 게임 종류별로 1～4대 정도의 테이블을 설치하고 있다.

그러나 일본은 준 카지노형태인 빠찡꼬의 천국이다. 동경에만 10여만 곳이 영업 중이고 이용객 수도 2,000만 명이 넘는다. 일본에서 빠찡꼬가 성업하기 시작한 것은 1960년 이후부터이다. 당시 수출 부흥기를 맞아 산업이 크게 발전하면서 소비가 증가하였지만, 마땅한 놀이문화를 찾지 못하던 일본정부가 직장인과 일반인들을 위하여 빠찡꼬를 마련하였다. 최근 일본도 자국의 관광산업이 크게 위축되면서 자국민들의 외화유출을 줄이고, 동남아관광객을 유치하기 위하여 카지노산업에 적극 나서고 있는데, 일본판 라스베가스를 구상 중이다.

6) 한국의 카지노산업 동향

한국 카지노의 역사 우리나라에 최초로 카지노가 등장한 곳은 1967년 인천의 올림포스호텔이다. 당시 인천항에 정박한 외국선원들을 위하여 개장하였다. 이후 1968

년 주한미군을 대상으로 워커힐호텔에 카지노가 설립되면서 우리나라도 카지노산업에 본격적으로 진입하게 되었다. 1969년에는 카지노업장에 내국인 출입금지 조치가 내려져 이때부터 카지노는 외국인전용 위락시설로 한정되었다.

1970년대 들어와서는 속리산관광호텔(1971년), 제주 칼호텔(1975년), 부산 파라다이스비치호텔(1978년), 경주 코오롱관광호텔(1979년), 1980년대에는 강원 설악파크호텔(1980년), 제주 하얏트호텔(1985년)에 카지노가 개장되었다.

1990년에는 신규 카지노업장 개장의 완화조치로 인하여 제주도 지역을 중심으로 제주 그랜드호텔(1990년), 오리엔탈호텔(1990년), 서귀포 칼호텔(1990년), 신라호텔(1991년)에 카지노가 개장되었다. 1995년에는 제주 라곤다호텔이 카지노를 개장하였고, 속리산관광호텔의 카지노는 폐업을 하게 되었다. 1999년에는 폐광지역의 카지노를 설립할 목적으로 (주)강원랜드가 발족하였는데, 미국의 탄광지역이었던 콜로라도 주의 카지노를 모방하여 2000년에 강원도 정선에 내국인 입장이 허용되는 카지노 리조트를 개관하였다.

최근 카지노업의 신규허가를 완화하여 이전의 1개 시・도에 한하여 1개 업체만 허가 해주는 원칙(제주도는 제외)에서 외국인관광객이 30만명 이상 증가한 시・도의 경우 2개 업체까지 허용이 가능해졌지만, 신규허가의 경우 카지노업의 건전한 발전을 위하여 제한할 수 있도록 하였다.

한국 카지노산업의 동향 우리나라 외국인전용 카지노의 경영실적은 세계적으로 최하위권에 머물고 있다. 또한 대부분의 고객인 60% 전후가 일본인이 차지하고 있어 시장의 한정성을 보이고 있다. 만약 일본이 카지노산업을 개방하여 육성하게 된다면 우리나라 카지노산업은 상당한 영향을 받게 될 것이다. 따라서 이를 극복하기 위해서는 외국의 유명 카지노처럼 대형 리조트화가 필요하다. 즉 관광객 1인당 소비액을 늘리고 체류기간을 연장시키기 위해서는 테마파크・쇼핑몰・온천・극장・레스토랑・스포츠시설 등 각종 시설을 도입하여 가족지향적인 복합 리조트로서의 개발이 요구된다. 미국 라스베가스의 관광객 중 90% 이상은 게임을 주목적으로 하는 것이 아니라 각종 이벤트와 다양한 음식을 즐기기 위해 방문하고 있다는 점은 시사하는 바가 크다.

그리고 국내인의 출입이 허용되는 강원도 정선 카지노의 경우 여러 가지 사회문제, 즉 카지노로 인한 과소비풍토 및 사행심 조장, 지역주민 도박중독 및 재산탕진, 불법 고리대금업 등 범죄 등을 야기시키고 있는 바, 이에 따른 대책이 요구된다.

7) 카지노관련 법규

카지노 허가요건 카지노가 허가되는 곳은 ① 관광호텔업 또는 국제회의시설업의 부대시설, ② 우리나라와 외국 간을 왕래하는 여객선 등인데, 각각의 구체적인 요건은 다음과 같다.

관광호텔업 · 국제회의시설업의 부대시설 국제공항이나 국제여객선터미널이 있는 특별시 · 광역시 · 도 · 특별자치도에 있거나 관광특구에 있는 관광숙박업 중 호텔업시설(관광숙박업의 등급 중 최상등급을 받은 시설만 해당하며, 시 · 도에 최상등급의 시설이 없는 경우에는 그 다음 등급의 시설만 해당한다) 또는 대통령령으로 정하는 국제회의업 시설의 부대시설에서 카지노업을 하려는 경우로서 대통령령으로 정하는 요건에 맞는 경우

외국 간을 왕래하는 여객선 여객선이 2만 톤급 이상으로 문화체육관광부장관이 공고하는 총톤수 이상일 것

카지노업의 시설기준 카지노업의 허가를 받고자 하는 자는 문화체육관광부령이 정하는 시설 및 기구를 갖추어야 한다. 규정에 의하여 카지노업의 허가를 받고자 하는 자가 갖추어야 할 시설 및 기구의 기준은 다음과 같다.

- 330제곱미터 이상의 전용 영업장
- 1개소 이상의 외국환 환전소
- 규정에 의한 카지노업의 영업종류 중 4종류 이상의 영업을 할 수 있는 게임기구 및 시설
- 문화체육관광부장관이 정하여 고시하는 기준에 적합한 카지노 전산시설

외국인전용 카지노(관광호텔 등) 영업준칙

① 카지노사업자는 카지노업의 건전한 발전과 원활한 영업활동, 효율적인 내부 통제를 위하여 이사회 · 카지노총지배인 · 영업부서 · 안전관리부서 · 환전 · 전산전문 요원 등 필요한 조직과 인력을 갖추어 1일 8시간 이상 영업하여야 한다.

② 카지노사업자는 전산시설 · 출납창구 · 환전소 · 카운트룸 · 폐쇄회로 · 고객편의시설 · 통제구역 등 영업시설을 갖추어 영업을 하고, 관리기록을 유지하여야 한다.

③ 카지노영업장에는 게임기구와 칩스 · 카드 등의 기구를 갖추어 게임진행의 원활을 기하고, 게임 테이블에는 드롭박스를 1개씩 부착하여야 하며, 베팅금액한 도표를 설치하여야 한다.

④ 카지노사업자는 고객출입관리, 환전, 재환전, 드롭박스의 보관 · 관리와 계산요원의 복장 및 근무요령을 마련하여 영업의 투명성을 제고하여야 한다.

⑤ 머신 게임을 운영하는 사업자는 투명성 및 내부통제를 위한 기구 · 시설 · 조직 및 인원을 갖추어 운영하여야 하며, 머신게임의 이론적 배당률을 75% 이상으로 하고 배당률과 실제 배당률이 5% 이상 차이가 있는 경우 카지노검사기관에 즉시 통보하여 카지노검사기관의 조치에 응하여야 한다.

⑥ 카지노종사원은 게임에 참여할 수 없으며, 고객과 결탁한 부정행위 또는 국내외의 불법영업에 간여하거나 기타 관광종사지로서의 품위에 어긋나는 행위를 하여서는 아니 된다.

폐광지역 카지노의 영업준칙

① 카지노영업소는 회원용 영업장과 일반영업장으로 구분하여 운영하여야 하며, 일반영업장에서는 주류를 판매하거나 제공하여서는 아니 된다.

② 매일(일요일을 제외한다) 오전 6시부터 오전 10시까지는 영업을 하여서는 아니 된다.

③ 테이블 게임에 거는 금액의 최고한도액은 일반영업장의 경우에는 테이블별로 정하되, 1인당 1회 10만원 이하로 하여야 한다. 다만, 일반영업장 전체

테이블 2분의 1의 범위 내에서는 1인당 1회 30만원 이하로 정할 수 있다.

④ 머신 게임(슬롯머신 및 비디오 게임을 말한다)에 거는 금액의 최고한도는 1회 2천원으로 한다. 다만, 비디오 포커 게임기는 2천 500원으로 한다.

⑤ 머신 게임의 게임기 전체 수량 중 2분의 1 이상은 그 머신 게임기에 거는 금액의 단위가 100원인 기기를 설치·운영하여야 한다.

⑥ 카지노영업소 출입자의 신분을 확인하여 미성년자 출입 등을 제한하여야 한다.

⑦ 카지노이용자에게 자금을 대여하여서는 아니 된다.

⑧ 카지노가 있는 호텔이나 영업소의 내부 또는 출입구 등 주요 지점에 폐쇄회로 텔레비전을 설치·운영하여야 한다.

⑨ 카지노이용자의 비밀을 보장하여야 하며, 카지노이용자에 관한 자료를 공개 하거나 누출하여서는 아니 된다.

카지노이용자의 준수사항 카지노영업소에 입장하는 자는 카지노사업자가 외국인(해외이주법에 의한 해외이주자를 포함한다)임을 확인하기 위하여 신분확인에 필요한 사항을 물을 때는 이에 응하여야 한다.

02 국제회의산업

1) 국제회의의 개념

국제회의란 통상 공인된 단체가 정기적 또는 부정기적으로 주최하며 3개국 이상의 대표가 참가하는 회의를 의미하는데, 회의성격은 국가 간의 이해조정을 위한 교섭회의, 전문학술회의, 참가자 간의 우호증진이 목적인 친선회의, 국제기구의 사업결정을 위한 정기회의 등 매우 다양하다.

우리나라 「국제회의산업 육성에 관한 법률」에는 국제회의를 상당수의 외국인이 참가하는 회의로서 세미나 · 토론회 · 전시회 등을 포함하는 것으로 정의하여 보다 포괄적인 개념에서 접근하고 있으며, 국제회의산업은 국제회의의 유치와 개최에 필요한 국제회의시설 · 서비스 등과 관련된 산업으로 정의하고 있다.

국제회의(international meeting)에 대한 명칭은 컨벤션(convention), 컨퍼런스(conference), 콘그레스(congress) 등 다양하고, 회의의 성격과 지역에 따라 달리 사용하는데, 일반적으로 산업적 요소의 의미를 부여하여 컨벤션(convention)을 국제회의로 통칭하여 사용하고 있다.

표 12-1 국제회의 종류

종류	내용
컨벤션 (convention)	회의분야에서 가장 일반적으로 쓰이는 용어로서, 정보전달을 주 목적으로 하는 정기집회에 많이 사용되며, 전시회를 수반하는 경우가 많다. 각 기구나 단체에서 개최하는 연차총회(annual meeting)의 의미로 쓰였으나, 요즘에는 총회, 휴회기간 중 개최되는 각종 소규모 회의, 위원회 회의 등을 포괄적으로 의미하는 용어로 사용된다.
컨퍼런스 (conference)	컨벤션과 거의 같은 의미를 가진 용어로서, 통상적으로 컨벤션에 비해 회의 진행상 토론회가 많이 열리고 회의참가자들에게 토론참여기회도 많이 주어진다. 또한 컨벤션은 다수의 주제를 다루는 업계의 정기회의에 자주 사용되는 반면, 컨퍼런스는 주로 과학 · 기술 · 학문 분야의 새로운 지식습득 및 특정 문제점 연구를 위한 회의에 사용한다.
컨그레스 (congress)	컨벤션과 같은 의미를 가진 용어로서, 유럽 지역에서 빈번히 사용되며, 주로 국제규모의 회의를 의미하나. 컨벤션이나 콘그레스는 본 회의와 사교행사 그리고 관광행사 등의 다양한 프로그램으로 편성되며, 참가인원은 보통 수 천 명에 이르기도 한다.
포럼 (forum)	제시된 한 가지의 주제에 대해 상반된 견해를 가진 동일분야의 전문가들이 사회자의 주도하에 청중 앞에서 벌이는 공개토론회로서, 청중이 자유롭게 질의에 참여할 수 있으며, 사회자가 의견을 종합한다.
심포지엄 (symposium)	제시된 안건에 대해 전문가들이 다수의 청중 앞에서 벌이는 공개토론회로서, 포럼에 비해 다소의 형식을 갖추며, 청중의 질의기회는 적게 주어진다.
워크숍 (workshop)	컨퍼런스 · 컨벤션 또는 기타 회의의 한 부분으로 개최되는 짧은 교육 프로그램으로, 30명~35명 정도의 인원이 특정 문제나 과제에 관한 새로운 지식 · 기술 · 아이디어 등을 서로 교환한다.
세미나 (seminar)	주로 교육목적을 띤 회의로서 30명 이하의 참가자가 참가자 1인의 주도하에 특정 분야에 대한 각자의 지식이나 경험을 발표 · 토의한다.

국제회의는 개념뿐만 아니라 참가자의 수, 외국인의 비율, 참가국가의 수, 회의기간 등에 대한 기준이 애매하여 국제회의 관련기구별로 〈표 12-2〉와 같이 다양한 의견이 개진되고 있다.

표 12-2 국제회의 기준

<table>
<tr><th colspan="2">구분</th><th>참가자수</th><th>외국인비율</th><th>참가국가수</th><th>회의기간</th></tr>
<tr><td colspan="2">국제협회연합
(UIA: Union of International Association)</td><td>300명 이상</td><td>40% 이상</td><td>5개국 이상</td><td>3일 이상</td></tr>
<tr><td colspan="2">국제회의협회
(ICCA: International Congress & Convention Association)</td><td>50명 이상</td><td>-</td><td>3개국 이상</td><td>-</td></tr>
<tr><td colspan="2">아시아 컨벤션 뷰로협회
(AACVB: Asian Association of Convention & Visitor Bureaus)</td><td>-</td><td>10% 이상</td><td>-</td><td>1일 이상
(참가자는 1박 이상 체류)</td></tr>
<tr><td colspan="2">한국관광공사
(KTO: Korea Tourism Organization)</td><td>-</td><td>10명 이상</td><td>3개국 이상</td><td>2일 이상</td></tr>
<tr><td rowspan="2">국제회의산업 육성에 관한 법률</td><td>국제기구 또는 국제기구에 가입한 기관이나 법인단체</td><td>300명 이상</td><td>100면 이상</td><td>5개국 이상</td><td>3일 이상</td></tr>
<tr><td>국제기구에 가입하지 않은 기관이나 법인단체</td><td>-</td><td>150명 이상</td><td>-</td><td>2일 이상</td></tr>
</table>

2) MICE산업의 개념

MICE(Meeting, Incentive, Convention, Exhibition)산업이란 회의(meeting), 보상(incentive) 관광, 국제회의(convention), 전시회(exhibition) 등을 묶은 산업으로서 결국 MICE산업은 국제회의산업을 보다 포괄적인 개념에서 확대한 것이라고 할 수 있다.

회의(Meeting) 대규모 국제회의가 아니더라도 자신의 국가 및 지역이나 기업을 떠나서 이루어지는 모든 회의는 참가자가 반드시 그 곳에서 식사나 숙박을 하는 등 경제적 효과가 발생한다는 점에서 산업의 범주에 들어간다고 할 수 있다.

보상(Incentive)**관광** 보상은 기업이나 단체가 종업원이나 구성원에게 성과에 대한 장려와 동기부여 차원에서 실시하는 경영기법으로서 일반적으로 자기 기업을 떠나 타 지역이나 국가로 보상여행(incentive tour)을 보내게 된다. 보상여행에서는 소정의 회의 및 시상식, 교육, 친선의 밤 등이 이루어지고, 그 외 시간은 현지에서 관광을 하게 된다. 이와 같은 보상관광 역시 그 지역이나 국가에 경제적 영향을 미친다는 점에서 관광목적지에서는 이를 유치하기 위한 치열한 경쟁을 벌이고 있다.

국제회의(Convention) 국제회의는 앞에서 설명하였듯이 하나의 산업으로서 MICE 산업의 한 축을 담당하고 있다.

전시회(Exhibition) 전시회는 벤더(vender: 판매자)에 의해 제공된 상품과 서비스의 전시모임을 말한다. 무역·산업·교육 분야 또는 상품 및 서비스 판매업자들의 대규모 전시회는 회의를 수반하는 경우도 있으며, 이와는 반대로 전시회가 컨벤션이나 컨퍼런스의 한 부분으로 열리는 경우도 많다. 예를 들어 전자의 경우 자동차전시회를 개최하면서 자동차관련 세미나 개최 등을 들 수 있으며, 후자의 경우 세계치과의사협회 국제회의가 열린다면 회의장소 주변에 치과기기나 용품을 전시하는 것을 들 수 있다. 'Exposition'은 주로 유럽에서 전시회를 말할 때 사용되는 용어이다.

3) 국제회의산업의 중요성

오늘날 세계는 국가·기업·민간 등의 차원에서 각종 국제회의를 통한 회합이 잦아지고 있다. 특히 국제회의는 그 국가나 지역에 엄청난 경제적 효과와 파장을 미친다는 점에서 하나의 산업으로 간주하고 있다. 또한 국제회의는 해당 주제의 전문 지식의 축적은 물론, 준비하고 진행하는 과정에서 국제적 수준의 기술과 서비스, 그리고 문화가 총체적으로 결집되는 종합예술과 같은 것으로 평가되고 있다. 따라서 세계 각국은 이와 같은 중요성에 기초하여 전략적으로 국제회의를 자국에 유치하고자 치열한 경쟁을 하고 있다.

국제회의가 하나의 '산업'으로 가장 먼저 정착한 곳은 유럽 지역이다. 국제기구의 약 65%를 차지하고 있는 유럽은 전 세계 국제회의의 약 57%를 개최하는 등 세계 컨벤션산업의 중심지가 되어 왔다. 이러한 국제회의산업을 유럽에서는 'Conference Industry,' 미주에서는 'Meeting Industry'라고 부르며, 국제회의를 독자적인 산업의 하나로 육성하고 있다.

우리나라에서도 국제회의 산업을 고부가가치를 창출하는 미래형 첨단산업 및 종합서비스산업으로 인식하여 1996년부터 「국제회의산업 육성에 관한 법률」을 만들어 국가차원에서 지원하고 있는 실정이다.

표 12-3 2022 국제회의 개최실적

순위	국가명	개최건수	순위	도시명	개최건수
1	벨기에	646	1	브뤼셀	570
2	미국	573	2	비엔나	252
3	스페인	457	3	싱가포르	203
4	일본	396	4	도쿄	201
5	프랑스	345	5	리스본	167
6	영국	327	6	마드리드	153
7	한국	320	7	런던	148
8	오스트리아	310	8	바르셀로나	147
9	독일	263	9	서울	135
10	이탈리아	261	10	파리	130

주) UIA 인정기준 : ① 국제기구 주최(후원) 회의로 참가자 50명 이상 또는 ② 국제기구의 국내지부 또는 단체 주최 회의로 5개국, 참가자 300명(또는 전시회 동반), 외국인참가 비율 40%, 회의기간 3일 이상을 모두 충족하는 회의

자료 : UIA(2024). International Meetings Statistics Report for the Year 2023.

표 12-4 국내 주요 컨벤션센터

컨벤션센터명 (개관연도)	영문명	주요시설
서울 코엑스 (1979)	COEX (Convention & Exhibition)	• 전시장 • 오디토리움 • 그랜드볼룸 외 컨퍼런스 룸
서울 무역전시컨벤션센터 (1999)	SETEC (Seoul Trade Exhibition Center)	• 전시장: 3곳 • 컨벤션 홀: 대 · 중 · 소
부산 벡스코 (2001)	BEXCO (Busan Exhibition and Convention Center)	• 전시장: 2곳 • 오디토리움 • 다목적 홀: 2 · 3층 • 컨벤션 홀: 대회의장 2,400석 / 1층 · 2층의 22개 회의실 / 총 5,800명 수용 가능 • 누리마루
대구 엑스코 (2002)	EXCO (Exhibition & Convention Center)	• 전시장: 1 · 3 · 5층 5개 홀 • 오디토리움 • 컨벤션 홀: 대회의장 4,200명 수용 / 34개의 대중소 회의실
창원 창원컨벤션센터 (2005)	CECO (Changwon Exhibition Convention Center)	• 전시장: 2개 홀로 분할 가능 • 컨벤션 홀: 2,000명 수용 / 중 · 소회의실
제주 제주국제컨벤션센터 (2003)	ICC Jeju (International Convention Center Jeju)	• 전시장: 2곳 • 컨벤션 홀: 4,300명 수용 / 중 · 소회의실
대전 대전컨벤션센터 (2008)	DCC (Daejeon Convention Center)	• 전시장: 1곳 • 컨벤션 홀 : 대 · 중 · 소
광주 김대중컨벤션센터 (2005)	KCC (Kimdaejung Convention Center)	• 전시장: 1곳 • 컨벤션 홀: 대 · 중 · 소

이와 같이 국제회의시장의 규모는 매년 확장되어 가고 있으며, 각국 정부의 국제회의전담기구(CVB: Convention & Visitors Bureau)에서는 국제회의산업의 중요성 및 효과를 깊이 인식하고, 각종 국제회의뿐만 아니라 같은 범주에 속하는 전시회 · 박람회 및 국제규모의 각종 문화예술행사와 스포츠행사 그리고 외국기업체들의 인센티브

관광 등의 유치에도 전력을 기울이고 있다. 따라서 국제회의산업은 고부가가치를 창출하는 신종 관광산업으로서 그 전망이 매우 밝은 산업이라고 할 수 있다. 국제회의 개최지는 일반적으로 각국의 유치경쟁 혹은 관례적 순번에 의해 결정되나, 정치적·지리적 이유 등이 개최국 선정에 변수로 작용하게 되는 경우도 있다.

4) 국제회의의 효과

경제적 효과 국제회의 참가자의 다수는 외국인이라는 점에서 숙박·식음료·쇼핑 등을 통한 외화 획득이 가능하고, 그들의 지출은 세수의 증가와 직·간접적 유발효과에 의하여 지역경제 활성화에 영향을 미친다고 할 수 있다. 국제회의는 그 외 관련종사자의 고용증대와 최신 정보 및 기술의 습득이라는 경제적 효과를 가져다 주고 있다.

정치적 효과 국제회의의 유치는 해당 국가의 진행능력을 국제적으로 인정받을 뿐만 아니라 언론을 통해서 참가국에 소개된다는 점에서 국가 이미지 제고에 한 몫을 한다. 특히 국제회의 참가자들은 그 나라의 지도급 인사나 전문가들로서 민간외교 차원에서 국가홍보뿐만 아니라 국제적 영향력이 증대된다고 할 수 있다.

사회·문화적 효과 국제회의의 유치는 지역의 국제화를 도모하고, 지역민에게는 자부심과 의식수준의 향상을 기하며, 참가자를 수용하기 위한 사회간접 인프라의 확충과 환경의 개선이라는 사회·문화적 효과를 가져다 준다.

관광산업적 효과 국제회의 참가자는 대량이라는 점에서 외국관광객의 대량유치가 가능하고, 국제회의 참가자는 체재일수가 길어 1인당 소비액은 일반관광객의 2.7배에 달하여 부가가치가 높은 관광산업분야라고 할 수 있다. 특히 국제회의는 관광비수기 타개책의 일환이 될 수 있다는 점에서 관광산업 활성화를 위한 전략적인 유치가 요구된다.

그림 12-1 국제회의의 효과

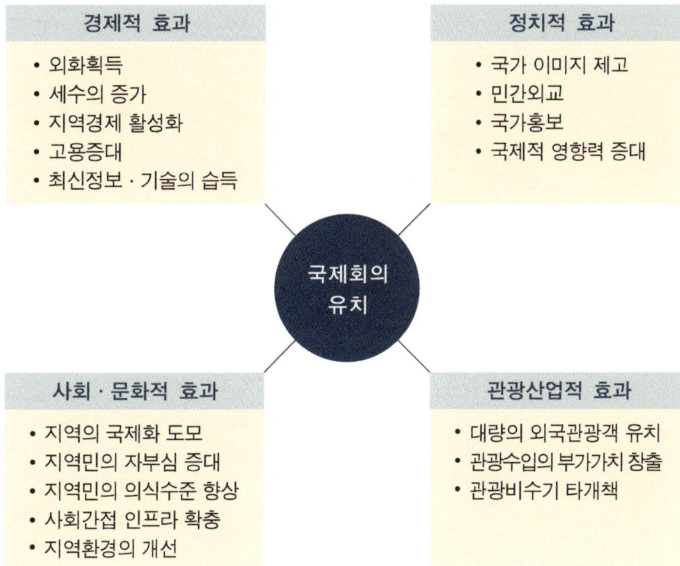

5) 국제회의와 관광현상

국제회의 참가자들은 단순히 회의만 하고 돌아가는 것이 아니라 회의를 전후로 관광을 겸하게 되며, 또한 동반자가 있을 경우 본인은 회의에 참석하고 동반자는 관광을 하는 등의 현상이 발생된다.

회의 전 관광(Pre-convention Tour) 회의 전에 도착하여 관광을 먼저하고 회의에 참석하는 형태

그림 12-2 회의 전 관광

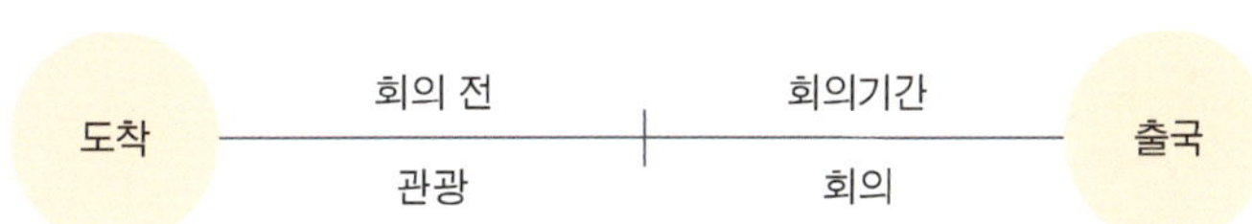

회의 후 관광(Post-convention Tour) 회의가 끝난 후 관광을 하고 출국하는 형태

그림 12-3 **회의 후 관광**

회의 중 관광(Inter-convention Tour) 회의기간 중에 관광을 하는 형태로서 대부분 회의 참가자의 동반자가 해당된다.

그림 12-4 **회의 중 관광**

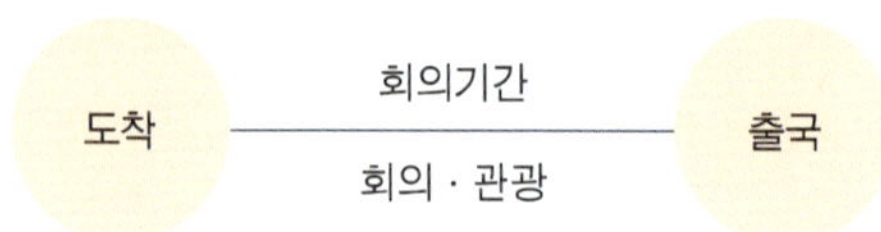

6) 국제회의업의 종류

국제회의업이란 대규모 관광수요를 유발하는 국제회의(세미나 · 토론회 · 전시회 등을 포함한다)를 개최할 수 있는 시설을 설치 · 운영하거나 국제회의의 계획 · 준비 · 진행 등의 업무를 위탁받아 대행하는 업을 말하고, 그 종류는 국제회의시설업과 국제회의기획업으로 구분하고 있다.

국제회의시설업 대규모 관광수요를 유발하는 국제회의를 개최할 수 있는 시설을 설치 · 운영하는 업을 말하며, 여기서 말하는 국제회의시설은 국제회의 개최에 필요한 회의시설과 전시시설 및 이와 관련된 부대시설 등으로서 전문회의시설 · 준회의시설 · 전시시설 · 부대시설로 구분한다.

표 12-5 국제회의시설업 법적 기준

구분	법적 기준
전문회의시설	1. 2천명 이상의 인원을 수용할 수 있는 대회의실이 있을 것 2. 30명 이상의 인원을 수용할 수 있는 중·소회의실이 10실 이상 있을 것 3. 옥내와 옥외의 전시면적을 합쳐서 2천제곱미터 이상 확보하고 있을 것
준회의시설	1. 200명 이상의 인원을 수용할 수 있는 대회의실이 있을 것 2. 30명 이상의 인원을 수용할 수 있는 중·소회의실이 3실 이상 있을 것
전시시설	1. 옥내와 옥외의 전시면적을 합쳐서 2천제곱미터 이상 확보하고 있을 것 2. 30명 이상의 인원을 수용할 수 있는 중·소회의실이 5실 이상 있을 것
부대시설	국제회의 개최와 전시의 편의를 위하여 시설에 부속된 숙박시설·주차시설·음식점 시설·휴식시설·판매시설 등으로 한다.

국제회의기획업 대규모 관광수요를 유발하는 국제회의의 계획·준비·진행 등의 업무를 위탁받아 대행하는 업을 말하는데, 이를 일명 'PCO'(Professional Congress Organizer)라고 한다. 국제회의기획업은 국제회의의 기획에서부터 진행·운영·사후관리까지 총괄적으로 담당하는 전문가를 요구하는데, 우리나라에서는 2003년도에 컨벤션기획사라는 자격증제도를 실시하여 이들을 양성하고 있다. 컨벤션기획사의 구체적인 업무수행내용은 〈표 12-6〉과 같다.

표 12-6 컨벤션기획사의 업무내용

구분	내용
회의기획단계	• 사무국 구성 및 Staff 배치 • 회의 개최계획서 작성 • 세부추진 계획서 및 소요예산편성 작성 • 회의주요 Program 결정 • 예상참가자 Data 관리 • 회의장 및 숙박호텔 선정 • 초청연사 섭외 및 연제구성
회의준비단계	• 포스터 및 1차 안내서 제작·발송 • 각 분과별 업무 매뉴얼 작성 • 회의일정 및 세부 Program 구성 • 초청연사 및 연제 확정 • 회의 2차 안내서 제작·발송(각종 양식 포함)

	• 후원기관 및 서비스업체 선정 • 각종 사교행사 장소선정 및 여흥 Program 기획 • 사전등록자 Data 관리 • 회의장 배치안 확정 • 분과별 세부업무 추진계획
준비완료단계	• 최종 Program 확정 • 사전등록 및 호텔예약 마감 • 등록확인서 발송 • 회의장 제반시설 점검 • 각종 사교행사장 점검 • 회의소요물품 제작 • 행사진행요원확보 • 사전등록자 Data 관리 • 유관기관 업무협조 확정 • 각종 인쇄물 및 제작물 제작완료 • 언론홍보
현장진행 및 사후처리단계	• 최종 리허설 • 사무국 이전 • 기자회견 • 회의 진행 및 운영 • 재무결산 • 회의결과보고서 제작 • 회의참가자 감사편지 발송 • 총 평가회 개최

관광관련 자격시험 대비 연습문제 ·

1. 카지노산업을 국가의 전략산업으로 육성하고 있으며, 국가 재정수입의 약 70%를 카지노 매출액으로 충당하고 있는 나라는?

① 말레이시아　　② 홍콩
③ 미국　　④ 마카오

2. 카지노가 허가되지 않는 곳은?

① 종합관광호텔업　　② 국제회의시설업의 부대시설
③ 관광단지　　④ 외국 간을 왕래하는 여객선

3. 외국인전용 카지노(관광호텔)의 머신 게임의 이론적 배당률을 몇 %인가?

① 65% 이상　　② 70% 이상
③ 75% 이상　　④ 80% 이상

4. 카지노업의 시설기준이 아닌 것은?

① 330제곱미터 이상의 전용 영업장
② 1개소 이상의 외국환 환전소
③ 규정에 의한 카지노업의 영업종류 중 4종류 이상의 영업을 할 수 있는 게임기구 및 시설
④ 대통령령이 정하는 시설 및 기구를 갖추어야 한다.

5. 국제협회연합(UIA)의 국제회의기준이 아닌 것은?

① 300명 이상 참가　　② 외국인 비율이 40% 이상
③ 5개국 이상의 참가　　④ 회의기간은 2일 이상

6. MICE산업의 영문철자의 설명이 틀린 것은?

① M: Meeting　　② I: Incentive
③ C: Convention　　④ E: Expo(Exposition)

7. 국제회의가 가장 많이 열리는 지역은?

① 유럽 ② 북미
③ 아시아 ④ 오세아니아

8. Post-convention Tour란?

① 국제회의 전 관광을 하고 회의에 참석하는 형태
② 국제회의 후 관광을 하고 출국하는 형태
③ 국제회의 기간 중간에 관광을 하는 형태
④ 국제회의가 끝나고 자국으로 돌아간 후에 재방문하여 관광을 하는 형태

9. PCO(Professional Congress Organizer)는 무엇을 하는 업인가?

① 국제회의 시설업 ② 국제회의 기획업
③ 국제회의 홍보업 ④ 국제회의 관광업

참고문헌

고택운 · 김정국(2003), 카지노게임의 실무이론, 한올출판사.
한국관광공사(2005), 국제회의산업의 경제적 파급효과 분석에 관한 연구.
Cook, Roy A., Laura J. Yale & Joseph J. Marqua(2002), *Tourism*, Prentice-Hall.
Goeldner, Charles R., Brent Ritchie, Jr. & McIntosh(2001), *Tourism*, John Wiley & Sons, Inc.
UIA(2009), International Meetings Statistics Report for the Year 2008.

chapter 13

관광정책

학습목표

1 관광정책의 배경 · 개념 · 목표 · 필요성은 무엇인가?

2 우리나라의 관광조직과 정책은 어떻게 되어 있는가?

3 주요국가의 관광정책 및 홍보 슬로건은 무엇인가?

관광기초

제1장 관광의 이해
제2장 관광발전사

관광주체

제3장 관광자 행동

관광매체

제8장 관광교통
제9장 관광숙박과 외식산업
제10장 여행업
제11장 테마파크와 리조트
제12장 카지노와 국제회의 산업

관광객체

제5장 관광과 문화
제6장 관광과 환경
제7장 관광자원과 개발

관광환경

제4장 관광의 경제적 · 사회적 영향
제13장 관광정책

01 관광정책의 개요

1) 관광정책의 배경

제1차 세계대전 이후 대량관광의 등장과 함께 관광객의 이동을 촉진하고 관광사업의 진흥을 목적으로 관광정책이 등장하기 시작하였다. 이러한 관광정책은 관광행정을 통하여 집행되는데, 1910년 프랑스정부가 외화획득을 목적으로 대외관광선전을 하기 위하여 대장성 안에 관광과를 설치한 것이 최초의 관광행정기구가 되었다. 우리나라에서는 1960년대부터 국가 주요 경제정책의 일환으로 외화획득을 위하여 관광사업을 정책적으로 육성하기 시작하였다.

초기의 관광정책은 외화획득을 목적으로 국제관광객의 왕래촉진과 수용태세를 확립하고 선전하기 위하여 비롯되었지만, 제2차 세계대전 이후 경제적인 여건이 호전되면서 선진국을 중심으로 국민관광을 위한 정책에도 관심을 가지게 되었다.

이와 같이 관광정책은 국가의 전략산업으로서 경제적 측면과 사회복지관광(social tourism) 차원에서 수립되고 전개되는 경향을 보이고 있는데, 개발도상국일수록 관광산업을 외화획득 수단의 전략산업으로 육성하고, 선진국일수록 국민복지 차원에서 접근하고 있다. 사회복지관광(social tourism)이란 제2차 세계대전 이후 서구의 여러 나라에서 발생한 것으로 국가가 인위적으로 복지정책 차원에서 관광지 · 관광시설 등을 직접 개발하거나 휴가를 실시하도록 하는 등 보다 많은 사람이 관광에 참여하도록 배려하는 복지 차원의 선언적 관광개념이다. OECD에서는 사회복지관광(social tourism)을 "여행자금이 없거나 여행에 익숙하지 못하고 교육이 부족하여 여행사정에 어둡기 때문에 관광여행에서 소외된 국민층을 관광여행에 참여시키기 위해 필요한 수속과 이에 대한 구체적인 조치를 마련하여 보다 많은 사람들을 관광여행에 참여케 하는 복지 차원의 관광장려정책"이라고 정의하고 있다.

사회복지관광의 유래는 제2차 세계대전 후 스위스여행금고에서 정부의 재정원조를 바탕으로 할인여행용 스탬프를 발매하여 국민들이 저렴하게 여행할 수 있도록 장려한 데서 찾을 수 있다. 그러나 사회복지관광이 본격적으로 논의되기 시작한 것은 1972년 세계관광기구의 비엔나헌장 제정부터이다.

사회복지관광의 대표적인 정책으로는 ① 유급휴가제도, ② 시차휴가제 실시를 통한 여행 시즌의 분산, ③ 소외계층의 철도나 항공기 등의 운임할인, ④ 유스호스텔 및 가족호텔 건립 등을 들 수 있다.

1990년대 이후부터는 지구환경에 대하여 관심이 고조되었는데, 따라서 관광개발 등에 있어서 환경은 관광정책의 주요 이슈가 되었다. 따라서 관광정책의 4대 이슈는 경제, 기술, 사회·문화, 환경 부문이라고 할 수 있다.

2) 관광정책의 개념

관광정책은 국가 또는 공공단체가 관광진흥을 위하여 계획을 수립하고 시행하는 정책으로서 국가의 관광적 이익을 촉진하거나 보호하기 위하여 취해지는 국가적 활동이라고 할 수 있다. 이에 반해 관광행정은 관광정책에 따라 국가 또는 지방자치단체가 관광발전을 위하여 관광사업을 조성하고 촉진하거나 지도 및 감독을 통하여 통제하는 활동이라고 할 수 있다. 따라서 관광정책은 관광행정보다 상위개념으로서 관광정책에 따라 관광산업의 방향이 결정되며, 그 정책을 어떻게 관리하고 통제하는가는 관광행정의 몫이다.

3) 관광정책의 목표와 필요성

관광정책의 목표 관광정책의 목표는 다음과 사항에 역점을 두어야 한다.

- 관광을 통하여 국민의 삶의 질을 높이도록 한다.
- 고비용이 들지 않는 수준에서 관광산업을 육성하도록 한다.
- 문화와 경제 활성화를 위하여 관광산업이 장려되도록 한다.

- 관광의 편익이 지역민에게 직간접적으로 분배되도록 한다.
- 문화와 자연을 보호하고, 관광시설물과 건축물 그리고 조경 등은 그 지역의 전통을 살리도록 한다.
- 외화획득을 극대화하도록 한다.
- 해외 고소비층의 관광시장을 공략하도록 한다.
- 소득증대 및 고용창출을 위한 전략적 정책이 되도록 한다.

관광정책의 필요성 관광산업을 전략적으로 육성하고, 국민복지관광을 증진하기 위해서는 정부가 개입하는 관광정책을 통해서 가능하다. 이러한 정책은 법적으로 뒷받침되어 육성과 통제라는 행정을 통하여 실현된다. 구체적으로 관광정책이 필요한 이유는 다음과 같다.

정치적인 측면 해외여행에 필요한 여권이나 비자 등에 대한 정치적 정책이 필요하다. 예를 들어 중국관광객들에게 제주도에 한하여 무비자로 입국할 수 있게 하는 등의 정치적 정책 등을 통해서 관광산업을 육성할 수도 있다. 또한 여권법이나 출입국관리법을 통하여 실서나 국가안전을 기할 수 있다.

경제적인 측면 외화획득을 위한 경제적인 차원에서 관광정책이 요구된다. 예를 들어 외국인을 유치하여 외화획득을 하고자 관광특구를 지정한다든지, 카지노의 설립을 허가하는 정책 등을 들 수 있다. 또한 관광산업체에 금융 및 세제상의 혜택을 주거나 지역경제의 활성화나 고용창출 차원에서도 정책적으로 지원할 수도 있다.

사회 · 문화적 측면 국민 여가수요를 수용하거나 사회복지관광을 위해서, 또한 자국의 다양한 문화를 육성하거나 대외적으로 홍보하기 위해서도 관광정책이 필요하며, 소비자보호와 건전관광문화의 정착을 위한 노력도 요구된다. 특히 소외계층의 관광활동은 국가의 정책적인 배려가 없으면 불가능하다.

환경적 측면 관광개발을 정책적 계획이 없이 무원칙으로 진행하거나 민간업체에 맡길 경우 무분별한 개발로 인하여 환경이 파괴될 것이다. 따라서 정부가 정책적으로 개입하여 무분별한 환경파괴를 막을 수 있는 제도적 · 법적 장치를 마련할 필요성이 있다. 환경은 미래의 관광을 어떻게 발전시킬 것인가에 대한 주요 의제가 될 것이다.

관광정책 고려사항 관광정책을 수립할 때 고려되어야 할 사항은 다음과 같다.

- 관광이 전체 경제 또는 타 산업에 미치는 영향이 얼마나 중요한지를 고려한다.
- 관광개발이 효율성이 있고 적절한지에 대하여 조정한다.
- 관광산업의 발전과 성장을 위하여 정부의 예산을 포함한 지원책을 고려한다.
- 사회 · 문화 및 환경에 대하여 관광이 미치는 긍정 및 부정적인 영향을 고려한다.

4) 우리나라의 관광정책

1960년대부터 10년 단위로 우리나라의 관광정책의 기본방향과 주요 정책내용을 살펴보면 〈표 13-1〉과 같다.

표 13-1 시대별 우리나라의 관광정책

시대구분	기본방향	주요정책
1960년대	• 관광산업의 제도적 기반구축 • 외화획득정책	• 1961년 관광사업진흥법제정공포 • 1962년 국제관광공사(현, 한국관광공사법제정) • 1962년 통역안내원 자격시험제도 도입 • 1965년 한일국교정상화 • 1967년 자연공원법 제정
1970년대	• 국가 전략수출산업으로 육성	• 1972년 관광진흥개발기금법 제정 • 1975년 관광기본법 제정 • 1975년 관광단지개발촉진법 제정
1980년대	• 국제관광과 국민관광 조화발전 도모	• 1981년 국민관광지 개발 • 1989년 전국민 해외여행자유화 실시

1990년대	• 국제관광과 국민관광 조화발전 도모	• 1994년 한국방문의 해 선포 • 각종 관광사업 규제완화 등 제도개선 • 1997년 국외여행인솔자 양성지원 • 1998년 중국인 제주도관광 무비자 입국허용 • 1998년 특1급호텔 예식허용
2000년대 이후	• 관광선진국으로의 도약	• 2001년 한국방문의 해 선포 • 2001년 남북관광교류의 확대 • 2001년 인천국제공항개항 • 2002년 한·일월드컵 개최 • 2004년 주 5일제근무 도입 • 2004년 고속철도 KTX의 개통 • 2005년 APEC 정상회담개최 • 2015년 호텔등급 표시 별(star)로 변경

이와 같은 우리나라의 관광정책은 가시적인 성과에도 불구하고, 중앙의 관광산업에 대한 인식의 부족, 정책의 일관성 부족, 규제개혁의 미비, 관광수지의 적자 등으로 인하여 안팎으로 시련을 받고 있다.

따라서 우리나라 관광산업의 경쟁력을 한 차원 높이기 위해서는 ① 글로벌 경쟁체제에 부합하는 전면적 규제개혁, ② 관광수지 개선을 위한 인바운드 경쟁력 제고, ③ 민간의 관광투자 활성화를 위한 제도마련, ④ 신관광 비즈니스 육성을 통한 성장동력 확보, ⑤ 관광선진화를 위한 관광산업 지원체계 마련 등의 정책과제가 요구된다(연합뉴스, 2008. 3. 27).

02 관광조직 기구

1) 세계관광기구

세계의 관광정책을 논의하는 공식기구는 UNWTO(UN World Tourism Organization)이다. 1946년 IUOTPO(International Union of Official Tourist Propaganda Organizations)이란 명칭으로 출발하였고, 1975년에 WTO(World Tourism Organization)로

명칭을 변경하였으며, 2005년도에 현재의 명칭인 UN WTO로 바뀌었다.

스페인 마드리드(Madrid)에 본부를 두고 있는 UN WTO는 세계관광을 총괄하는 UN 산하기구로서 현재 154개 회원국이 가입하고 있다. 주요활동으로는 세계 관광정책을 조정하고, 회원국의 관광경제발전을 도모하며, 각국의 사회·문화적 우호관계를 증진하는 데 있다. 세부적으로는 세계 관광동향 조사 및 통계자료의 제공, 여행편의 촉진, 안전, 교육훈련, 정보교환 등의 사업을 하고 있다.

스페인 마드리드의 UNWTO의 본부

2) 세계 각국의 관광기구

세계 각국은 정부행정조직으로서 관광부서(NTA: National Tourism Administration)를 두고 있는데, 주요업무는 관광의 전반적인 행정, 관광계획 및 개발, 연구, 교육 및 훈련, 마케팅과 촉진 등이다. 그러나 이와 같은 업무는 정부행정기관으로서는 한계가 있으므로, 자국의 홍보 및 선전을 주 업무로 하는 별도의 공기업을 두고 있는데, 이를 정부관광기구(NTO: National Tourism Organization)라고 하며, 관광청(National Tourism Office)이란 명칭을 사용하는 국가도 있다. 우리나라의 경우 문화체육관광부가 NTA에 해당하고, 한국관광공사는 문화체육관광부의 산하 공기업으로서 NTO에 해당된다.

3) 문화체육관광부

우리나라의 관광행정은 1954년 2월 17일 교통부 육운국에 관광과를 설치함으로써 국가 차원에서 관광에 관한 업무를 시작하였고, 1994년 정부조직 개편에 따라 관광국의 기능이 문화체육부로 이관되었다. 1998년에는 정부조직 개편으로 문화관광부로 개

칭되어 관광이 정부부처 명칭에 처음으로 들어가게 되었으며, 이후 2008년에는 문화체육관광부로 명칭이 바뀌었다.

문화체육관광부의 관광담당부서는 관광정책국으로서 관광진흥장기발전계획 및 연차별계획의 수립, 관광관련법규의 연구 및 정비, 지역관광 콘텐츠 육성 및 활성화, 국제관광분야 정책 개발 및 중장기 계획 수립, 관광불편해소 및 안내체계 확충, 관광산업정책 수립 및 시행, 관광전문인력양성 및 취업지원, 국제회의관련 외래관광객 유치 및 지원, 음식관광 활성화 및 서비스 개선, 관광개발기본계획 수립 등을 담당하고 있다.

4) 한국관광공사

한국관광공사(KTO: Korea Tourism Organization)는 관광진흥, 관광자원개발, 관광산업의 연구개발 및 관광요원의 양성・훈련에 관한 사업을 수행하여 국가경제발전과 국민복지증진에 이바지함을 목적으로 하고 있다. 1962년에 국제관광공사로 출범하여 우리나라 관광산업의 초석을 다졌고, 1985년에 지금의 이름으로 개명하였으며, 현재까지 관광산업의 발전을 위하여 중추적인 역할을 수행하고 있다.

한국관광공사의 설립목적은 관광진흥, 관광자원개발, 관광산업의 연구・개발 및 관광관련 전문인력의 양성・훈련에 관한 사업을 수행하게 함으로써 국가경제발전과 국민복지증진에 이바지하는 것으로 되어 있다. 그리고 한국관광공사의 자본금은 500억원으로 하고, 그 2분의 1 이상을 정부가 출자하는 것으로 되어 있다.

03 주요국가의 관광정책 및 홍보 슬로건

1) 주요국가의 관광정책

일본 1960년대 일본의 관광정책목표는 외화획득이었으며, 1963년에 관광기본법이 제정되었고, 1964년에는 해외여행자유화가 실시되었다. 1970년대의 목표는 대량관광정책이었고, 1980년대는 타 국가와의 무역마찰을 피하기 위하여 국민해외관광(o-utbound) 장려정책을 펴기도 했다. 1990년대에 들어서는 관광을 통한 지역경제 활성화를 'TAP'(Tourism Action Plan)와 'Welcome Plan 21' 등을 통하여 외국관광객 유치(inbound)에 관심을 가지기 시작하였으며, 2000년대에 와서는 자국의 경제불황으로 인하여 'New Welcome Plan 21'과 'Visit Japan' 캠페인을 통하여 인바운드 관광정책에 힘을 쏟고 있는데, 2010년부터 1,000만명 외래객 유치를 목표로 '글로벌 관광전략'을 강력하게 추진하고 있다.

홍콩 홍콩은 1960년부터 외래관광객 유치증대, 관광지개발, 관광시설의 개선, 해외홍보 등의 다양한 관광정책을 실시하였다. 1980년대에는 해외지사 운영, 광고·선전·홍보 활동, 국제회의·인센티브 관광유치활동, 축제개발, 관광상품개발 등을 통하여 더욱 해외 관광진흥사업을 육성하기 시작하였다. 1990년대에도 국가경제에 기여도를 위하여 기존의 정책을 지속적으로 유지하고, 여행업자 초청 팸투어(fam. tour)실시, 춘절 퍼레이드 및 홍콩요리축제 등과 같은 대형 이벤트 개최, 관광쇼핑 등의 사업을 확대하였다. 2000년대에 들어와서는 관광산업에 최대한 자유방임정책을 유지하고, 수용태세 및 서비스수준의 최고급화를 통한 관광 이미지 제고에 초점을 맞추는 정책을 펴고 있으며, 다양한 캠페인을 통하여 외래관광객 유치에 힘을 쓰고 있다.

싱가포르 1964년 싱가포르 관광청의 개설을 계기로 관광산업의 기반을 조성하기 시작하였다. 1970년대는 동물원・새공원・음식센터 등 관광단지를 개발하기 시작하였으며, 연중 축제를 개발하여 이벤트화하였다. 1980년대에는 관광개발 5개년 계획을 수립하여 관광객 유치증진, 관광객 체재일수 연장, 관광외화수입 증대를 위하여 각종 사업을 전개하였고, 1990년대에는 가격경쟁력 강화, 하부구조의 개선, 관광자원개발에 지속적인 투자, 관광상품의 다양화, 아시아 최대 항공망 구축, 테마파크개발, 국제회의 홍보강화 등의 사업을 실시하였다. 2000년대에 와서는 세계적인 관광목적지, 관광 허브도시, 비즈니스센터 국가로서의 이미지를 정착화 하는 정책을 펴고 있다.

태국 태국은 1970년대 후반부터 관광산업의 육성에 눈을 뜨기 시작하였으며, 1983년 출국세 도입으로 국민해외여행을 간접적으로 제한하여 국내여행 활성화에 힘을 쏟았다. 1990년대부터는 외래관광객 유치를 위하여 출입국절차의 간소화, 56개국과 무사증입국 체결, 돈무왕공항 증축 등 관광 인프라 구축을 위한 정책을 구사하였다. 특히 1990년대 말 '어메이징 타일랜드'(Amazing Thailand) 캠페인을 통하여 대대적인 외국인관광객 유치활동을 펼쳤다. 2000년대에 들어와서는 태국을 동남아시아의 관광 허브로 발전시킨다는 정책과 국내 관광활성화를 위한 노력을 함께 전개하고 있다.

특히 태국정부는 관광을 최우선 국가정책(National Agenda)으로 지정하고 있으며, 이의 일환으로 방콕 신공항 개항을 추진하였는데, 2005년 방콕 신공항 개항을 계기로 태국을 동남아 관광수도로서 포지셔닝 하며, 이를 통해 태국 경제・사회 및 관광발전의 직접적인 계기로 활용하겠다는 전략이다. 신공항의 면적은 약 970만평 규모이며, 연간 여객처리인원은 4,500만 명으로 이는 일본 나리타공항의 2,500만 명보다 두 배에 가깝고, 싱가포르 창이국제공항(4,400만명)과 유사한 규모이다.

태국관광청(Tourism Authority of Thailand)은 2008에 태국관광 마케팅계획을 발표하였다. 태국은 이미 '어메이징 타이랜드'(Amazing Thailand)를 슬로건으로 관광 마케팅에 성공을 거둔 바 있어, 이번에도 '어메이징 타일랜드'를 보강하고 다시 새롭게 재탄생시킨다는 차원에서 태국의 7가지 주요 관광매력을 정의하여 'Seven Amazing

Wonders'(7가지의 굉장한 놀라움)이라는 관광 브랜드 슬로건을 발표하였다.

7가지의 굉장한 놀라움은 ① Thainess(가장 태국적인 것), ② Treasure Products(유산과 역사 등의 관광자원), ③ Beaches(해변), ④ Nature(자연), ⑤ Health & Wellness(건강과 건강관리), ⑥ Trendy(다양한 트렌드), ⑦ Festivals(축제) 등을 말한다.

호주 호주는 1960대와 1970년대에 관광산업의 성장을 위한 환경을 조성하기 시작하였다. 1990년대부터는 본격적인 관광정책이 도입되기 시작하였는데, 특히 생태관광 및 농촌관광 중심과 정부의 직접적인 지원보다는 시장경제체제에 맡기는 정책을 고수하였으며, 2000년대에 와서는 해외관광 마케팅을 통하여 외래관광객 유치에 힘을 쏟고 있다.

미국 1970년대 미국의 관광정책은 내국인의 해외여행 억제 및 내국인의 국내여행 장려를 위한 정책을 실시하였다. 1980년대에도 내국인의 국내여행 장려는 계속되었고, 외래객의 미국여행을 촉진하기 시작하였다. 1990년대부터는 관광산업의 경제적 중요성을 인식하기 시작하여 해외시장 개척과 관광부문의 교육훈련 및 고용기회의 확대 등 정부와 민간부문의 긴밀한 제휴를 통한 관광정책을 추진하였다. 2000년대에 들어와서는 복합관광단지를 조성하는 등 주정부 중심으로 해외관광객 유치증대를 위하여 노력하고 있다. 특히 9·11테러 이후 침체된 관광산업의 활성화를 위하여 항공업계에 대한 교부금 지원, 여행업계에 감세혜택 등을 부여하는 정책을 강구하기도 했다.

캐나다 1970년대까지는 캐나다의 인지도 향상 및 관광정보 제공에 주력하는 관광정책을 실시하였다. 1980년에도 관광정보 제공에 초점을 두면서 미국시장을 대상으로 스키관광객 유치를 위한 캠페인을 전개하였다. 1900년대는 만성적인 관광수지 적자를 해소하기 위하여 미국·영국·프랑스·독일·일본을 5대 관광시장으로 설정하고 예산을 투입하기 시작하였다. 2000년대에는 관광사업이 정부주도가 아닌 관광업계가 선도하는 형태로 바뀌면서 연방정부보다는 주단위의 관광정책이 수립되고 있다.

2) 주요국가 NTO의 홍보 슬로건

세계 각국 관광청 등의 NTO는 각종 홍보 슬로건을 통하여 자국으로 관광객 유치 활동을 전개하고 있는데, 주요국의 슬로건 그 의미는 〈표 13-2〉와 같다.

표 13-2 주요국가 NTO의 홍보 슬로건

국명	슬로건	의미
홍콩	Hong Kong, Live it, Love it	'Live it'은 홍콩에 머물면서 충분히 경험하고 매력을 느끼라는 것이고, 'Love it'은 방문객들이 홍콩과 사라에 빠져 재방문하기를 기대하는 의미이다.
캐나다	Discover Our True Nature	천혜의 자연자원을 직접 체험하고 만끽하라는 의미이다.
하와이	Hawaii, the Island of Aloha	'하와이는 가장 로맨틱한 아일랜드'라는 뜻이다. 여기서 Aloha는 '당신을 사랑합니다'라는 뜻도 있다.
일본	Yokoso Japan	'요코소(Yokoso)는 어서오세요'라는 뜻이다.
싱가포르	Uniquely Singapore	싱가포르의 독특한 전통 · 문화 · 현대성의 조화를 강조한 것이다.
뉴질랜드	100% Pure New Zealand	청정 자연국가라는 의미
태국	Seven Amazing Wonders	7가지의 놀라운 경험
미국 뉴욕	I ♡ NY	'I love New York'로서 1976년부터 시작된 뉴욕주의 브랜드 마케팅 캠페인이다.

관광관련 자격시험 대비 연습문제

1. 사회복지관광의 대표적인 정책이 아닌 것은?

① 유급휴가제도
② 소외계층의 철도나 항공기 등의 운임할인
③ 주 5일제 근무
④ 유스호스텔 및 가족호텔 건립

2. 현재 우리나라의 관광을 담당하는 행정부처는?

① 문화관광부 ② 문화관광체육부
③ 문화체육관광부 ④ 문화체육부

3. UNWTO란?

① 세계무역기구 ② 세계관광기구
③ 유네스코 문화유산기구 ④ 세계관광협회

4. UNWTO의 본부가 있는 곳은?

① 미국 뉴욕 ② 프랑스 파리
③ 스페인 마드리드 ④ 이탈리아 로마

5. 우리나라의 NTO는?

① 한국관광협회 ② 한국관광공사
③ 문화체육관광부 관광산업국 ④ 관광청

6. 다음 중 가장 오래된 관광정책은?

① 통역안내원 자격시험제도 ② 관광진흥개발기금법 제정
③ 관광기본법 제정 ④ 전국민 해외여행자유화 실시

참고문헌

한국관광공사(2002), 한국관광공사 40년사.

__________(2004), 주요경쟁국의 관광인프라 개선사례 및 시사점.

__________(2005), 주요국가별 관광정책 및 NTO 활동분석.

Cook, Roy A., Laura J. Yale & Joseph J. Marqua(2002), *Tourism*, Prentice-Hall.

Edgell, David L. & Ginger Smith(1994), "International Tourism Policy and Management," *Travel, Tourism, and Hospitality Research*, John Wiley & Sons, Inc., 49~62.

Holden, Andrew(2003), "In Need of New Environmental Ethnics for Tourism," *Annals of Tourism Research*, 30(1): 94~108.

Richter, Linda K.(1994), "The Political Dimensions of Tourism," *Travel, Tourism, and Hospitality Research*, John Wiley & Sons, Inc., 219~231.

Taylor, Gorden D.(1994), "Research in National Tourist Organizations," *Travel, Tourism, and Hospitality Research*, John Wiley & Sons, Inc., 147~164.

UNWTO(1997), *International Tourism: A Global Perspective*, UNWTO Madrid.

Wanhill, Stephen(1998), "The Role of Government Incentives," *Global Tourism*, 2nd ed., Butterworth-Heinemann, 339~360.

memo

관광관련 자격시험 대비 연습문제 정답

제1장

1	2	3	4	5	6	7	8	9	10	11
③	③	①	①	④	③	④	③	②	④	①

제2장

1	2	3	4	5	6	7	8	9	10
④	③	②	②	②	③	②	②	①	④
11	12	13	14	15	16	17	18	19	20
①	①	②	③	①	②	④	③	①	④

제3장

1	2	3	4	5	6	7	8	9	10	11
①	③	①	①	④	④	①	④	③	③	④

제4장

1	2	3	4	5
②	④	④	①	④

제5장

1	2	3	4	5	6	7
②	④	③	③	③	①	④
8	9	10	11	12	13	
④	④	④	②	③	①	

제6장

1	2	3	4	5	6	7	8
②	④	②	①	③	④	①	④

제7장

1	2	3	4	5	6	7	8
①	④	②	②	①	④	②	①
9	10	11	12	13	14	15	
①	④	①	③	②	③	②	

제8장

1	2	3	4	5	6	7	8	9	10	11
②	④	②	①	②	②	④	③	④	①	④

제9장

1	2	3	4	5	6	7	8	9	10	11
③	③	④	②	④	③	④	②	④	①	①

제10장

1	2	3	4	5	6	7
③	④	②	①	③	③	④
8	9	10	11	12	13	14
③	④	④	①	②	②	②

제11장

1	2	3	4	5	6	7	8	9	10
②	②	④	①	③	③	④	③	②	②

제12장

1	2	3	4	5	6	7	8	9
④	③	③	④	④	④	①	②	②

제13장

1	2	3	4	5	6
③	③	②	③	②	①

찾아보기

ㄱ

ㄴ

ㄷ

ㄹ

ㅁ

ㅂ

A

◆ 저자소개 ◆

[이 정 학]

〈학력 및 경력〉

- 동아대학교 관광경영학과 졸업(1987)
- 동아대학교 경영대학원(관광경영전공) 경영학석사(1999)
- 동아대학교 대학원 관광경영학과 관광경영학박사(2004)
- Hyatt Regency Pusan(특1급) 등 10여 년 근무
- 울산과학대학교 교수 역임(2000～2020년)

〈수상경력〉

- 경기대학교 주최 전국 대학생 관광학술논문발표대회 우수상 수상(1985)
- 문교부후원 제10회 전국 대학생학술연구대회 사회과학분야 장려상 수상(1985)
- 세계 관광의 날 경상북도관광협회 표창장 수상(1994)
- 2008 관광의 날 문화체육관광부장관 표창장 수상(2008)
- 울산광역시장 표창장 수상(2017)

〈저서〉

- 호텔식음료실무론, 기문사, 1998
- 서비스경영, 기문사, 2001, 2판(2006), 3판(2009), 4판(2013), 5판(2016)
- 국제매너, 기문사, 2001
- 호텔경영의 이해, 기문사, 2002, 2판(2008), 3판(2010), 4판(2015), 5판(2018)
- 관광마케팅, 기문사, 2003, 2판(2008), 3판(2015)
- 호텔식음료실습, 기문사, 2004, 2판(2008), 3판(2012), 4판(2018)
- 주류학개론, 기문사, 2005, 2판(2012)
- 외식사업경영실무론, 대왕사, 2005, 2판(2011)
- 관광학원론, 대왕사, 2005, 2판(2010), 3판(2013), 4판(2015), 5판(2018)
- 현대사회와 매너, 기문사, 2006
- 호텔연회관리론, 기문사, 2006
- 축제이벤트, 대왕사, 2008, 2판(2011), 3판(2018)
- 에티켓과 매너, 기문사, 2009
- 서비스마케팅, 대왕사, 2009, 2판(2018)

- 문화관광의 이해, 대왕사, 2011
- 레저의 이해, 대왕사, 2012
- 가비에서 카페라떼까지(한국 커피와 다방의 사회문화사), 대왕사, 2012
- 호텔연회 & 컨벤션 실무, 기문사, 2013
- 마케팅전략72계, 백산출판사, 2014
- 호텔객실실무, 기문사, 2014
- 문화관광론, 대왕사, 2015
- 의료관광학개론, 백산출판사, 2015, 2판(2018)
- 방어진 근대의 길을 걷다, 울산발전연구원, 2016
- 호텔연회실무, 기문사, 2017

〈기타〉

- 울산광역시 시정자문위원 역임
- 울산광역시의회 의정자문위원 역임
- 한국관광협회중앙회 정책자문위원 역임
- 울산광역시사 집필진 역임
- 태화강 국가정원 지정 자문위원 역임
- 울산광역시 관광진흥위원회 위원 역임
- 사단법인 태화강생태관광협의회 회장 역임
- 현) 지속가능관광컨설팅 공동대표
- 현) 울산공업축제 추진위원

제7판 관광학원론

초 판 1쇄 발행 2005년 10월 20일
제2판 1쇄 발행 2010년 1월 20일
제3판 1쇄 발행 2013년 2월 25일
제4판 1쇄 발행 2015년 2월 25일
제5판 1쇄 발행 2018년 3월 10일
제6판 1쇄 발행 2019년 2월 15일
제7판 1쇄 발행 2024년 8월 25일

저자 이정학 | 발행인 박성진 | 발행처 대왕사
등록 1976년 11월 30일 제5~54호
주소 서울시 동대문구 외대역동로 133-1
물류 경기도 파주시 소라지로 176-25(송촌동 414-12)
전화 (031)947-5471(代) | 팩스 (031)947-5470
홈페이지 http://www.daewangsa.net | 이메일 dws74@hanmail.net
값 27,000원

ISBN 978-89-456-9309-9 93320

※불법복사는 지적재산을 훔치는 범죄행위입니다.
※저작권법 제136조(권리의 침해죄)에 따라 위반자는 5년 이하의 징역 또는 5천만원 이하의 벌금에 처하거나 이를 병과할 수 있습니다.

1991 31th 2022

YEARS ANNIVERSARY

1991년 4월 첫 발간호

2022년 1월 31주년 기념호

호텔앤레스토랑은 국내 유일의 호텔산업 전문 매거진입니다.

31주년 정기구독 특가 : 90,000원(1년)

(주)에이치알 | 등록일 1991년 8월 16일 | 등록번호 마포라-00220
발행인 및 편집인 서현웅 | 정가 9000원 | 이메일 hrhotelresort@hanmail.net
전화 (代)02-312-2828 | 팩스 (代)0505-312-2828

KOREA HOTEL SHOW — Professional Hospitality Industry Exhibition & Conference
대한민국 최초, 최대 호텔산업 전시회
www.koreahotelshow.com

hacademy — Hospitality, Human, Hotel & Restaurant
호텔, F&B 종사자 교육 전문 아카데미
www.hacademy.co.kr

HOTELIN NETWORK
호스피탈리티 전문 채용 플랫폼
www.hotelinnetwork.com

GBAC STAR FACILITY
호텔위생을 위한 단하나의 완벽한 솔루션
korea.issa.com

B-Hotelier
대한민국 우수 호텔리어 어워드
www.hotelrestaurant.co.kr

hotelrestaurant.co.kr
hoteltrend
호텔앤레스토랑
hoteltrends
hoteltrend
hoteltrend.tistory.com